감정을
마주하면

길이
보인다

감정을 마주하면

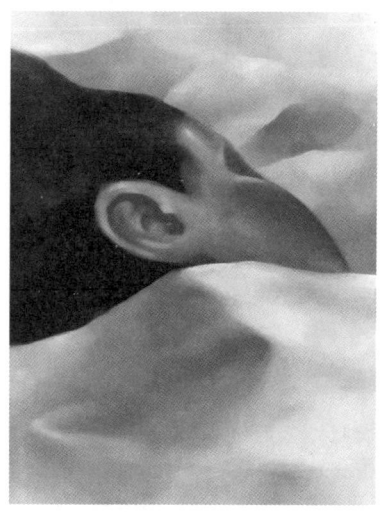

길이 보인다

내 삶을 가로막는
핵심 감정에서 벗어나
온전한 나로 사는 법

문요한 지음

서스테인

프롤로그

마음의 가시를 빼면
삶은 훨씬 살 만해진다

대학교 2학년 겨울 방학이었다. 어느 날 군 복무 중인 친구가 숨졌다는 연락을 받았다. 장례식을 마칠 때까지 그 일주일은 내 인생에서 가장 힘든 시간이었다. 친구의 갑작스러운 죽음도 죽음이지만 그 앞에서 무덤덤하기만 한 나에 대한 충격 때문이었다. 일주일 내내 내가 이상하다고 느꼈다. 모든 사람이 슬픔에 잠겨 있는데 나는 슬프지 않았다. 그냥 슬퍼해야 한다는 생각만 하고 있었다. 시간이 지나도 매한가지였다. '내가 왜 이렇지?' 감정이 없는 기계처럼 느껴졌다. 장례식 뒤로 사람들을 만나는 게 힘들어졌다. 나의 친절이나 미소 등이 모두 위선처럼 느껴졌다. 학교를 다닐 수 없어 휴학을 했다. 그러나 어떻게 풀어나가야 할지 갈피조차 잡을 수 없었다. 결국 나를 알고 싶어 정신건강의학과 의사가 되었다.

'왜 나는 감정을 느낄 수 없게 되었을까?' '도대체 내 안에서 어떤 일들이 벌어진 것일까?' 정신건강의학과 의사가 되어 본격적으로 답을 찾아가기 시작했다. 어린 시절까지 거슬러 갔다. 부모의 불화로 인해 불안과 슬픔에 휩싸인 채 숨죽이며 살아가고 있는 아이가 보였다. 그 곁에는 힘들다고 털어놓을 사람도, 토닥여 주는 사람도 없었다. 그 아이가 할 수 있는 것이라고는 터질 것 같은 감정들을 그냥 쑤셔 박는 것밖에 없었다. 그 아이는 그렇게 감정을 잘 느낄 수 없는 어른으로 자랐다. 머리로만 세상을 살았다. 밖에서는 괜찮은 사람으로 보이기 위해 상황에 맞는 감정을 연출했고 늘 밝은 얼굴로 생활했다. 그게 진짜 내 모습인 줄 알았다. 그러나 안으로 쑤셔 박아 놓은 감정은 점점 곪았다. 불안은 점점 커져만 갔고, 슬픔은 공허감으로 번져갔다. 내가 처음부터 잘못된 사람 같았고 아무리 발버둥 쳐도 불행에서 빠져나올 수 없을 것 같았다. 내 삶의 모든 게 이미 결정되어 버린 느낌이었다.

심리적 고통이란 무엇일까? 마음이 힘든 것은 무엇 때문일까? 심리적 고통의 실체는 '감정'이다. 감정이 없다면 심리적 고통은 존재하지 않는다. 물론 시간이 지나면 감정도 약해지지만 힘든 감정일수록 저절로 해소되지 않는다. 경험되고 이해되고 표현되어야만 해소된다. 어릴수록 혼자 할 수 없는 일이다. 아이들에게는 힘든 감정을 헤아려 주고 해소할 수 있도록 도와주는 어른이 꼭 필요하다. 그래야 감정이 발달한다. 감정을 인식하고 조절하고 표현할 수 있게 된다. 만약 그런 대상이 없다면 어떻게 될까? 억누를 수밖에 없다. 그 억압된 감정은 탈출구를 찾지 못하고 몸과 마음 안에 갇히게 된다. 그리고 시간이 지나면서 몸과 마음을 뒤틀리게 한다. 그것이 바로 상처이다. 즉, 심리적 고통이 '감정'이라면 상처는 '해소되지 못한 억압된 감정'이라고 할 수 있다. 이 책에서 말하는 '핵심 감정'이다. 모든 사람이 과거에 매여 사는 것은 아니다. 하지만 핵심 감정을 가지고 살아가는 이들은 과거에 매여 살 수밖에 없다.

작가 마이클 싱어Michael Singer의 도서 《상처받지 않는 영혼》에는 팔에 가시가 박힌 사람이 나온다. 이 사람은 어딘가에 팔이 살짝 스치기만 해도 고통에 몸부림친다. 누군가와 가까이 살을 맞대는 것도 고통스럽고, 잠을 자는 것도 힘들다. 그에게는 두 가지 선택이 있다. 잠시 아프지만 가시를 뽑아내는 것과 가시에 아무것도 닿지 않도록 조심스럽게 살아가는 것이다. 당신이라면 어떤 선택을 할까? 당연히 가시를 뽑아야 한다고 생각할 것이다. 그러나 쉽지 않다. 가시에 닿기만 해도 너무 아프니까 어떻게든 가시를 건드리지 않고 살아가는 이들이 많다. 팔에 튼튼한 보호장치를 만들거나 그 무엇에도 가시가 닿지 않게 활동이나 접촉을 제한할 수도 있다. 이는 처음에는 불편하지만 시간이 지날수록 적응이 된다. 가시가 있다는 것조차 잊고 잘 살고 있다고 생각할 수도 있다. 그러나 착각이다. 그 사람이 평생 한 일이라고는 어떻게든 가시를 방어하는 데 최선을 다한 것뿐이다. 아무것도 가시에 닿지 못하도록 삶의 모든 영역을 통제하며 기형적인 삶을 살아온 것이다. 이 가시 박힌 사람의 이야기는 마음의 상처에 대한 비유이다. 이 마음에 박힌 가시가 바로 핵심 감정이다. 우리는 살아가면서 크고 작은 마음의 가시가 박힌다. 작은 가시는 저절로 빠질 수 있다. 그러나 큰 가시는 이를 빼내야 한다. 시간이 지나서라도 힘든 감정을 풀고 가야 한다. 하지만 많은 사람들은 이 가시를 빼지 못한다. 어떻게든 가시가 건드려지지 않게 방어적으로 살아간다. 그 가시를 빼지 못한 대가는 점점 커진다. 시간이 지나면 염증을 유발하며 곪아 터진다. 삶의 고비 고비마다 우리를 무너뜨리는 것이다.

당신의 마음에도 오래된 가시가 박혀 있을까? 그럴지도 모른다. 그렇다면 어떻게 마음의 가시를 뺄 수 있을까? 나는 전공의 시절부터 상처받은 기억을 글로 토해내기 시작했다. 말보다는 글이 더 편했다. '핵심 감정 치유를 위한 글쓰기' 작업을 한 것이다. 글을 쓰는 동안 몸으로 올라오는 해묵은 감정 때문에 힘들었지만, 점점 숨통이 트였다. 억압에 대한 해법은 결국 표현이었다. 글을 쓰면서 나를 조금씩 이해할 수 있게 되었고 혼자 견뎌야 했던 '과거의 나'에 대한 연민의 마음이 자라났다. 이는 자연스럽게 심상 작업으로 이어졌다. 지붕 위, 강둑, 다락방, 골목길 등에서 혼자 울거나 멍하게 있던 과거의 나를 만나기 시작했다. 계속해서 그 옆에 함께 있었다. 차츰 아이의 마음을 물어봐 주고 등을 토닥여 주었다. 그 과정에서 죽어버린 줄만 알았던 감정이 다시 살아났다. 한동안 눈물이 흘렀다. 전에 느끼지 못했던 감정들이 하나씩 하나씩 느껴졌다. 세상이 달리 보였다. 변화는 계속 이어졌다. 감정이 살아나자 의식과 에너지의 흐름이 달라지기 시작했다. 상처를 감추는 데 썼던 에너지들이 내 인생을 살아가는 쪽으로 흘러가게 되었다. 새로운 삶을 살고 싶어졌다. 그 힘으로 여기까지 오게 되었다.

가시의 모양이 다양한 것처럼 핵심 감정도 다양하다. 사람에 따라 슬픔일 수도 있고, 분노일 수도 있고, 불안일 수도 있다. 다만 이러한 핵심 감정은 일반적인 감정으로서의 슬픔, 분노, 불안과는 근본적으로 결이 다르다. 일반적 감정으로서의 슬픔, 분노, 불안은 보편적이고 적응적이다. 자신이 어떤 상황에 있는지를 잘 알 수 있게 하고, 그 상황을 잘 헤쳐 나가는 데 도움이 된다. 일반적 감정으로서의 슬픔은 위로로 우리를 이끌고, 분노는 우리의 권리를 지키며, 불안은 위험으로부터 우리를 보호하는 중요한 길잡이가 된다. 그에 비해 핵심 감정은 역기능적이다. 이는 단순한 슬픔, 분노, 불안이 아니다. 처음에는 혼자 감당할 수 없는 강한 슬픔, 분노, 불안이었지만 오랜 시간 억압되면 변형이 일어난다. 무엇보다 맥락에 맞지 않게 떠올라서 우리를 힘들게 한다. 까닭 없이 슬프거나, 화가 나거나, 안 좋은 일이 생길 것 같은 불안에 사로잡히는 것이다. 문제를 해결하는 데 도움을 주는 게 아니라 말문을 닫아버리고, 아이처럼 울부짖고, 감정에 압도되어 아무것도 못 하고 얼어붙게 된다. 그래서 핵심 감정은 일반적인 감정과 다르게 불러야 한다. 이 책에서는 슬픔 대신 '만성적 공허감', 분노 대신 '울분', 불안 대신 '근본적 불안' 등의 감정 단어를 사용한다. 그리고 그 외 '원초적 수치심'과 '무력감'을 대표적인 핵심 감정으로 분류하고 있다. 물론 5가지가 핵심 감정의 전부는 아니다. 사람에 따라서는 '배신감'이라거나 '버겁다'와 같은 감정 단어가 자신의 핵심 감정을 잘 드러내는 표현이 될 수 있다. 중요한 것은 자신의 상처에 걸맞은 핵심 감정의 이름을 붙여주는 것이다. 그래야 우리는 핵심 감정을 잘 이해하고 다룰 수 있다.

좁게 보면 핵심 감정은 아동·청소년기의 부정적 경험으로 생겨난 강렬한 감정이 해소되지 못한 채 성격화되어버린 감정을 말한다. 넓게 보면 시기와 상관없이 해소되지 못하고 계속 영향을 끼치는 부정적 감정을 말한다. 다만 시기에 따라 그 파괴성에는 차이가 있다. 아동·청소년기의 핵심 감정은 성격과 정체성이 되어버린다. 그만큼 영향력이 강하다. 마치 자신이 처음부터 그런 사람인 것처럼 느껴진다. 원래부터 무기력하고, 쓸모없고, 약하고, 공허하고, 화가 많은 사람으로 여겨진다. 과거의 부정적 경험 때문에 그런 것임에도 자신이 그냥 부정적인 사람처럼 느껴지는 것이다. 그렇기에 치료와 변화에 끝까지 저항하는 경우가 많다. 조금 좋아지는가 싶다가도 자신의 정체성이 무너져 내리는 느낌이 들기 때문에 오히려 핵심 감정을 본능적으로 지키려고 든다. 아동·청소년기 핵심 감정의 치유 작업에 좀 더 많은 시간과 연습이 필요한 이유이다.

감정은 삶의 길잡이이며 동력이다. 자동차에 비유하면 내비게이션이자 엔진이다. 감정을 이해해야만 우리는 자신의 삶을 잘 살아가고 서로 좋은 관계로 나아갈 수 있다. 이를 위해서는 감정을 경험하고, 이해하고, 표현할 수 있어야 한다. 그러나 핵심 감정을 가지고 살아가는 이들은 그럴 수가 없다. 감정의 나이가 어린 시절에 머물러 있기 때문이다. 우리가 자신의 삶을 살아가려면 무의식의 중심에 있는 핵심 감정을 해소해야 한다. 이를 위해 두 가지가 필요하다. 바로 자기연민과 자기관찰이다. 첫 번째는 자기연민에 바탕을 둔 핵심 감정 재경험이다. 고통 속에 혼자 있는 '과거의 나(상처받은 아이 자아)'를 자기연민의 마음을 가진 '지금의 나(건강한 어른 자아)'가 만나 그 해소되지 못한 감정을 제대로 경험하고, 이해하고, 처리할 수 있도록 도와주는 것이다. 그 핵심은 몸을 통해 감정을 끝까지 경험하는 것이다. 감정이 일어나고, 커지고, 사라지는 것을 몸의 감각을 통해 지켜볼 수 있게 되면 감정을 회피하지 않고 수용하는 능력이 크게 향상된다. 두 번째는 핵심 감정 알아차림이다. 일상에서 언제 핵심 감정이 유발되고, 어떻게 작동하고 반응하는지 구체적으로 알아차리는 것이다. 알아차림이 깊어지면 자연스럽게 자동 반응이 줄어들고 의식적 반응이 늘어나며 핵심 감정의 영향력은 점점 약해진다. 물론 쉽지 않다. 그러나 충분한 시간을 허락하고 체계적인 노력을 더한다면 가능하다. 내가 그러했고, 내가 아는 많은 이들이 그렇게 되었다.

이 책은 지난날의 나처럼 몸은 어른이지만 감정적으로 미성숙한 어른들을 대상으로 썼다. 핵심 감정이라는 큰 가시가 박힌 채 어른이 된 이들을 위해 썼다. 그 가시가 박힌 것은 당신의 잘못이 아니지만 그 가시를 빼야 하는 것은 당신의 몫이다. 더 이상 그 가시를 방치해서는 안 된다. 그 작업을 돕고 싶었다. 이를 위해 상담과 워크숍을 통해 핵심 감정을 치유했던 이들의 사례들을 많이 담았다. 그리고 특정 이론에 치우치지 않고 통합적이고 범용적인 치유 방법을 제시하고자 노력했다. 개인적으로 운영하고 있는 심학원心學院에서 트라우마의 이해와 치유를 가르치고 공부했던 게 큰 도움이 되었다. 책 곳곳에 교육생들의 이야기가 스며들어 있음을 밝혀둔다. 이 책을 함께 써준 그분들에게 깊은 감사를 드린다.

누군가는 이 책만으로도 충분한 도움을 받을 수 있으리라 본다. 하지만 책만으로는 버거운 이들도 있을 것이다. 가시를 빼려면 자신의 상처를 마주하고 고통을 감내할 힘이 있어야 하기 때문이다. 그렇기에 중간에 이를 버티지 못하고 책을 내려놓는 독자도 있을 것이다. 얼마든지 그럴 수 있다. 다만 이를 자신의 근본적 결함이라고 생각하며 또다시 자기비난에 빠지지는 않기를 바란다. 자신이 회복 불가능하기 때문이 아니라 아직 자기 치유의 힘이 준비되지 않았기 때문이다. 아직 힘이 부족한 이들은 혼자 해결하려고 발버둥 치기보다는 전문가의 도움을 먼저 받은 뒤에 이 작업을 이어가기를 바란다.

늘 삶이 힘들거나 버겁게 느껴진다면, 자주 안 좋은 일이 생길 것 같거나 아무것도 할 수 없을 것 같은 느낌에 휩싸인다면, 까닭 없이 슬픔이 솟구쳐서 마음을 가눌 수가 없다면, 어디에서도 겉도는 것 같고 이방인처럼 느껴진다면, 무엇을 해도 마음이 허전하고 삶이 공허하게 느껴진다면, 자신을 착취하면서까지 누군가의 인정이나 관심을 갈구하고 있다면 당신의 마음 깊은 곳에는 핵심감정이 웅크리고 있을 수 있다. 겉으로 드러나는 생각이나 행동을 바꾸는 것은 한계가 있다. 무의식에 깊이 입력된 것을 바꿔야 한다. 마음의 큰 가시를 빼야 한다. 마음속 큰 가시를 빼기만 해도 삶은 훨씬 살만해진다.

2025년 가을
문요한

책을 읽기 전에

1. 감정과 관련된 책을 읽을 때 혼란스러운 것은 용어가 통일되어 있지 않고 학자마다 그 개념을 다르게 사용하기 때문이다. 나는 감정을 크게 정동affect, 정서emotion, 기분mood으로 나눈다. 정동은 감정으로 분류되기 이전의 몸의 느낌을 말하고, 정서는 자극과 상황에 대한 신체생리학적 반응을 심리적으로 구성한 상태를 말하고, 기분은 자극이나 상황과 상관 없이 오래 지속되는 감정 상태라고 정의 내린다. 다만 이 책에서는 이를 엄격하게 구분하지 않기로 한다. 정동은 별도로 구분하되 감정, 정서, 기분을 비슷한 의미로 보고 그중에서 '감정'이라는 용어를 대표적으로 사용하고자 한다.

2. 핵심 감정이라는 용어 또한 학자마다 다르게 사용한다. 다이애나 포사Diana Fosha는 저서 《속성경험적 역동심리치료 AEDP》에서 '핵심 감정core emotion'을 "방어와 불안이 없는 상태에서 직접적이고 신체 감각적으로 경험하는 감정"이라고 정의했다. 그렇기에 슬픔, 분노, 즐거

움, 흥분, 혐오감 등 적응적인 일차적 감정을 핵심 감정으로 보았다. 그에 비해 故 이동식 선생은《도道정신치료 입문》에서 "어려서 받은 마음의 상처가 풀리지 않고 마치 한 줌의 눈을 굴리면 점점 커지고 굳어지듯이 세월이 갈수록 크고 단단해져서 녹지 않는 감정"을 핵심 감정nuclear feelings이라고 정의했다. 즉, 상처가 곧 핵심 감정인 셈이다. 이 책에서 말하는 핵심 감정의 개념은 후자이다. '과거의 부정적 경험으로 인해 해소되지 못하고 억압된 강렬한 감정으로 현재에까지 계속 영향을 주고 있는 감정'을 말한다. 다만, 핵심 감정의 영문 표기는 'core emotion'이라고 한다.

3. 이 책은 여러 치료자의 이론과 도서의 도움을 받았다. 특히 이동식 선생의《도道정신치료 입문》, 주디스 루이스 허먼Judith Lewis Herman의《트라우마》, 레슬리 그린버그Leslie S. Greenberg의《정서중심치료》, 다이애나 포사Diana Fosha의《속성경험적 역동심리치료 AEDP》, 제프리 영Jeffrey E. Young의 '스키마 치료', 존 브래드쇼John Bradshaw의 '내면아이 치유', 유진 젠들린Eugene T. Gendlin의 '포커싱 치료', 스티븐 포지스Stephen W. Porges의 '다미주 이론', 팻

오그던^{Pat Ogden}의 '감각 운동 심리치료' 등의 치료법과 원리에 도움을 받았다. 인간에 대한 깊은 사랑과 연민으로 트라우마의 연구와 그 치유에 힘써 온 이분들께 깊은 존경과 감사를 드린다. 다만 이 책은 어느 한 이론에 입각하기보다 공통적인 치료 원리와 각 치료법의 장점을 통합하고자 했다.

차례

프롤로그 | 마음의 가시를 빼면 삶은 훨씬 살 만해진다 • 004
책을 읽기 전에 • 015

핵심 감정이란 무엇인가?

———————————————————————— 1부

01 | 내 삶을 지배하는 핵심 감정

왜 그렇게 상대의 비위를 맞춰? • 026
시간이 지나도 풍화되지 않는 감정 • 030
견딜 수 없는 홀로 있음 • 036
끊임없이 자신을 취약하게 만드는 감정 • 039
핵심 감정은 자동적인 시스템을 구축한다 • 046
내면의 감옥에 갇혀 사는 사람들 • 054
무엇이 핵심 감정을 만드는가? • 058

02 | 나의 핵심 감정은 무엇일까?

핵심 감정은 잘 감추어진다 • 066
나의 핵심 감정은? • 074
그는 왜 전화벨만 울려도 놀랄까?_근본적 불안 • 080
이유 없는 분노는 없다_울분 • 086
그가 늘 냉장고를 가득 채워놓는 이유_만성적 공허감 • 091
나는 아무런 힘이 없어_무력감 • 097
나만 없어지면 돼_원초적 수치심 • 103
자신의 핵심 감정을 찾는 방법 • 110
스스로 핵심 감정에 이름을 붙여보자 • 115

03 | 핵심 감정에 대한 방어

　상처를 감추느라 자기를 잃어버린 사람들 • 124
　당신은 핵심 감정을 어떻게 방어했을까? • 128
　순응 모드: 핵심 감정에 끌려다니기 • 138
　회피 모드: 핵심 감정으로부터 도망치기 • 143
　과잉보상 모드: 핵심 감정과 반대로 살아가기 • 148
　투사 모드: 핵심 감정을 떠넘기기 • 152
　이상화 모드: 경험과 상대를 이상화하기 • 157

04 | 점점 성격화되는 핵심 감정

　당신은 원래 그런 사람이 아니다 • 166
　나 또한 감정적으로 미숙한 부모가 아닐까? • 170
　나는 왜 자꾸 슬픈 노래가 끌릴까? • 175
　당신은 계기판이 없는 자동차를 운전하고 있다 • 180
　당신의 예측은 당신의 감정을 넘어서지 못한다 • 185
　왜 그녀는 자기보다 못한 조건의 사람과 연애를 할까? • 191

핵심 감정의 이해와 치료

2부

05 | 회복의 자원을 확보하기

상처는 나의 책임이 아니지만 회복은 나의 몫이다 · 202
그때의 내가 대견해 · 206
감정은 감정으로 치유된다 · 211
그 아이가 원하는 사람이 되어보라 · 216
이제 나를 안정시킬 수 있다 · 222
우리는 평생 위로의 대상이 필요하다 · 228
큰 결심은 큰 좌절을 빚는다 · 233

06 | 핵심 감정 마주하기

몸, 고통과 번영의 진원지 · 244
신체감각은 감정의 통로가 된다 · 248
몸으로 감정을 경험하라 · 254
이제는 너를 홀로 두지 않으리 · 259
그 많던 분노는 어디로 갔을까? · 265
그 감정 속의 충동을 느껴보세요 · 271
핵심 감정을 글로 표현해 보자 · 275

07 | 알아차림 그리고 다르게 반응하기

메타인지에 기반한 핵심 감정 알아차림 • 288
두뇌 회로 환승하기 • 291
감정인식을 위한 자기대화 • 294
알아차림은 점점 빨라지고 깊어진다 • 299
나의 마음을 부분으로 이해하기 • 304
핵심 감정의 알아차림 • 309
핵심 감정 관찰일지 쓰기 • 313
건강한 감정표현 연습하기 • 320

08 | 새로운 감정, 새로운 삶으로

핵심 감정을 방어하느라 내 인생을 살지 못했다 • 330
수많은 되새김이 지나가면 • 334
이제 불쾌한 감정을 기꺼이 경험할 수 있다 • 339
감정의 회복, 컬러풀한 내 감정 • 344
자신의 본질과 깊이 연결된 상태 • 349
삶을 새롭게 빚어내기 • 353

에필로그 | 그림자가 빛으로 바뀌다 • 360

핵심 감정이란 무엇인가?

1부

내 삶을 지배하는 핵심 감정

01

"유아기와 아동기 시절은 그저 흘러가 버리는 게 아니라,
젖은 시멘트에 남은 아이의 발자국처럼 평생을 간다."

- 빈센트 J 펠리티, 도나 잭슨 나카자와의
《멍든 아동기, 평생건강을 결정한다》중에서 재인용

왜 그렇게
상대의 비위를 맞춰?

공무원 은영 씨는 남자 상사 앞에서 필요 이상으로 굽신거린다. 상사의 눈치를 보며 그의 심기를 편안하게 해주려고 애를 쓴다. 일단 자세와 말투에서부터 표가 난다. 손과 다리를 가지런하게 모아서 유독 얌전하게 앉거나 선다. 미소를 짓고 아주 공손한 말투로 말한다. 문제는 그 모습이 누군가에게는 아부하는 것처럼 보인다는 점이다. 한번은 어떤 동료로부터 "상사한테 너무 잘 보이려고 하는 것 아냐?"라는 힐난을 받기도 했다. 그러나 그런 의도는 없다. 그냥 자동으로 그렇게 된다. 상사 앞에서는 자꾸 주눅이 들고, 눈치를 살피고, 비위를 맞추게 된다. 문제는 지금 부서장이 오면서부터이다. 그는 기분이 안 좋으면 여러 사람 앞에서 한 사람을 본보기 삼아 혼을 낸다. 은영 씨가 그 타깃이 될 때가 많다. 아직도 일을 이렇게밖에 못 하냐며 공개적으로 핀잔을 주기도 하고, 자신이 해야 할 일을 아무렇지도 않게 은영 씨에게 떠넘기기도 한다. 그렇지만 그녀는 아무런 항의도 하지 못한다. 오히려 시키는 대로 잘 따르고, 그의 인정을 받으려고 애를 쓴다. 그녀는 왜 이렇게까지 상대에게 맞추는 것일까?

은영 씨의 아빠는 다혈질이다. 집에서만큼은 제왕 노릇을 했다. 가족들을 자기 말에 복종해야 하는 신하처럼 대했다. 자신의 심기가 조금이라도 뒤틀리면 소리를 질렀다. 물론 항상 그런 것은 아니었다. 오히려 잘못을 했는데도 아무렇지도 않게 넘어간 적도 있었다. 그래서 더 예측불허였다. 언제, 어디서, 어떻게 터질지 몰랐다. 가족여행을 가다가도 자기 기분이 상하면 차를 돌려 집으로 돌아온 적도 있었다. 생각해 보라. 짐을 다 싸서 여행을 가다가 다시 집으로 돌아올 때, 그 차 안의 분위기를. 그런 아빠 앞에서 엄마를 포함해 모든 가족은 꼼짝하지 못했다. 모두가 아빠의 화를 돋우지 않으려고 눈치를 보았다. 아이 때의 그 마음은 성인이 되어서도 여전히 남아 있다. 특히 권위적인 남성 앞에서는 여전히 어릴 때의 모습처럼 자꾸 움츠러든다. 그런데 오빠는 달랐다. 사춘기가 되자 아빠에게 반항하기 시작했다. 가출도 하고 고등학교 때는 몸싸움 일보 직전까지 가기도 했다. 그럴 때마다 엄마는 울면서 오빠를 혼냈다. "그래도 너희 아빠 때문에 우리가 이렇게 사는 거다. 아빠에게 그러면 안 된다"라며 야단을 쳤다. 그렇게 집안 분위기를 망치고 엄마를 힘들게 한 오빠가 아빠보다 더 미웠다. 은영 씨는 아빠의 뜻을 거스르기는커녕 오히려 기분을 맞춰주고, 아빠가 좋아할 만한 일을 스스로 찾아서 했다. 그렇다고 아빠의 사랑을 받고 싶었던 것은 아니었다. 그저 집안에 큰 소리가 나지 않고, 엄마가 힘들지 않았으면 하는 마음이 컸다. 이는 아빠에 대한 두려움에서 비롯된 복종이었다.

전통적인 스트레스 이론에 의하면 인간 역시 동물이기에 스트레스를 받으면 '3F'라는 전형적인 반응을 보인다. 바로 '도망 flight', '마비 freeze', '싸움 fight'을 말한다. 그러나 사회적 동물들은 '3F 반응' 외에 스트레스를 받으면 위로를 받기 위해 무리에게 다가간다. 미국의 심리학자인 셸리 테일러는 사회적 유대를 강화함으로써 스트레스 반응을 효과적으로 조절하는 전략을 '보살핌과 어울림 tend-and-befriend' 반응이라고 이야기한다. 그렇기에 인간은 스트레스를 받으면 도망을 치거나 싸우기도 하고, 심한 경우 얼어붙기도 하지만 기본적으로 사람들과 어울리려고 한다. 속상한 일이 있으면 친구를 만나 이야기를 나누는 것처럼 말이다. 특히 혼자 자신을 보호할 수 없는 아이들일

수록 심리적 고통을 느끼면 애착 대상에게 매달리도록 설계되어 있다. 문제는 심리적 고통을 가하는 사람이 양육자일 때이다. 그 상황에서도 아이들은 두려움이나 미움을 가진 채 어쩔 수 없이 양육자에게 다가설 수밖에 없다. 두렵고 싫지만 다가갈 수밖에 없는 이 괴로운 딜레마! 아이들은 이 딜레마에서 어떻게 벗어날까? 선택지는 많지 않다. 아이는 양육자의 눈치를 살피고, 양육자를 기분 좋게 해주려고 애를 쓰게 된다. 그래야만 심리적 고통을 덜 받으면서 나아가 돌봄과 사랑을 받을 수 있기 때문이다.

이렇게 심리적 고통을 주는 사람에 대해 싸우거나 피하는 것이 아니라 오히려 그 기분을 맞춰주는 특별한 스트레스 반응을 심리학자 피터 워커Pete Walker는 '비위 맞춤 반응Fawn Response'이라고 이름 붙였다. 싫어도 싫다고 하지 못할뿐더러 더 나아가 상대를 기분 좋게 하려고 애쓰는 반응을 말한다. 비위 맞춤 반응은 발달 트라우마를 겪은 이들의 특징적인 스트레스 반응이다. 이는 대인관계의 기본적인 스트레스 반응으로 고착되어 성인이 되어서도 반복된다. 즉, 자신을 괴롭히는 사람이나 싫어하는 사람 앞에서도 상대의 비위를 맞추거나 상대의 인정을 받으려고 애쓰기 쉽다. 은영 씨도 마찬가지로 권위적인 남자

앞에서는 자꾸 위축돼서 자신의 욕구나 주장은 접고 주도권을 늘 상대에게 넘긴다. 그렇게까지 자신을 낮출 필요도 없고, 상대에게 맞출 필요가 없는데도 말이다. 그런 자신이 한심하다 못해 못나 보이지만 잘 제어가 되지 않는다.

왜 어떤 사람은 이렇게 자신을 함부로 대하는 사람 앞에서도 그의 비위를 맞춰주려고 할까? 우리가 감정을 느끼고 표현하는 방식은 인지가 발달하고, 나이가 들어가면서 점점 어른스럽게 바뀌어 간다. 그러나 아동·청소년기에 감당할 수 없는 강렬한 감정에 휩싸였던 이들은 그러한 발달이 일어나지 않는다. 어릴 때의 감정 양식과 감정반응에 고착된 채 살아가게 된다. 이들에게 과거는 단지 지난 사건이 아니라 현재에 끊임없이 영향을 미치고, 현재를 지배하는 틀이 된다.

시간이 지나도
풍화되지 않는 감정

마음의 고통이란 무엇일까? 우리는 언제 마음의 고통을

느낄까? 다툼, 거절 혹은 실패와 같은 외부적 사건을 떠올릴 수 있겠지만 그것은 절반의 진실일 뿐이다. 어떤 이들은 누군가와 다투거나, 거절당하거나, 실패했음에도 불구하고 별로 고통스러워하지 않는다. 마음의 고통은 자극이나 사건 그 자체라기보다 그로 인한 힘든 감정이 올라올 때 경험하는 것이다. 만약 안 좋은 일을 경험했는데 별다른 감정이 느껴지지 않는다면 우리는 마음의 고통을 경험할까? 그럴 리가 없다. 그렇기에 간단히 말하면 마음의 고통이란 곧 '힘든 감정'이다. 그렇다면 마음의 상처란 무엇일까? '힘든 감정이 해소되지 않은 채 계속 남아 있는 것'을 의미한다. 그렇다면 우리는 치유 역시 쉽게 이해할 수 있다. 그 힘든 감정이 해소되는 것이다. 중요한 것은 '해소解消'라는 말에 있다. 이 말은 각각 '풀 해解'와 '사라질 소消'로 되어 있다. 즉, 풀어져서 사라진다는 것을 의미한다. 이를 위해서는 감정이 충분히 경험되고, 이해되고, 표현되어야 한다. 물론 가벼운 감정은 꼭 공감받거나 표현하지 않더라도 시간이 지나면 저절로 풀어질 수 있다. 원래 감정은 시간이 지나면 변화하는 법이니까. 오늘 아침 배우자와 다투고 화가 난 채 출근했다고 하자. 일하고, 식사하고, 동료랑 이야기를 나누다 보면 언제 그런 일이 있었냐는 듯 화는 사라지기 쉽다. 그리고 집에 와서도 특별히 화해의 대화를 나누지 않아도 별다른 감정의 찌꺼기가 남아 있지 않을 수 있다. 그러나 강렬한 감정은 그렇지 않다. 저절로 사라지지 않는다. 특히 아동·청소년기의 강렬하고 고통스러운 감정은 충분히 경험되고, 이해되고, 표현되어야 한다. 신경계와 내분비계를 포함해 심신의 발달이 이루어지는 예민한 시기에 주어지는 과도한 스트레스는 생물학적 손상을 남길 수도 있기 때문이다.

아동과 청소년은 스스로 감정적 스트레스를 해소할 자원과 능력이 절대적으로 부족하다. 그러므로 부모 등 가까운 이들이 그 힘든 감정을 담아주고, 이해하고, 조절하는 역할을 해주어야 한다. 그러나 갈등과 스트레스에 대처하는 가족의 자원과 능력이 부족한 '역기능 가족 Dysfunctional Family'의 경우에는 그러한 역할을 할 수가 없다. 오히려 가족이 계속해서 감정적 스트레스를 가하는 진원지가 된다. 부부 불화가 심하거나, 부모 중에 누군가가 오랜 시간 동안 아프거나, 자녀를 학대하거나 혹은 방치하거나, 부모 중에 중독자가 있거나, 몹시 가혹하고 엄격한 규칙이 강요되는 가족 등이 대표적이다. 이렇게 역기능 가족에서 자라난 아이들은 상호조절의 과정을 거치지 못한 채 성인이 된다. 이들에게 강렬한 감정적 자극은 위협처럼 느껴지기 쉽다. 이들은 몸과 마음의 각성과 흥분을 잘 조절할 수 없다. 조절의 과정을 거치지 못하고 그대로 행동해 버리거나 반대로 무기력하거나 해리되어 멍하니 있게 된다. 후자는 종종 자기조절로 오인될 수 있다. 무덤덤한 모습이 겉으로 보기에는 조용한 모습처럼 보일 수도 있다. 하지만 그것은 자기조절이 아니라 마비나 해리의 상태이다. 이러한 과각성과 저각성은 모두 정신병리의 원인이 된다. 해소되지 못한 강렬한 감정과 그에 대한 반응 양식이 고착되어 삶에 계속해서 영향을 미치는 것이다.

어떤 사람은 별다른 일이 없는데도 괜히 마음이 불안하다. 어떤 사람은 앞으로 살날이 많은데도 자신은 결코 행복할 수 없을 것 같은 느낌에 사로잡혀 있다. 어떤 사람은 늘 짜증을 내거나 별것 아닌 일에도 걸핏하면 분통을 터뜨린다. 어떤 사람은 남들이 부러워하는 많은 성취를 이루었는데도 불쑥불쑥 자신이 형편없다고 느낀다. 어떤 사람은 가족이 있는데도 견딜 수 없는 외로움에 몸부림을 친다. 그 사람의 마음 밑바닥에 처리되지 못한 어떤 감정이 웅크리고 있기 때문이다. 이를 핵심 감정이라고 한다.

핵심 감정은 사소한 자극에도 마음을 요동치게 만든다. 때로는 별다른 자극이 없는데도 솟구칠 때도 있다. 마치 화산활동을 일으키는 마그마와 같다. 한 번씩 솟구쳐서 마음을 휘젓고 삶을 태워버린다. 그에 비해 건강한 사람들의 마음 그릇에는 감정이 일시적으로 담길 뿐이다. 서운한 일이 있으면 서운한 감정이, 불안한 일이 있으면 불안한 감정이, 화가 나면 화라는 감정이 마음 그릇에 일시적으로 담긴다. 이런 감정들은 이해와 공감을 받으면 금세 비워지고, 그렇지 않더라도 시간이 지나면 비워지기 마련이다. 그러나 아무리 시간이 지나도 풍화되지 않는 감정이 있다. 여전히 살아 있는 감정이 있다. 현재에 영향을 주고, 더 나아가 현재를 지배하는 감정이 있다. 그것이 바로 '핵심 감정'이다.

이 응어리진 핵심 감정은 마음이라는 그릇에 가라앉은 진흙과도 같다. 조금만 흔들려도 마음은 흙탕물이 되고 만다. 즉, 유사한 자극과 상황이 주어지면 가슴의 응어리가 건드려져서 자극과 상황보다 더 강렬한 감정적 소용돌이가 일어난다. 사운드를 강화시키는 오디오의 앰프처럼 핵심 감정이 '감정의 증폭기' 역할을 하기 때문이다. 현재의 불쾌한 감정들과 과거의 힘든 핵심 감정이 서로 상승작용을 일으켜 현재의 불쾌한 감정들이 더욱 증폭되고 파괴적인 감정으로 변형되는 것이다. 조금 섭섭한 정도의 일일 뿐인데 나를 무시했다는 느낌이 들어 참기 힘들 만큼 화가 날 수도 있고, 약간 불안한 상황일 뿐인데 아무것도 할 수 없을 만큼 공포스럽게 느껴질 수도 있고, 부부 싸움을 하고 나서 며칠 말을 안 할 뿐인데 마치 버림받은 것처럼 한없이 슬플 수도 있다.

이처럼 아동·청소년기에 형성된 핵심 감정은 시간이 지나도 사라지지 않는다. 강한 감정을 유발하는 사건은 생존에 중요하기에 뇌는 이를 반드시 기억한다. 그리고 유사한 자극에 쉽게 활성화된다. 점점 더 예민해지고 강렬한 감정이 된다.

견딜 수 없는 홀로 있음

"다른 가족들은 식탁에 앉아 웃으면서 밥을 먹고 있는데 나 혼자 울면서 방 안에 있어요. 아무도 나에게 함께 밥 먹자고 말하지 않아요."

"쉬는 시간인데요. 다른 아이들은 뛰어 놀거나 웃고 떠드는데 저 혼자 책상에 죽은 듯이 엎드려 있어요."

"엄마가 외할머니 집에 나를 맡기고 다음 날 혼자 가는 거예요. 내가 부리나케 쫓아가니까 엄마가 나를 두고 막 달려가요. 나는 엉엉 울면서 엄마를 부르며 쫓아가는데 엄마가 뒤도 돌아보지 않고 저만큼 달려가고 있어요."

"집에 아무도 없어요. 나는 아파트 베란다에 나가 엄마가 언제 오나 한없이 바라보고 있어요. 그러다가 지쳐서 그대로 쓰러져 잠이 들어요."

핵심 감정의 치유 작업에 들어가면 먼저 핵심 감정과 관련된 기억을 떠올린다. 그 기억은 사람들의 수만큼이나 다양할 수밖에 없다. 그러나 그 다양한 기억 속의 공통점이 있다. 무엇일까? 바로 '감정적 고통 속에 혼자 있는 것'이다. 이불을 뒤집어쓰고 혼자 울고 있거나, 집에 들어가지 못하고 놀이터를 배회하고 있거나, 고개를 파묻고 남의 집 대문 앞에 앉아 있는 등 사람들이 떠올리는 기억은 모두 혼자 있는 모습이다. 혹은 누군가 옆에 있더라도 어떠한 위로조차 받지 못한 채 단절되어 있다고 느끼는 상태이다. 즉, 누군가 옆에 있는 게 중요한 것이 아니라 누군가와 감정적으로 연결된 상태가 중요한 것이다. 이렇듯 상처는 감정적 고통이 커서라기보다 '감정적 고통 속에 혼자 있다고 느낄 때' 만들어진다.

당신의 상처를 떠올려 보라. 고통 속에 있을 때 그 누구도 옆에 없다고 느꼈을 것이다. 이렇듯 상처의 핵심은 '홀로 있음^{aloneness}'에 있다. 실제 자살률을 예측할 수 있는 가장 중요한 지표 역시 '고립 지수'이다. 이는 "몸이 아프거나 급한 일이 있을 때 집안일을 부탁할 사람이 있나요?"와 "힘든 일이 있을 때 이야기를 나눌 사람이 있나요?"라는 두 개의 질문으로 평가한다. 이 고립 지수가 올라가면 자살률도 올라간다. 만약 당신이 그 고통 속에 있을 때 당신에게 따뜻한 관심을 가지고 "무슨 일 있었어?",

"내가 네 옆에 있어 줄게"라고 말을 걸어주고 옆에 있어 준 이가 있었다면 그 고통은 상처가 되었을까?

그러나 압도당하는 감정적 고통 속에 혼자 남겨질 때, 그 감정적 고통은 처리되지 못한다. 그 감정은 부정되고, 억압당하고, 외면당한다. 그렇다고 사라지는 것은 아니다. 몸과 마음에 저장된다. 기억의 뇌인 해마에 저장되는 것이 아니라 감정의 뇌인 편도체에 감각의 형태로 생생하게 저장된다. 바로 핵심 감정이 되는 것이다.

핵심 감정을 가진 채 어른이 된 이들은 알게 모르게 그 상처의 응어리를 풀어줄 누군가를 갈구한다. 누군가 온전히 자신의 고통을 이해하고 함께해 주기를 바란다. 그 고통의 크기만큼 기대도 크다. 흔히 그 기대는 연결감과 친밀함의 차원을 넘어선다. '하나 됨^{oneness}'이다. 자신을 완전하게 이해하고 돌봐줄 수 있는 누군가를 원한다. 그렇기에 이들은 누군가를 실제 그 모습대로 좋아하는 게 아니라 이상화시켜 좋아한다. 어른임에도 상호적인 애정 관계가 아니라 일방적인 애착 관계를 맺으려고 한다. 그러나 현실에서 그러한 사람이 있을 수 있을까?

물론 그러한 대상을 만났다고 잠시 착각할 수는 있

다. 그러나 하나가 될 수 있는 대상은 현실에 존재하지 않는다. 상처받은 내면아이를 부모처럼 돌봐줄 이들은 현실에 존재하지 않는다. 그 잠시의 기대와 기쁨은 이내 실망과 좌절로 이어지기 마련이다. 그럼에도 누군가는 그 기대를 저버릴 수 없어 또 다른 누군가를 찾아 나선다. 혹은 그 기대를 포기하고, 그 상처를 더욱 짓누른다. 그러나 상처는 누르면 누를수록 더 변형되고, 더 파괴적으로 되어 간다. 그렇다면 남은 답은 무엇인가? 유일한 답은 '내가 그 사람이 되어주는 것'이다. 내가 상처받은 그 아이의 옆에 있어 주는 것이다. 이제라도 그 아이가 어떤 일을 겪었는지 관심을 갖고 들어주는 것이다. 그 아이가 혼자 감당할 수 없어 억눌렀던 그 힘든 감정을 다시 경험하고, 이해하고, 표현해 보는 것이다. 자신 안의 상처받은 아이를 홀로 두지 않는 것! 그것이 핵심 감정 치유 여정의 시작이다.

끊임없이 자신을 취약하게 만드는 감정

기철 씨는 사람들과 있을 때 괜히 예민해지고 주눅이 든다. 오랜 친구들을 만나도 마냥 편하지 않다. 괜히 자신의 옷차림이나 행색이 초라한 것 같고, 사람들의 표정에서 왠지 자신을 반기지 않는 것 같은 느낌이 들고, 상황에 맞지 않게 이야기하는 것 같아 혼자 겉도는 느낌이 든다. 게다가 사람들과 있으면 배가 살살 아플 때가 많다. 이렇게 심신이 편치 않으니 사람들 이야기에 잘 집중할 수도 없다. 그는 이 모든 게 자존감이 낮아서라고 생각한다. 그래서 몇 년 전부터는 자존감을 높이는 데 좋다고 하는 여러 활동을 한다. 운동도 하고, 자애 명상도 하고, 꾸준히 독서 챌린지를 이어가며 좋은 습관을 만들어가고 있다. 그러나 여전히 모임에 나가면 예민해지고 주눅 든 느낌에서 빠져나올 수 없다. 그렇다고 실제로 다른 사람들이 그를 초라하게 보거나 싫어하는 것은 아니다. 혼자 괜히 부적절하다는 느낌에 시달리는 것이다. 그 이유는 '수치심'이라는 핵심 감정의 영향이 크기 때문이다. 그리고 사람들과 있을 때 내장감각이 예민해지는 점도 빠뜨릴 수 없다. 그렇다. 핵심 감정이 중요한 이유는 단지 과거의 미해결된 감정이기 때문이 아니라 과거에도, 현재에도 여전히 '자신의 근본을 이루는 감정'이며, 감정 체계뿐 아니라 인지 체계, 감각 체계 등 심신 전반을 취약하게 만드는 독성 감정이기 때문이다.

  핵심 감정은 일반 감정과 다르다. 무엇보다 계속해서 부정적 자기감을 유발한다. 내가 모자란 것 같고, 부적절한 것 같고, 환영받지 못하는 것 같고, 늘 혼자일 것 같고, 사랑받을 수 없는 사람이라는 느낌을 계속 불러일으킨다. 그리고 이러한 감정은 인지와 결합되어 아주 단단한 부정적 신념과 서사를 만든다. '나는 못났다', '나는 초라하다', '나는 약하다', '나는 아무것도 아니다', '나는 이상하다', '나는 작은 일도 감당할 수 없다', '사람은 믿을 수 없다', '사람들은 나를 싫어한다', '삶은 무의미하다' 등 핵심 감정과 그에 걸맞은 신념을 만들어 낸다. 문제는 이 핵심 감정과 핵심 신념에 의해 삶의 서사가 쓰인다는 것이다. 불행감에 사로잡히게 되면 불행할 수밖에 없다고 믿게 되고, 스스로 불행을 자초하게 된다. 자꾸 불행한 사람들과 어울리고, 어두운 곳을 기웃거리게 된다. 불행에서 벗어나고 싶어하면서도 오히려 불행을 움켜쥐고 살아가게 된다. 이를 깊이 알아차리지 못하는 한 삶은 초기 경험으로 만들어진 시나리오에 의해 그대로 흘러가게 된다. 그것을 누군가는 운명이라고 이야기한다. 하지만 그것은 운명이 아니라 상처이다. 치유가 필요한 이유이다.

이렇듯 핵심 감정은 한마디로 '끊임없이 자신을 취약하게 만드는 감정'이라고 할 수 있다. 과거와 달리 요즘 시대에는 많은 사람이 앞다투어 감정을 예찬하고 있다. 마치 모든 감정이 건강한 것처럼 이야기한다. 그것은 오랜 시간 동안 감정을 경시했던 데 대한 역편향이다. 나 또한 예외일 수 없었다. 오랜 시간 감정을 억압해 왔고, 그 폐해를 몸소 느꼈기에 한때는 "불쾌한 감정만 있을 뿐, 부정적 감정은 없다!"라고 단언한 적도 있었다. 그러나 트라우마를 공부하면 공부할수록 그 본질은 '상처받은 감정'에 있음을 깨닫게 된다. 이제 우리는 일방적인 감정 예찬에서 벗어나 감정의 빛과 어둠을 분별해야 한다. 건강하지 못한 감정도 있고, 삶을 피폐하게 만드는 독성 감정도 있음에 주목해야 한다.

감정은 주관적이다. 굳이 이야기하자면 사실^{fact}이 아니라 진심^{sincerity}이다. 만약 당신이 친구의 부탁을 거절하면 관계가 틀어질 것 같은 불안을 느꼈다고 해보자. 그래서 내키지 않았지만 들어주었다. 하지만 사실 거절을 했더라도 별문제가 없었을 수도 있다. 그 불안은 진심이지만 객관적으로 사실이 아닐 수 있다. 기철 씨가 친구들이 자신을 반기지 않는다고 느끼는 것은 사실이 아니다. 그러나 그 느낌이 강렬할수록 우리는 이를 상황과 상관없이 사실로 받아들이게 된다. 그렇다면 기철 씨는 왜 그렇게 부정적으로 지각할까? 물론 핵심 감정 때문이다. 그러나 그와 함께 내장감각의 예민함 또한 한몫을 한다.

하버드대학교 아동발달센터 잭 숀코프Jack P. Shonkoff 소장 등 아동기 부정적 경험을 연구하는 심리학자들은 아동·청소년기에 감당할 수 없었던 과도한 스트레스를 별도로 '독성 스트레스toxic stress'라고 부른다. 이러한 스트레스는 타고난 적응 능력을 압도해 스트레스 반응 체계를 장기적으로 활성화시키기 때문이다. 이는 신경계, 내분비계, 면역체계, 내장 감각 체계 등을 손상시켜 성인이 된 뒤 심신 건강의 이상을 초래한다는 것이 지난 20년 동안의 아동·청소년기 부정적 경험에 대한 연구 결과이다. 예를 들면 특별한 이상이 없는데도 위장이 불편하고, 식도에 이물감이 느껴지고, 가슴이 답답하고, 잦은 배변감을 느끼는 이들이 있다. 이를 '내장 과민증visceral hypersensitivity'이라고 한다. 우리가 잘 알고 있는 '과민성 대장 증후군'도 그중 하나이다. 아직 내장과민증에 대한 정확한 통계는 없지만 2022년도 클리블랜드 클리닉Cleveland Clinic의 발표에 의하면 전체 인구의 약 10퍼센트로 추산된다. 이들은 정신건강에 매우 취약하다. 우리가 생각하는 것 이상으로 내장 기관과 뇌는 긴밀히 연결되어 있기 때문이다. 심장, 폐, 위, 창자 등 내장 기관에서 뇌로 올라가는 신체감각은 감정을 형성하고 어떤 환경에 놓여 있는지를 판단하는 중요한 역할을 한다. 그런데 내장 기관에서 수시로 불편한 느낌이 뇌로 올라오면 어떻게 될까? 가슴이 답답하고, 자꾸 화장실에 가고 싶고, 피곤한 느낌이 들면 좋은 감정이 만들어질 수가 없다. 자신을 둘러싼 환경이나 만나고 있는 사람을 좋게 인식하기 힘들다. 그에 반해 몸의 컨디션이 좋으면 웬만한 일은 그냥 웃어넘길 수도 있다. 감정을 만드는 핵심 재료가 바로 몸의 느낌이기 때문이다. 감정조절이 신체조절과 궤를 같이할 수밖에 없는 이유이다. 그러므로 잘 자고, 잘 먹고, 잘 움직이는 것은 건강한 감정을 위한 가장 중요한 바탕이다.

그렇다면 이러한 내장 과민증의 원인은 무엇일까? 학자들은 유전적 요인이나 내장 기관의 수술과도 관련이 있지만, 아동기 부정적 경험 또한 유력한 원인으로 보고 있다. 즉, 아동기 부정적 경험이 감정 체계뿐 아니라 감각 체계의 이상을 초래하는 것이다. 내장감각뿐 아니라 시각, 청각, 촉각 등 신체 외부감각도 예민하기 쉽다(물론 아동기 부정적 경험으로 인해 정반대로 신체 내부 혹은 신체 외부감각이 둔감한 이들도 있다). 이들은 상대의 미세한 표정 변화가 하나하나 눈에 들어오고, 작은 소리에도 깜짝깜짝 놀라고, 누군가의 손길이 살갗에 닿기만 해도 불쾌해질 수 있다. 삶이 고달플 수밖에 없는 이유이다. 그렇다면 그 생물학적 취약성을 야기하는 독성 스트레스라는 것의 실체는 무엇인가? 부정적 경험 그 자체인가? 아니다. '해소되지 못한 고통스러운 감정' 즉, 핵심 감정이다. 그러므로 핵심 감정이 곧 독성 감정 toxic emotion이다. 핵심 감정은 생물학적 손상을 초래하여 감정과 성격 발달은 물론 감각 이상과 면역계의 취약성 등 심신 건강의 모든 영역에 걸쳐 부정적 영향을 미친다. 우리가 핵심 감정에 주목하고 이를 해소해야 하는 이유이다.

핵심 감정은
자동적인 시스템을 구축한다

"당신이 나에게 해준 게 뭐가 있어!"

민주 씨는 종종 남편에게 이렇게 소리를 지른다. 화가 나서 한 이야기이지만 그렇다고 과장된 이야기도 아니다. 평소 마음속에 참아 두었던 이야기이다. 민주 씨는 결혼 후 아이가 태어나면서 일을 그만두었다. 그리고 가족을 위해 많은 노력과 희생을 해 왔다고 생각한다. 하지만 남편은 그런 자신의 노력과 희생을 당연하게 여길 뿐 별로 고마워하는 것 같지는 않다. 출산 전 새로 사업을 시작한 남편은 주말에도 사업 관련 약속이 많다. 남편 없이 주말 시간을 보내는 날이면 억울하고 분한 마음이 솟구친다. 그런 날이면 폭발하듯 소리를 지른다. "당신은 나를 중요하게 생각하지 않아!", "당신이 결혼해서 나한테 해준 게 뭐가 있어!" 남편은 그럴 때마다 너무 당황스럽다. 마치 자신은 가족을 위해 아무것도 안 하는 사람처럼 이야기하기 때문이다. 자신도 사실 아내와 아이를 위해 주말까지 일을 하는 것인데 마치 놀러 다니는 사람처럼 몰아붙인다. 그래서 뭐라고 이야기를 하면 아내는 사기 결혼 당했다며 이혼 이야기를 꺼낸다. 왜 그렇게 극단적인 표현을 쓰는지 답답하고 이해가 되지 않는다. 그래서 그냥 입을 닫는다. 이야기를 하면 할수록 자신을 더 비난하고 이혼을 요구하기 때문이다. 그냥 좀 더 일찍 들어오고 집안일을 알아서 함으로써 아내의 마음을 풀어주려고 한다.

민주 씨에게는 '울분'이라는 핵심 감정이 있다. 그리고 그 울분에 따른 핵심 서사는 '혼자만 애쓴다'이다. 이 억울함은 민주 씨가 어릴 때부터 느껴 온 뿌리 깊은 감정이다. 특히 엄마와의 관계에서 켜켜이 쌓여 온 감정이다. 민주 씨의 부모는 식당을 함께 운영했다. 식당은 늘 늦은 시간에 끝이 났다. 그로 인해 큰 딸인 민주 씨는 어릴 때부터 집안일을 도맡아 해야 했다. 게다가 남동생까지 챙겨야 했다. 그런데 집이 어질러져 있으면 엄마는 늘 그녀만을 혼냈다. 거의 다 동생이 어지른 것인데도 말이다. 억울했지만 고생하는 부모를 생각해서 참고 넘어간 적도 많다. 하지만 한 번씩 울컥 터져 나왔다. "왜 나만 갖고 자꾸 뭐라 그래!"라며 소리쳤다. 엄마는 그런 자신을 위로하기보다는 "누나가 돼서 그것도 못해!", "동생은 어리잖아"라며 더 혼을 냈다. 지금도 잊을 수 없는 장면은 야단을 맞고 방에서 울고 있는데 자기만 빼놓고 치킨을 시켜 먹은 일이다. 먹어보라고 했는지는 잘 생각이 나지 않는다. 그렇지만 놀리기라도 하듯 식탁에 세 사람이 앉아 웃고 떠들며 치킨을 먹고 있는 장면은 아직도 잊히지 않는다. 이후로도 동생과 차별하는 일은 계속 벌어졌다. 무엇보다 자신은 돈 때문에 지방의 국립대에 가라고 해놓고, 동생은 서울의 사립대에 보내준 게 컸다. 동생이 입학할 때는 집안 형편이 나아져서라는 엄마의 말은 다 핑계처럼 들렸다. 민주 씨는 그때 크게 폭발했다. 결국 엄마의 사과를 받아냈다.

이후로도 민주 씨는 동생과 비교해서 조금이라도 덜 받는 것 같으면 참지 못한다. 가족과의 관계에서뿐만이 아니다. 민주 씨는 줄곧 가까운 인간관계에서 '혼자만 애쓴다'라는 느낌에 사로잡혀 있다. 그렇기에 가까운 사람과의 관계에서도 자신이 애쓴 만큼 무언가 신경을 써주지 않으면 화가 난다. 언제부터였는지는 기억이 안 나지만, 인간관계는 공정거래가 이루어져야 한다고 생각한다. 그렇기에 늘 계산하고 비교하는 습관이 있다. 꼭 돈 문제만은 아니다. 예를 들어 친구에게 세 번 먼저 연락했는데 친구가 한 번밖에 먼저 연락하지 않으면 서운함을 넘어

화가 난다. 친구가 얌체처럼 느껴지거나 자신에게 무관심한 것처럼 느껴진다. 물론 처음에는 그런 모습을 감춘다. 하지만 결국 시간이 지나면 어떤 사소한 일로 폭발하고 만다. 상대는 당황스러워한다. 그렇게 자신에 대해 불만을 가지고 있었는지 몰랐기 때문이기도 하고, 그게 그렇게까지 화를 낼 일인가 싶어서이기도 하다. 그렇게 끊어진 관계가 많다.

그녀가 원하는 것은 관계에서의 공평함이다. 그러나 그 공평함은 경직되어 있고 기계적이다. 그렇다 보니 상호적 관계를 중요하게 생각하는 것만큼이나 그녀의 주의는 상호적이지 않은 상대의 모습을 포착하는 데 예민하게 작동한다. 그녀의 내면은 차별받음, 이용당함, 불신 등에 기초해 있기 때문이다. 그렇기에 상대방이 무심코 한 말이나 행동에 대해서도 자꾸 의미를 부여하고 부정적으로 해석하게 된다. 상대가 약속을 바꾸거나, 자신의 연락에 대해 느리게 반응하거나, 같이 있는 동안 딴짓을 하면 쉽게 마음이 상하는 이유이다. 마치 돋보기를 가지고 차별과 무관심의 징후를 찾아내려는 사람 같아 보일 때가 많다. 그리고 '너도 결국 똑같아!'라고 느낀다. 자신을 차별한 부모와 같다는 의미이다. 현재를 살고 있지만 그녀의 마음은 여전히 부모의 차별에 기초한 울분이라는 핵심 감정에 붙잡혀 있는 것이다. 이렇게 핵심 감정은 그와 연관된 부정적 믿음을 가지고 있고, 경직된 규칙들을 수반하고 있으며, 자동화된 감정반응을 유발한다. 무언가 트리거가 주어지면 하나의 시스템으로 움직이는 것이다.

핵심 감정을 가지고 있는 사람들은 특정 감정과 그 반응 양식에 고착되어 습관적으로 느끼고 반응한다. 이렇게 경험을 일정하게 조직화하고 고정된 심리 반응을 유발하는 마음의 구조를 '심리 도식^{Schema}'이라고 이야기한다. 그런데 이 도식을 구성하는 핵심은 무엇일까? 인지심리학자들은 신념과 같은 인지적 요소를 핵심이라고 본다. 그러나 신념을 형성하는 것은 무엇인가? 왜 많은 사람이 자신에 대해 부적절한 사람이라는 신념을 갖게 되었을까? 그렇다. 신념을 만드는 것은 기본적으로 감정이다. 따라서 심리 도식의 핵을 이루는 것은 인지가 아니라 감정이다. 그리고 그 비적응적 심리 도식을 형성하는 데 중요한 역할을 하는 감정이 '핵심 감정'이다. 즉, 초기 부정적 경험에 의해 억압된 강렬한 감정을 중심으로 '비적

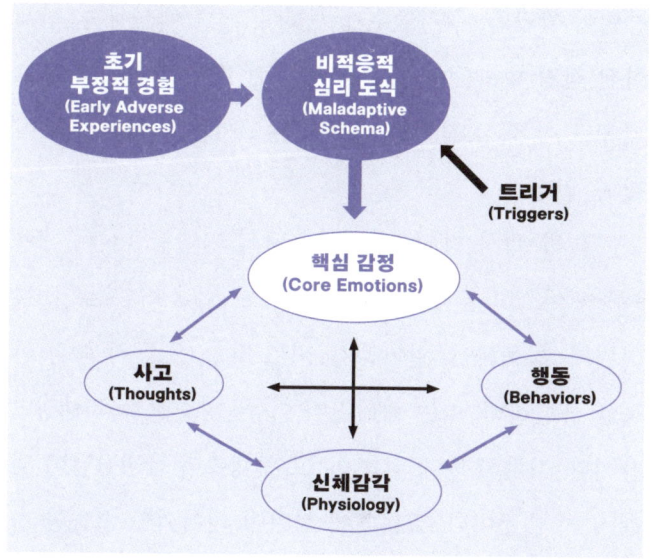

비적응적 감정 도식
초기 부정적 경험에 의해 형성된 핵심 감정을 중심으로 세상과 경험을 지각하고 반응하는 일정한 심리 패턴

응적 감정 도식Maladaptive Emotional Schema'이 만들어지는 것이다. 이 감정 도식은 감정만으로 이루어진 것은 아니다. 감정을 중심으로 그와 연관된 인지, 동기, 행위, 신체감각과 자세 등이 복합적으로 연결되어 있다. 이러한 감정 도식은 의식적인 주의를 기울이지 않는 한 자동화된 반응을 유발한다. 이 심리 도식에서 사고와 신념의 영역은 언어

능력이 발달한 이후에 추가된 것이고, 그 핵심에는 '신체화된 감정embodied emotion', 즉 핵심 감정이 있다. 그러므로 치유란 이 핵심 감정을 다루지 않고서는 제대로 이루어질 수 없다.

특히 핵심 감정에는 '고착된 감정반응Fixed Emotional Response'이 뒤따른다. 흔히 '떼쓰기, 울기, 소리 지르기, 토라지기, 침묵하기, 얼어붙기, 비위 맞추기' 등의 특정 반응을 유발한다. 이는 하나같이 아동·청소년기의 감정반응이다. 그럴 수밖에 없는 게 그 단계에서 감정발달이 멈춰 있기 때문이다. 그렇기에 성인이 되어서도 비슷한 자극이 주어지면 감정 도식이 자동으로 작동하여 감정반응도 비슷하게 나타난다. 새로운 사람을 만나면 새로운 감정을 경험하고, 새로운 감정반응이 나타나야 함에도 불구하고 업데이트가 잘되지 않는 것이다. 우리가 아동기 부정적 경험을 중요하게 생각해야 하는 이유가 바로 여기에 있다. 어릴 적 감정 경험이 중요한 것은 그 시기의 강렬한 감정은 내면의 바탕을 이루고, 감정반응의 '초깃값으로 설정default setting'되어 어른으로 자라나기 때문이다. 그러므로 성인이 된 이후에도 상황이나 상태에 따라 다양한 방식으로 대처하는 것이 아니라 고착된 감정반응에 의해 어릴 때처럼 반응하게 된다. 우리가 의식적으로 노력하지 않으면 어릴 때의 초기 설정에 지배당한 채 살아갈 수밖에 없다.

고착된 감정반응
Fixed Emotional Response

인간은 자신을 돌봐줄 수 있는 가까운 사람에게 정서적, 신체적으로 의지하고 매달리려는 생물학적 애착 본능이 가장 강한 종이다. 그렇기에 아무것도 할 수 없어 보이는 갓난아이라 하더라도 양육자에게 필사적으로 매달리려는 본능적인 애착 행동을 가지고 태어난다. 애착 이론을 창시한 존 볼비는 대표적으로 '웃기, 울기, 빨기, 매달리기, 따르기'를 타고난 애착 행동으로 보았다. 이러한 애착 행동은 아이들의 감정반응에 그대로 드러난다. 특히 좌절이나 불안을 느낄 때 잘 나타난다. '떼쓰기, 울기, 소리 지르기, 뒹굴기, 매달리기, 토라지기, 얼어붙기, 비위 맞추기' 등의 감정반응을 보이는 것이다. 이는 나이가 들어가면서 감정을 조절하고 표현하는 능력이 발달하게 되면 성숙한 감정반응으로 바뀐다. 그러나 그렇지 못한 이들이 있다. 바로 감당할 수 없는 감정적 고통 속에 혼자 방치되었던 이들이다. 이들은 어른이 되어서도 어릴 때의 감정반응을 반복한다. 이렇

> 게 아동청소년기 부정적 경험으로 인해 감정반응이 생애 초깃값 상태로 고정되어 버린 경우를 '고착된 감정반응'이라고 한다. 당신에게는 어떤 고착된 감정반응이 있는가?

내면의 감옥 속에 갇혀 사는 사람들

"난 네가 싫어."

20대 후반에 병원 동료에게 들었던 이야기이다. 전혀 준비가 안 된 상태에서 급소를 얻어맞은 것 같았다. 숨조차 쉬기 힘들었다. 태어나서 누군가 내 앞에서 내가 싫다고 이야기한 사람은 그 동료가 처음이었다. 무너진 멘탈을 겨우 붙잡고 애써 태연한 표정을 지으면서 물었다.

"왜?"

그러자 동료는 이렇게 이야기했다.

"넌 모든 사람과 잘 지내려고 하잖아."

이런! 급소를 한 방 더 맞았다. 마치 '너는 진실한 사람이 아니야!'라는 말처럼 들렸다. 그 앞에서 아무 말도 할 수 없었다. 몇 주 내내 그 동료의 말이 계속해서 맴돌았다. 화도 나고, 어이가 없기도 했다. 무시하려고도 했다. 그러나 그러면 그럴수록 벗어날 수 없었다. 그 말을 부정할 수 없었기 때문이었다. 한마디로 팩트 폭격이었다. 그 시절에는 '누군가가 나를 싫어한다면 그것은 다 내 잘못이고, 나라는 사람 자체가 큰 결함이 있기 때문'이라는 것을 의미했다. 그래서 어떻게든 모든 사람과 잘 지내려고 했다. 모든 사람이 나를 좋아할 수는 없더라도, 어떤 사람도 나를 싫어하지 않게 하려고 애를 썼다. 인간관계에 거의 모든 에너지를 쏟았지만, 그 누구에게도 마음을 열지 못했다. 누군가와 가까워지면서 나의 부족함이 드러날까 두려웠다. 친해지고 싶었지만, 동시에 친해지면 안 되는 딜레마에 계속 시달렸다. 그 시절에 나는 왜 그렇게 '어떤 사람도 나를 싫어하면 안 돼!'라는 엄격한 기준을 가지고 사람들을 대했을까? 그것은 바로 '수치심'이라는 핵심 감정 때문이었다. 내가 근본적으로 결함이 있는 사람이라는 느낌이 있었기에 이를 감추기 위해 어느 누구도 나를 싫어할 수 없게 만들어야만 했다. 그만큼 사람들의 인정이 중요했다. 인정을 받을 때만큼은 내가 괜찮은 사람처럼 느껴졌다.

이렇듯 핵심 감정이 우리를 힘들게 하는 것은 그 감정 자체 때문이기도 하지만 그로부터 파생되는 온갖 가혹한 기준 때문이다. 핵심 감정은 기본적으로 자기보호를 위해서 만들어진 것이지만, 시간이 지날수록 자신을 억압하는 족쇄가 되고 만다. 이렇게 핵심 감정에 의해 만들어지는 가혹한 기준의 몇 가지 예를 들어 보자.

'실수를 저지르면 나는 내쳐질 것이다.'
'아무리 아파도 일은 잘 해내야 한다.'
'나는 모든 사람과 잘 지내야 한다.'
'누구라도 나를 싫어하는 사람이 있다면 그것은 내 잘못이다.'
'내가 좋아하는 사람이 다른 누군가에게 관심을 보인다면 나는 버림받은 것이다.'
'한 번 해서 안 된다면 그건 내가 할 수 없는 것이다.'
'누군가 내 말에 반박하는 건 나를 무시하는 것이다.'
'내가 사랑하는 사람은 결국 나를 떠난다.'
'사람들 앞에서 긴장한다면 나는 형편없는 사람이다.'
'상대의 부탁을 거절하면 그 관계는 파탄 난다.'

이러한 엄격한 규칙과 부정적 서사가 있기에 이들은 정서적, 인지적으로 더욱더 과민반응을 일으킨다. 그리고 굳이 하지 않아도 될 행동을 반복하게 된다. 이러한 엄격한 규칙에 부합하지 못하면 자신을 비난하는 반응이 자동으로 올라온다. 만약 당신이 '나는 모든 사람과 잘 지내야 한다'와 같은 엄격한 기준을 가지고 살아가고 있다고 해보자. 그렇다면 그에 대한 궁금함을 가져 본 적이 있는가? '나는 왜 이런 기준을 가지고 살아가고 있을까?'라고 말이다. 가지고 태어난 걸까? 그럴 리 없다. 그렇다면 어떻게 만들어진 걸까? 궁금한 게 당연하다. 하지만 많은 이들은 굳이 알려고 하지 않는다. 아주 오랜 시간 그 기준에 맞춰 살다 보니 너무 당연하게 여겨지는 것이다. 마치 가지고 태어난 것처럼 말이다.

엄격한 기준을 가지고 있는 이들에게 중요한 것은 그것이 왜 생겨났느냐가 아니라 그 기준에 자신이 부합하느냐, 못하느냐일 뿐이다. 이들은 이러한 높은 잣대로 인해 다른 이들보다 과도한 후회, 자책, 불안, 자기비난에 평생 휘둘린다. 고통 속에 신음하면서도 이를 포기하지 못한다. 너무 익숙해서이기도 하지만 그 엄격한 기준이 한동안은 자신의 상처를 덧나지 않도록 보호해 주었기 때문이다. 이들은 그 엄격함을 푸는 순간 자신의 상처가 발가벗겨질 것이라고 본다. 머리로는 지나친 기준과 규칙임을 알고 있지만 절대 내려놓지 못하는 이유이다.

물론 이러한 엄격함이 일시적으로는 필요했을 수 있다. 그러나 이 엄격함이 성격화되면 삶은 점점 황폐해지고 불행할 수밖에 없다. 핵심 감정은 이렇게 과도한 엄격함을 만들고, 그 엄격함은 핵심 감정의 취약성을 더 증폭시키고, 결국 또 다른 엄격한 기준을 만들어 낸다. 이들의 마음은 점점 엄격한 기준이라는 단단한 창살로 만들어진 감옥이 되어간다.

무엇이 핵심 감정을 만드는가?

앞에서 이야기한 것처럼 핵심 감정은 감당할 수 없는 감정적 고통 속에 혼자 있다고 느낄 때 형성된다. 그 상황에서 그 강렬한 감정은 처리되지 못하고 부정되고, 억압되고, 해리된다. 이후로도 감정에 대한 방어가 거듭되면서 점점 파괴적인 감정으로 변형된다. 이처럼 핵심 감정이 만들어지는 데는 세 가지 조건이 있다.

> 첫째, 감당할 수 없는 감정적 고통(과도한 스트레스 반응)
> 둘째, 홀로 있음(위로와 조절의 부재)
> 셋째, 감정적 고통에 대한 회피(감정에 대한 지속적 방어)

그렇다면 어떤 일들이 핵심 감정을 만들까? 가장 중요한 것은 '사랑받지 못함'과 '소속되지 못함'에 있다. 애착 손상이나 또래 관계 형성의 실패를 반복적으로 경험하게 되면 이는 핵심 감정으로 이어지기 쉽다. 특히 아동·청소년기에는 더욱 취약하다. 스스로 자신을 보호하고 돌볼 수 없기 때문이다. 이러한 핵심 감정을 유발하는 경험은 크게 다섯 가지로 분류해 볼 수 있다.

첫째, 폭력이다. 이는 가정, 지역사회, 학교 등에서 일어나는 신체적, 언어적, 성적 폭력을 모두 포함한다. 그리고 직접적으로 폭력을 당하는 게 아니라 하더라도 부모의 심한 싸움이나 학교폭력을 계속 지켜보게 되는 경우도 포함된다. 특히 남자의 경우는 가정뿐 아니라 학교와 군대 등의 폐쇄적이고 계급적인 문화 속에서 직접적인 폭력과 괴롭힘뿐 아니라 위협과 모욕 등으로 공포 분위기에 노출되는 경우가 많다. 문제는 남자는 강해야 한다는 생각 때문에 그 피해 경험을 자라는 동안 누구에게도 표현하지 못하고 감춰버리는 경우가 많다. 혹은 기억하더라도 자신에 대한 연민의 마음이 아니라 수치심을 갖는 경우가 많다. 이렇게 폭력은 근본적 불안, 무력감, 원초적 수치심과 같은 핵심 감정을 야기한다.

둘째, 침범impingement이다. 과도한 통제나 과잉보호에 의해 자율적인 욕구나 프라이버시가 크게 훼손당하는 것을 말한다. 이 또한 핵심 감정을 만드는 외상적 경험이 될 수 있다. 이는 흔히 '밀착enmeshment'된 관계에서 사랑이라는 이름으로 벌어진다. 그렇기에 더 벗어나기 힘들고, 혼란을 야기한다. 심지어는 부모의 과도한 침범으로 인해 울분이라는 핵심 감정을 가지고 있는데도 스스로는 사랑받았다고 기억하는 경우도 있다. 어쨌든 부모는 자신을 위해 많은 시간과 돈 그리고 에너지를 쏟아부었기 때문이다. 하지만 애착에서 중요한 것은 얼마나 많은 것을 해줬느냐가 아니라 얼마나 잘 반응했느냐에 달려 있다. 과거와 달리 과잉 양육이 이루어지는 요즘 시대에는 '침범'

이야말로 핵심 감정을 만드는 중요한 원인이 된다.

셋째, 결핍이다. 부모의 이혼, 죽음, 가난 그리고 오랜 질병 등으로 인해 부모가 적절한 신체적, 정서적 돌봄을 베풀지 못한 경우이다. 돌봄을 받지 못하는 것을 넘어 돌봄을 받아야 할 나이에 누군가를 돌볼 수밖에 없는 상황에 놓여 있었던 경우도 많다. 이들은 어릴 때부터 어른스럽다는 인정이나 칭찬을 많이 받다 보니, 자신의 결핍을 잘 인지하지 못하는 경우도 많다. 폭력이나 침범과 달리 강렬한 외상적 기억을 가지고 있지 않을 수도 있다. 그렇지만 이러한 결핍은 가랑비에 옷 젖듯이 서서히 수치심, 근본적 불안, 공허감 등의 핵심 감정을 만들어 낸다.

넷째, 소외이다. 가족이나 또래 관계, 집단에서 놀림을 당하거나 배제되거나 차별받는 상황을 들 수 있다. 전통적인 애착 이론가들은 애착 형성을 주 양육자와의 관계에서 맺어지는 일대일 관계로만 바라보는 경향이 있는데 이제는 그 시야를 넓혀야 한다. 가족뿐 아니라 집단의 관계 또한 인간의 애착 형성에 매우 중요하다. 또래와 집단 안에서 연결감과 소속감이 더해져야 안정 애착이 자리 잡게 된다. 만약 또래와 집단 내에서 소외와 따돌림을 경험하게 되면, 그 경험으로 인해 수치심, 근본적 불안, 울분, 무력감 등의 여러 핵심 감정이 만들어진다.

다섯째, 핵심 감정의 동일시이다. 어떤 대상과 밀착되어 있고 융합되어 있는 경우에 그 대상이 지닌 핵심 감정을 그대로 내면화하게 된다. 즉, 대상의 핵심 감정을 공유하는 것이다. 예를 들어, 아빠가 어린 시절의 상처로 인해 공허감이라는 핵심 감정을 가지고 있다면, 아이 또한 아빠의 그 공허감을 내면화하며 자라날 수 있다. 엄마가 근본적 불안이라는 핵심 감정을 가지고 있어 늘 안전에 집착하고, 사소한 일에도 큰일이 났다며 불안을 조성한다면 아이는 근본적 불안이라는 핵심 감정을 공유할 수 있다. 즉, 핵심 감정이 대물림되는 것이다.

핵심 감정과 그 특징

핵심 감정이란, 아동·청소년기에 혼자 감당할 수 없는 심리적 고통을 겪으며 무의식에 고착된 감정으로 그 핵심은 '견딜 수 없는 고립감 unbearable aloneness'에 있다. 흔히 폭력, 침범, 결핍, 소외, 동일시 등의 경험에 의해 만들어지며, 다음과 같은 특징이 있다.

01. 핵심 감정은 압도적인 감정적 고통 속에서 혼자 남겨질 때 형성된다.
02. 핵심 감정을 만드는 경험은 크게 폭력, 침범, 결핍, 소외, 동일시로 분류할 수 있다.
03. 핵심 감정은 암묵 기억으로, 머리가 아니라 편도체와 몸에 저장된다. 그렇기에 강한 신체적 동요를 동반하는 '신체화된 감정 embodied emotion'이라고 할 수 있다.
04. 핵심 감정은 심리발달의 이상뿐 아니라, 생물학적 취약성을 만들어 심신의 건강을 위협하는 독성 감정이다.
05. 핵심 감정은 부정적인 자기감을 만들며, '나는 쓸모없어', '나는 형편없어', '나는 보잘것없어' 등 자기비난의 목소리를 동반한다.
06. 핵심 감정은 마주하거나 경험하기 힘든 감정이다. 관련된 기억을 떠올리기 힘들고, 이를 말로 표현하기 어렵다. 그

렇기에 회피하고 감추게 된다.

07. 핵심 감정은 사소한 자극이나 유사한 상황에 활성화되어 현재의 감정을 증폭시키고 왜곡시킨다. 때로는 맥락도 없이 떠오른다.
08. 핵심 감정은 어른이 되어서도 고착된 감정반응(얼어붙기, 떼쓰기, 토라지기, 침묵하기, 비위 맞추기 등)을 유발한다.
09. 핵심 감정은 부정적 핵심 신념과 문제 중심적 삶의 시나리오를 형성하고, 경직된 규칙과 엄격한 기준을 만들어 낸다.
10. 핵심 감정은 성격화되어 정체성, 가치관, 취향 등 인생 전반을 지배한다.
11. 핵심 감정을 방어하는 데 많은 에너지가 투입되어, 자기 삶을 살아갈 수가 없다.
12. 이 응어리가 풀어져야만 감정이 순환되고, 조절되고, 분화된다. 이를 위해 핵심 감정은 다시 경험되고, 이해되고, 표현되어야 한다.

나의 핵심 감정은 무엇일까?

02

"적절한 어휘로 감정을 표현할 줄 모르면 감정에 이름을 붙일 수 없고, 이름을 붙이지 못하면 제대로 숙고하거나 예측할 수도 없다. '이름을 붙이면 길들일 수 있다'라는 명제에는 실재하는 진리가 담겨 있다. 감정에 이름을 붙이는 일 자체가 조절의 한 방법이다."

•

마크 브래킷, 《감정의 발견》 중에서

핵심 감정은
잘 감추어진다

기업 부설 연구소에서 연구원으로 일하는 현희 씨는 인간관계가 피곤할 때가 많다. 왜 그렇게 사람들은 자꾸 선을 넘는지 모르겠다. 누군가로부터 조언을 듣는 것은 말할 것도 없거니와 관심조차 싫을 때가 많다. 예를 들어, 먼 곳으로 여행이나 출장을 다녀올 때 친구나 동료가 건네는 "아프지 말고 건강하게 다녀 와!", "운전 조심해!"라는 인사말도 거슬릴 때가 있다. 마치 자신을 애 취급하는 듯한 느낌이 든다. 아이도 아니고, 어련히 알아서 조심할 텐데 왜 그런 이야기를 하는지 못마땅하다. 그냥 "잘 갔다 와!"라고 하면 될 텐데 말이다. 문제는 그 불쾌함을 잘 감추지 못해서 표정이나 말로 드러날 때가 있다. "네가 내 엄마라도 돼?", "내가 애야?" 이런 식의 말이 튀어나와 상대를 뻘쭘하게 하거나 당황하게 만들 때가 많다. 사람들은 그런 그녀를 보며 성격이 까칠하다고 생각한다. 그녀 또한 부분적으로는 인정하지만, 자신이 까칠하다기보다는 독립적이고 주체적이라고 생각한다. 하지만 그녀조차 잘 모르는 마음이 있다. 겉으로 강하게 보이는 모습과 달리 그녀의 마음 깊은 곳에서는 누군가에게 거리를 허용하면 자신이 휘둘릴지 모른다는 두려움이 자리 잡고 있다. 이 두려움이 사람과의 관계에서 침범당하는 것에 대한 예민함으로 나타나는 것이다. 즉, 겉으로 드러나는 짜증이나 분노가 그녀의 핵심 감정이 아니라, 휘둘릴지 모른다는 두려움이 핵심 감정이다. 짜증이나 분노는 그런 자신을 보호하기 위한 이차 감정이며 방어적 감정이다.

그녀는 휘둘릴지 모른다는 두려움 때문에 관심과 간섭을 구분하지 못한다. 누군가 다가오면 자신의 바운더리에 대한 침범처럼 느껴진다. 이렇게 관심과 간섭을 구분하지 못하는 이들은 '양육 과정에서 개별성이나 자율성을 존중받지 못하고 자라난 경우'가 많다. 자녀를 자신의 소유물로 여기거나 대리 희망으로 삼아 은밀하거나 혹은 노골적으로 과잉보호와 과잉 통제를 가하는 부모에게서 자랐던 이들이다.

현희 씨의 엄마는 자녀 교육에 욕심이 많았다. 현희 씨의 일기장을 들춰보기도 하고, 공부 잘하는 친구랑 사귀어야 한다고 학원을 바꾸기도 하고, 의대나 약대를 가야 한다며 디자인을 하고 싶어 하는 현희 씨의 꿈을 꺾어

놓았다. 그뿐 아니라 먹는 것 하나하나부터 집에 오는 시간까지 매일 신경을 썼다. 거부감이 컸지만, 엄마를 당해낼 수가 없었다. 그렇다 보니 나중에는 엄마가 그러는 것은 다 자신을 아끼고 사랑해서라고 생각하게 되었다. 그러나 재수를 한 뒤에도 원하는 대학에 가지 못하게 되면서 엄마와의 갈등은 폭발했다. 엄마가 자신의 삶을 다 망쳐놓은 것 같아서이다. 결국 대학을 졸업하고 나서는 도저히 같이 살 수 없어 따로 살고 있다. 특별한 날이 아니고서는 엄마를 만나지 않는다. 엄마에게 전화가 오면 첫마디는 "왜 전화했어?"이다. 궁금해서가 아니라 전화도 하지 말라는 의미이다. 이러한 까칠함과 퉁명스러움이야말로 엄마로부터 자신을 보호하는 그녀만의 자구책이다. 그래서 그녀에게는 관심도, 조언도, 충고도 별로 구분이 되지 않는다. 모두 침범이라고 느껴진다. 이렇듯 '침범 impingement'은 이 시대의 주요한 애착 손상의 원인이 되고 있다.

인간의 감정은 이성과 연결되어 있기에 동물과는 비교할 수 없을 만큼 복잡하다. 생각이 감정을 만들어 낼 수도 있고, 감정으로 감정을 감출 수도 있다. 특히 많은 인간관계를 맺고, 사회 활동을 하게 되면서 감정을 감추거나 연기하는 게 능숙해졌다. 그렇기에 종종 자신의 진짜 감정이 무엇인지 자신조차 잘 모르거나 잘못 알고 있을 때가 많다. 그러므로 자신의 감정을 잘 이해하기 위해서는 '일차 감정'과 '이차 감정'을 구분할 필요가 있다.

일차 감정은 어떤 자극과 상황에 대해 바로 일어나는 감정반응을 말한다. 그에 비해 이차 감정은 일차 감정을 회피하거나 통제하는 시도에서 파생한다. 그렇기에 일차 감정은 이차 감정에 의해 왜곡되거나 가려지기 쉽다. 예를 들어, 자신의 외로움에 대해 절망을 느끼고, 두려움에 대해 창피함을 느끼고, 분노에 대해 죄책감을 느낀다면 '절망, 창피함, 죄책감'은 전형적인 이차 감정이라고 할 수 있다. 이러한 이차 감정은 감정을 억압하는 문화에서 많이 나타난다. 주의해야 할 것은 분노, 슬픔, 불안 그리고 즐거움과 같은 기본 감정이 항상 일차 감정은 아니라는 사실이다. 감정이 복잡하고 난해한 이유이다. 현희 씨의 경우처럼 침범에 대한 두려움으로 인해 화를 내고 있다면, 이때 화는 일차 감정이 아니라 이차 감정이다. 원초적 수치심 또한 마찬가지이다. 수치심은 흔히 화로 방어되기 쉽다. 자신이 못나고 초라한 존재라는 느낌을 인정할 수 없기 때문이다. 그렇기에 오히려 상대나 세상에 대한 화로 나타나기 쉽다. 화는 가장 대표적인 일차 감정이면서 동시에 이차 감정인 것이다.

그런데 일차 감정이라고 해서 다 적응적인 것만은 아니다. 분노, 슬픔, 불안, 즐거움과 같은 감정은 적응적이다. 이는 생존을 위해 꼭 필요한 감정이다. 그러므로 강한 행동 경향성과 신체 본능적 충동을 지니고 있다. 불안이 올라오면 도망치고, 화가 나면 싸우고, 슬프면 울고, 즐거우면 웃는다. 이 책에서는 이 네가지 감정을 기본 감정으로 본다. 그에 비해 일차적으로 떠오르는 감정이지만 비적응적이고 역기능적인 감정이 있다. 그것이 바로 핵심 감정이다. 물론 이 역시 그 바탕은 기본 감정으로 이루어져 있다. 하지만 감당할 수 없을 만큼 강렬한 기본 감정들이 해소되지 못하면 감정의 응결이 이루어진다. 그리고 계속 억압되면 기본 감정은 점점 변형되고 파괴적으로 바뀐다. 핵심 감정이 되는 것이다. 마치 지구 내부에서 높은 온도와 압력에 의해 암석이 녹아내리고 기체와 혼합되어 마그마가 형성되는 것과 비슷하다. 만약 강렬한 기본 감정이 억압된다면 그 폭발성은 강할 수밖에 없다. 그렇기에 이를 억누르려면 아주 많은 힘이 들어간다. 이는 기본적으로 무의식적으로 이루어지기 때문에 자신이 무엇을 억누르고 있는지는 정확히 알지 못한다. 즉, 우리는 자신의 핵심 감정을 잘 모를 수 있고, 이차 감정을 핵심 감정으로 오해할 수도 있다. 그러므로 핵심 감정을 찾기 위해서는 바로 떠오르는 표면적인 감정이 아니라, 시간을 두고 좀 더 심층적인 감정을 깊이 살펴봐야 한다. 이를 위해 이 책에서는 일차 감정으로서의 핵심 감정을 심층 감정$^{Deep\ Emotion}$이라고 하고, 핵심 감정을 방어하기 위해 떠오르는 이차 감정을 표면 감정$^{Surface\ Emotion}$이라고 이름 붙였다.

일차 감정 vs 이차 감정

감정과 관련되어 이야기할 때는 어떤 개념으로 그 단어를 사용하는지 정의와 개념이 명료해야 혼란이 적다. 이 책에서 사용하는 일차 감정과 이차 감정의 개념은 다음과 같다. 일차감정은 '어떤 자극과 상황에 대한 일차적으로 형성되는 감정'을 말한다. 그에 비해 이차 감정은 '일차 감정을 회피하거나 통제하는 시도에서 파생되는 표면적 감정'을 말한다. 이차 감정 없이 일차 감정을 바로 느낄 수도 있지만 힘든 감정을 억누를수록 일차 감정을 잘 느끼지 못할 수 있다. 이를 좀 더 자세히 알아보자.

1. 일차 감정

기본 감정: 누구나 가지고 태어난 보편적 감정을 말하며, 이는 불쾌한 감정이든 유쾌한 감정이든 신체적·사회적 생존을 돕는 적응적 감정이다. 이 책에서는 슬픔, 분노, 두려움, 즐거움, 네 가지의 감정을 말한다. 이는 인간뿐 아니라 사회적 동물들도 가지고 있는 타고난 감정이다. 아동·청소년기 부정적 경험들로 인해 유발된 강렬한 기본 감정이 처리되지 못하고 억압되면 핵심 감정으로 변형된다. 다만 감정을 연구하는 심리학자들에 따라 과연 고유한 기본 감정이 있는지 없는지에 대한 논란이 있다. 폴 에크만 Paul Ekman이나 자크 판크세프 Jaak Panksepp와 같은 학자는 생물학적으로 기본 감정을 가지고 태어난다고 보지만, 《감정은 어떻게 만들어지는가》의 저자인 리사 펠드먼 배럿 Lisa Feldman Barrett의 경우에는 문화적으로 감정의 개념을 공유할 뿐 고유한 기본 감정은 없다고 본다. 이 책은 통합적 관점을 취한다. 감정은 생물학적으로 가지고 태어난 기본 감정의 바탕 위에서 사회문화적으로 끊임없이 분화되고 구성된다고 본다.

복합 감정: 기본 감정은 순수한 감정이지만 복합 감정은 감정과 함께 자의식과 인지가 섞여 있는 감정을 말한다. 그렇기에 출생 시에는 보이지 않다가 12개월 이후 미숙하게나마 자아와 인지가 발달하면서 출현한다. 예를 들어, 질투, 부끄러움, 열등감, 죄책감 등은 평가와 판단을 동반하고, 다른 사람들이 자신을 어떻게 보는지에 대한 자의식과 관련이 있다. 또한 자부심, 성취감, 우월감 또한 복합 감정이라고 할 수 있다. 이는 인간만이 가지고 있는 감정이라고 할 수 있다.

핵심 감정: 건강하지 못한 병리적 감정을 말한다. 특히 아동청소년기에 오랜 시간 동안 감당할 수 없는 감정적 고통 속에 방치되어 있을 때 억압된 감정을 말한다. 슬픔, 분노, 두려움의 기본 감정으로 이루어졌지만, 억압과 고착으로 인해 변형되고 부정적인 자기감이 덧붙여진다. 그렇기에 기본 감정과 달리 원초적 수치심, 무력감, 근원적 불안, 공허감, 울분 등 다른 감정 단어를 이용해서 표현한다.

2. 이차 감정

별도의 이차 감정이 따로 있는 것은 아니다. 일차 감정 중에서 기본 감정이나 복합 감정이 수용할 수 없는 일차 감정에 대한 방어로써 활용된다. 특히, 핵심 감정은 이차 감정 뒤로 잘 숨는다. 예를 들면, 직장에서 동기의 승진 소식을 접했다고 해보자. 축하해 주면서도 왠지 마음이 불편해진다. 뭔가 트집을 잡고 싶고, 깎아내리고 싶은 마음이 올라온다. 우리는 이를 시기심이라고 이야기할 수 있다. 그러나 사실은 일차적으로 원초적 수치심이라는 핵심 감정이 먼저 건드려졌을 수 있다. 즉, '승진도 못 한 나는 형편없어'라는 원초적 수치심이 자극되고, 숨고 싶은 충동이 올라왔을 수도 있다. 이때 이 원초적 수치심을 방어하기 위해 시기심이 떠올랐다면 시기심이 이차 감정이고 원초적 수치심은 일차 감정이다.

나의 핵심 감정은?

핵심 감정은 다시 말해 '억압된 고통스러운 감정'이다. 그렇다면 어떤 감정들이 억압되는 걸까? 성인의 경우라면 좀 더 다양할 수 있겠지만 아동기라고 한다면 앞에서 이야기한 신체적·사회적 생존을 위해 꼭 필요한 기본적인 감정들이다. 바로 불안, 분노, 슬픔, 이 세 가지이다. 이 세

가지가 핵심 감정을 만드는 주요 재료가 된다. 이 책에서는 대표적인 핵심 감정을 다섯 가지로 꼽고 있다. '근본적 불안, 울분, 만성적 공허감, 원초적 수치심, 무력감'이다. 불안이라는 기본 감정이 억압되면서 '근본적 불안'으로, 분노라는 기본 감정이 억압되면서 '울분'으로, 그리고 슬픔이라는 기본 감정이 억압되면서 '만성적 공허감'으로 변형된 것이다. 그리고 이렇게 감당할 수 없는 감정적 고통 속에서 무력감 또한 흔히 동반되는 감정이다. 이는 감정이라기보다는 감각에 가깝다. 전형적인 무력감은 감당할 수 없는 스트레스 상황에서 대처 능력이 마비된 얼음 반응에서 비롯되기 때문이다. 즉, 몸을 움직일 수 없는 느낌과 관련이 있다. 이는 우리가 선택할 수 없는 자율신경계의 반사적 반응이다. 그리고 수치심 또한 핵심 감정으로 본다. 무력감이 얼음 반응에서 비롯된 신체감각에 기원을 두고 있다면 수치심은 '나는 부적절해'라는 부정적인 자기감에 기원을 두고 있다. 핵심 감정은 시간이 지나면서 점점 부정적인 자기감을 형성하기에 다른 핵심 감정이 있더라도 원초적 수치심을 동반하고 있다고 볼 수 있다. 그러므로 핵심 감정이 꼭 하나인 것은 아니다. 여러 개일 수 있다. 또 여러 기본 감정들이 뒤섞여 복합적인 핵심 감정을 만들 수도 있다. 즉, 어떤 이들은 불안, 분노 그리고 슬픔 중에서 어느 하나가 두드러질 수도 있지만, 어떤 이들은 슬프면서, 두려우면서, 화가 날 수 있는 것이다. 실제로 예로 든 다섯 가지 전부를 자신의 핵심 감정이라고 이야기하는 이들도 꽤 있다. 그리고 자신의 핵심 감정은 이 다섯 가지에 속하지 않는다고 느끼는 이들도 있다. 예를 들어, 만성적인 공허감이라기보다는 '서글픔'이라고 표현하는 게 더 잘 들어맞을 수 있고, 무력감이라기보다는 '늘 버겁다'라는 표현이 더 적절할 수도 있다. 그렇기에 이 책에서는 핵심 감정을 몇 개로 나열하기보다는, 자신의 핵심 감정을 스스로 표현할 수 있는 여지를 주기 위해 다섯 가지의 핵심 감정 군으로 분류하고 있다.

핵심 감정의 종류

불안군 근본적 불안	막막하다, 암담하다, 혼날 것 같다, 주눅 든 느낌, 공포, 버림받을 것 같은 두려움(거절 공포), 휘둘릴 것 같은 두려움(침범 공포), 죄책감 등
슬픔군 만성적 공허감	공허하다, 서럽다, 서글프다, 허무하다, 나 혼자다, 고립감, 단절감, 늘 허전하다 등

분노군 울분	억울하다, 분하다, 무시당하는 느낌, 늘 불공평한 느낌, 분통, 원망, 질투심, 복수심, 적개심 등
수치심군 원초적 수치심	초라하다, 못났다, 보잘것없다, 사라지고 싶다, 무가치하다, 처음부터 잘못됐다, 부적절한 느낌, 심한 열등감 등
무력감군 무력감	버겁다, 멍하다, 무덤덤하다, 좌절감, 해도 안 될 것 같은 느낌, 절망감 등

 핵심 감정을 이야기하다 보면 마치 과거가 현재를 지배하거나 결정하는 것 같은 생각이 들 수 있다. 그러나 과거의 영향력은 사람마다 다르다. 모든 사람이 과거에 크게 영향받거나 지배받는 것은 아니다. 우리의 마음은 유연하고 계속해서 발달하기 때문이다. 하지만 핵심 감정에 붙잡혀 있는 이들은 쉽지 않다. 핵심 감정이 마음에 자리 잡게 되면 감정 발달이 잘 이루어지지 않고 유연성이 사라지기 때문이다. 어릴 때의 감정 양식이 성인의 감정 양식으로 이어진다. 故 이동식 선생은 일찍이 아동기의 강렬한 감정이 한 사람의 삶의 방식, 가치관, 감정과 행동 습관의 씨앗이 된다고 보아 이를 핵심 감정이라고 표현한 바 있다. 그리고 저서 《도道정신치료 입문》에서 핵심 감정을 이렇게 설명한다.

핵심 감정은 우리들의 일거수일투족을 24시간 동안, 평생을 지배하는, 어려서부터 풀리지 않고 있는, 본인이 의식하지 못하는, 본인이 보려고 하지 않는 감정이다.

그렇다. 핵심 감정은 단순한 감정이 아니라 '성격화된 감정'이다. 그렇기에 핵심 감정에 붙잡힌 이들은 자신의 과거를 이해하고, 이 응어리를 풀어내야만 감정이 순환되고, 조절되고, 분화되며 심리적으로 건강해질 수 있다. 대표적인 다섯 가지 핵심 감정과 그에 따르는 핵심 신념은 다음과 같다.

1. 근본적 불안(불안군): 나는 위험해, 나는 약해.
2. 울분(분노군) : 나는 억울해, 불공평해.
3. 만성적 공허감(슬픔군) : 늘 허전해, 아무것도 의미가 없어.
4. 무력감(무력감군): 나는 할 수 없어, 나는 아무것도 아니야.
5. 원초적 수치심(수치심군): 나는 처음부터 잘못됐어, 나는 쓸모없어, 나는 보잘것없어.

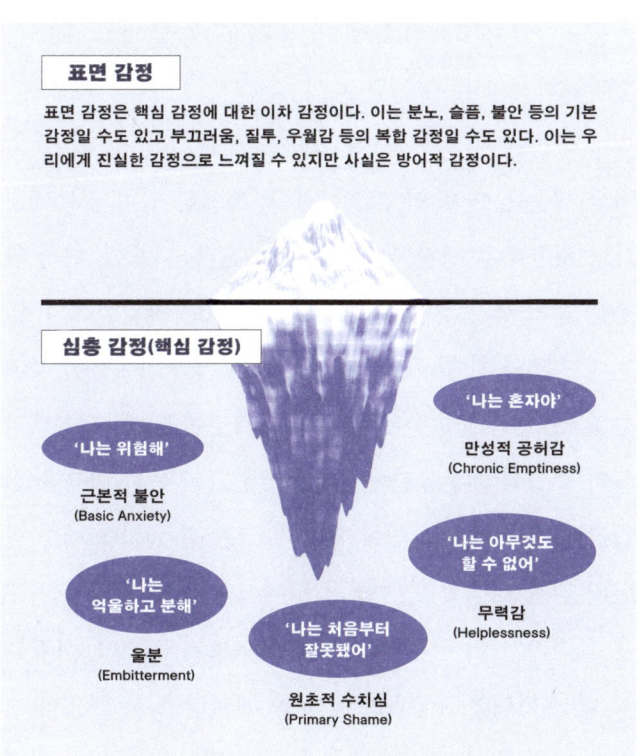

자, 이제부터는 그 핵심 감정을 하나씩 살펴보기로 하자.

그는 왜 전화벨만 울려도 놀랄까?
_근본적 불안

경호 씨는 불안을 안고 살아간다. 특별한 일이 없는데도 그냥 하루하루 생활이 힘들게 느껴진다. 뭐랄까, 괜히 안 좋은 일이 생길 것만 같고, 상사가 부르면 잘못한 일이 없는데도 혼날 것 같은 느낌이 들고, 한 번씩 가족들이 사고를 당하거나 크게 아프지 않을까 걱정이 된다. 전화벨만 울려도 깜짝깜짝 놀란다. 늘 불안이 그의 몸과 마음을 휘감고 있다고 해도 과언이 아니다. 그는 길을 걸을 때도 한 번씩 뒤를 의식한다. 누군가 뒤에서 자신을 공격하는 것은 아닌가 싶어 일부러 천천히 걸어보기도 한다. 사람들이 많이 다니는 횡단보도에 길을 건너려고 서 있으면 왠지 뒷덜미가 서늘하다. 괜히 누군가 자신을 차도로 밀치지 않을까 싶어 한 걸음 뒤로 물러나 신호를 기다린다. 늘 신경이 곤두선 느낌이다. 말로 잘 설명할 수 없다.

그와 함께 왜 뒤를 자꾸 의식하게 되었는지 살펴보았다. 그는 중학교 2학년 때의 일을 떠올렸다. 뒷자리에 앉은 급우에게 계속해서 괴롭힘을 당하는 일이 있었다.

옷에 잉크를 묻히거나, 포스트잇에 욕을 써서 등에 붙이거나, 갑작스럽게 뒤통수를 때리는 등 학년이 바뀔 때까지 괴롭힘을 당했다. 그 아이는 장난이라고 했지만, 그는 학교 가는 게 정말 죽을 맛이었다. 더 큰 보복을 당할까 봐 하지 말라는 말도 제대로 못 했다. 학교만 가면 늘 뒤를 의식하게 되었다. 그로부터 20년이나 지났는데도 그 당시의 공포는 그의 기억 속에 그대로 남아 있다. 그 기억은 일차적으로 몸에 신체감각의 형태로 저장되어 있다. 그래서 어른이 되어서까지 사람들에게 뒷모습이 노출되는 상황에서는 자동적으로 그 감각이 떠오른다. 자신의 뒤에 누군가 있으면 목덜미가 서늘해진다. 왠지 자신을 공격할 것만 같다. 몸으로 먼저 떠오르기 때문에 과거와 현재가 구분되지 않고 그냥 현재처럼 느껴질 따름이다. 그러니 그가 마주하는 현실이 위험한 것처럼 느껴질 수밖에 없다.

우리 몸에는 일종의 기억 시계가 있다. 특히 우리가 어떤 충격적인 사건에 대한 내적 경험을 제대로 처리하지 못할수록 그 사건은 우리 몸에 강한 흔적을 남긴다. 즉, 힘든 고통일수록 그리고 억압된 기억일수록 몸에 감각의 형태로 저장되어 있다. 이는 중추신경계는 물론 자율신경계, 근육, 내장 기관, 호르몬 시스템 등 온몸에 각인되어 호흡, 동작, 감정, 목소리, 관계 방식, 사회적 행동 등 몸으로 행하는 삶의 전면에 영향력을 발휘하게 된다. 즉, 트라우마란 그 사건으로 생겨난 신체적, 정신적 충격이 제대로 방출되지 못하고 신경계에 저장된 기억을 말한다. 이렇게 머리가 아닌 몸에 저장된 기억을 '암묵 기억 implicit memory'이라고 이야기한다. 이 기억은 기본적으로 무의식적이고 신체감각적이다. 느낌은 있지만 말로 잘 설명할 수 없기 때문에 비서술 기억이라고도 이야기한다.

이 암묵 기억은 대표적으로 '절차 기억procedural memory'과 '감정 기억emotional memory'으로 나뉜다. 자전거 타기나 피아노 연주와 같이 몸에 체화된 기억을 절차 기억이라고 한다면, 정서적으로 크게 각성된 사건이 신체생리학적 상태로 저장된 것을 감정 기억이라고 이야기한다. 이러한 암묵 기억은 작은 단서만으로도 쉽게 활성화된다. 예를 들어, 우리는 절차 기억이 몸에 저장되어 있기에 자전거 타기나 재빨리 신발 끈을 묶는 것과 같은 행동을 아주 자연스럽게 수행할 수 있다. 심지어 10년 만에 다시 자전거를 타더라도 예전의 몸의 기억이 있기에 금방 잘 탈 수 있다. 몸에 저장되어 있는 감정 기억 역시 마찬가지이다. 우리가 의식적으로 떠올리려고 하지 않아도 감정 기억을 자극하는 사소한 단서나 유사한 상황에서 과거의 감정 반응은 즉각적으로 유발된다. 특히 생리적·정서적 대처 능력을 압도했던 감정 기억은 아주 작은 자극에도 과잉 결합이 일어나 과도한 감정반응을 유발한다. 예를 들어, 아주 오래 전에 스토킹을 당했지만 그 사람과 체형이 비슷한 사람만 보더라도 심장이 철렁 내려앉을 수 있다. 심지어 아무런 일이 벌어지지 않는 상황에서도 끊임없이 불안과 긴장을 흐르게 한다.

그렇게 본다면 근본적 불안이란, '몸에 저장된 과거 공포스러운 경험의 영향으로 현재에도 이어지는 불안'이라고 할 수 있다. 즉, 과거의 어느 시점이나 기간 동안 자신이 혼자 감당할 수 없어 공포감, 무력감을 유발했던 사건들이 몸적 기억 체계에 저장되어 '불안의 근원'으로 자리 잡고 있는 것이다. 그리고 현재에도 보이지 않게 그 불안이 몸 안을 계속해서 흐르는 것이다. 그것이 바로 '근본적 불안'이라는 핵심 감정이다. 불안과 관련된 핵심 감정뿐만이 아니다. 모든 핵심 감정은 강한 감정 기억이기에 편도체와 몸에 저장되어 있다. 과거에 생겨난 감정이지만 여전히 우리 몸을 흐르고 있다. 분노와 관련된 핵심 감정이라면 분노가 흐르고, 슬픔과 관련된 핵심 감정이라면 슬픔이 흐른다. 그리고 사소한 자극에도 바로 증폭되어 순식간에 몸과 마음을 흙탕물로 만들어 버린다. 삶이 고단할 수밖에 없다. 그렇다면 그 해결은 언어적 접근만으로는 한계가 있을 수밖에 없다. 몸에 저장된 감정 기억을 신체감각적으로 처리하는 과정이 필요하다. 그에 대한 자세한 이야기는 뒷부분에서 다시 하고자 한다. 이렇듯 몸은 내가 아는 것보다 더 많은 것을 기억하고 있다. 지금의 나를 이루는 자세, 표정, 억양, 호흡의 리듬, 걷는 방식 등 그 모든 것은 몸이 저장하고 있는 경험의 소산이다.

불안과 관련된 핵심 감정군은 아주 다양하다. 그만큼 인간이 불안에 취약하기 때문이다. 경호 씨처럼 반복적인 폭력이나 괴롭힘을 당해서 생겨난 근본적 불안도 있지만 그 외 대표적인 불안과 관련된 핵심 감정은 다음과 같다.

첫째, 버림받음과 소외와 관련된 두려움이다. 인간

은 뼛속 깊이 사회적 존재이기에 이는 인간의 가장 원천적인 두려움이다. 특히, 시기가 중요하다. 아이들은 실제 버림받은 경험은 없었다고 하더라도 버림받을지 모른다는 반복적인 위협만으로도 핵심 감정이 만들어진다. 예를 들어, 부모의 사정으로 잠시 친척 집에 맡겨졌거나, 부모의 오랜 불화를 보며 자랐거나, 혹은 "너 버리고 간다"라는 반복적인 말이나 제스처로도 근본적 불안은 형성될 수 있다.

둘째, 휘둘림에 대한 두려움이다. 이는 과거와 달리 양육 과정에서 과잉개입과 과잉보호가 크게 늘어난 시대상과 관련이 있다. 반복적으로 자기 세계가 침범낭하고 훼손당하는 경험을 하면서 휘둘리거나 흡수당할지 모른다는 두려움을 갖고 자라난 경우이다. 심한 경우 자아가 소멸할지 모른다는 두려움이라고 말할 수도 있다. 이들은 버림받음에 대한 두려움과는 반대로 가까워지는 것에 대한 두려움을 갖고 있기에 그 감정반응과 행동 양상은 사뭇 다르다.

셋째, 처벌에 대한 두려움이다. 부모와 교사 중에는 아이들의 실수나 잘못에 대해 지나칠 정도로 따끔하게 혼을 내는 이들이 있다. 꼭 감정조절을 못 해서가 아니다.

따끔하게 혼을 내야 정신을 차리고 잘못을 바로잡을 수 있다고 생각하기 때문이다. 스스로는 아무런 문제의식 없이 오히려 아이들을 위한다고 생각하는 것이다. 그러나 '혼나다'에서 '혼魂'은 '넋'을 말한다. '혼내다'라는 말은 '상대의 정신을 흔들 정도로 강하게 꾸짖는 것'을 뜻하며, '혼나다'라는 말은 '정신적 충격이나 시련'을 의미한다. 이는 아이의 영혼에 씻을 수 없는 상처를 입히는 언어 폭력이 될 수도 있다. 어려서 혼이 많이 난 아이들은 어른이 되어서도 늘 주눅이 들고, 작은 실수만으로도 처벌받을까 봐 두려워하고, 전화벨이 울리면 깜짝깜짝 놀랄 수 있다. 처벌에 대한 두려움이 핵심 감정으로 자리 잡고 있기 때문이다.

이유 없는 분노는 없다
_울분

몇 해 전부터 길거리에서 불특정 다수를 대상으로 흉기를 휘두르는 강력 범죄가 늘어나고 있다. 구체적인 동기 없이 범죄를 저지른다고 해서 '묻지마 범죄' 혹은 '무동기 범죄motiveless crime'라 부른다. 이들은 왜 일면식도 없는 사람들을 대상으로 끔찍한 범죄를 저지르는 것일까? 이들은 자신이 세상에서 제일 억울하고, 시간이 지나도 이 불행에서 벗어날 수 없다는 절망에 갇혀 있다. 감당하기 힘든 분노와 원망 속에 갇혀 있는 것이다. 그리고 그 분노와 원망과 절망을 불특정 다수를 향해 뿜어내는 것이다. 사회가 잘못되었다고 보기 때문이다. 그렇기에 무동기 범죄라기보다는 사회증오 범죄라고 보는 것이 타당하다. 그렇다면 이들의 이 감당할 수 없는 분노는 어디에서 기인한 것일까? 세상에 '이유 없는 분노'는 없다. 지금의 상황에 맞지 않는 분노가 있을 뿐이다. 그 분노는 지금 생겨난 것이 아니라, 아주 오래전에 생겨나서 마음속에 응축되어 온 감정이다. 많은 경우 아동·청소년기에 억압된 분노가 현재 어떤 자극으로 인해 터져 나오는 것이다.

이 억압된 분노의 원천은 대체로 가정이나 학교생활과 관련되어 있다. 특히 부모와 관련된 경우가 많다. 부모는 아이가 세상에서 만난 최초의 사람이다. 아이가 최초로 사랑한 사람이면서 동시에 아이가 최초로 미워한 사람이다. 모든 유아는 애착 대상인 부모가 언제나 자신만 바라보고, 자기 욕구를 충족시켜 주기를 바란다. 그렇기에 수많은 애착 욕구의 좌절을 경험할 수밖에 없다. 이는 슬픔과 함께 분노를 야기한다. 하지만 아이 입장에서 부모에게 화를 내는 것은 쉬운 일이 아니다. 힘도 없을뿐더러 절대적으로 부모가 필요하기 때문이다. 특히 아이의 화를 받아주기는커녕 보복을 가하는 부모라면 아이의 분노는 더욱더 억압될 수밖에 없다. 그 억압된 분노가 크면 클수록 가슴 깊이 응결되어 '신경증적 분노'가 된다. 신경증적 분노란, 과거의 해결되지 못한 분노가 현재에 지속적으로 영향을 미치는 분노를 말한다. 이렇게 처리되지 못한 고착된 분노를 이 책에서는 '울분鬱憤'이라는 핵심 감정으로 표현하고 있다.

울분embitterment은 부당한 대우와 관련한 답답함과 분노가 뒤엉킨 감정이다. 받은 대로 되갚아주고 싶었지만 그러지 못해서 생겨난 감정이다. 그래서 흔히 복수심이나 적개심을 내포하고 있다. 적개심resentment은 분노와 관련한 감정군 중에서 가장 높은 강도의 감정이다. 이는 시간과 강도 측면에서 일반적인 '화'와는 확연히 구분된다. 화는 동료나 사랑하는 사람에게서도 얼마든지 느끼는 감정이지만, 적개심은 말 그대로 '적에 대해 느끼는 분노와 증오'를 말한다. 그러므로 보통의 화는 시간이 지나면 약해지고 사라질 수 있는 데 비해, 적개심은 사라지지 않는다. 그리고 일반적인 분노와 달리 상대를 짓밟고 싶은 강렬한 파괴적인 충동을 동반한다. 그렇기에 가족이나 연인과 같이 아주 밀접한 관계에서는 '너 죽고 나 죽자'라는 식으로 자기를 파괴함으로써 상대를 파괴하고자 하는 충동으로 나타나기도 한다. 자신의 인생을 망쳐가면서까지 상대를 고통에 몰아넣으려고 하는 것이다.

꼭 울분이 아니라 다른 핵심 감정이라고 하더라도 그 기저에는 분노라는 감정이 깔려 있다. 중요한 욕구가 반복적으로 좌절되었기 때문이다. 그러므로 아동기 부정적 경험이 많았던 이들과 상담을 할 때는 억압된 분노에 주목할 필요가 있다. 그 분노가 어떻게 처리되고, 어떻게 성격의 일부가 되었으며, 어떻게 표현되고 있는지를 살피는 것이다. 실제 가정폭력이나 학교폭력을 당한 이들과 상담을 해보면 가해자에 대한 강한 분노와 적개심을 호소하는 이들도 있지만, 오히려 무력감과 우울감을 호소할 뿐 분노의 감정을 전혀 표현하지 않는 이들도 있다. 과연 분노가 없었던 것일까? 그렇지 않다면 그 분노는 어디로 갔을까? 아동기 상처에도 분노가 담겨 있다. 다만 힘이 없었기 때문에 제대로 표현되지 않았을 뿐이다. 심한 경우 적개심과 원한이 내포되어 있다. 문제는 이 분노가 적절히 처리되지 못할 때 여러 가지 왜곡된 형태로 표출된다는 것이다.

무엇보다 분노가 엉뚱한 대상으로 향할 수 있다. 즉, 자신에게 상처 준 사람에게 향하는 것이 아니라 동생을 괴롭히거나 동물을 학대하는 식으로 자신보다 더 약한 존재에게 표출될 수 있다. 그런 탈출구조차 찾지 못한 분노는 자기 자신으로 향한다. 만성 두통이나 고혈압과 같은 신체적 질병으로 이어질 수도 있고, 자해나 자살 시도와 같은 자기파괴적 행동으로 이어질 수도 있다. 또한 자신의 재능을 전혀 계발하거나 발휘하지 않고 최소한의 생활만 유지한 채 살아가거나, 중독으로 자신을 서서히 망가뜨리는 것으로 나타나기도 한다. 극단적인 경우 앞서 언급한 사회증오 범죄로 나타나기도 한다.

이 모든 것은 핵심 감정으로서의 분노가 처리되지 못했기 때문이다. 우리가 분노에 주목해야 하는 이유이다. 이렇듯 아물지 않은 상처에는 처리되지 못한 강한 분노가 있다. 그리고 그 분노가 다른 사람을 해칠 수도, 자신을 해칠 수도, 때로는 사회 전체를 위협할 수도 있다는 것을 잊지 말아야 한다.

그가 늘 냉장고를 가득 채워놓는 이유
_만성적 공허감

희곤 씨는 마트에서 장을 보면 항상 필요 이상으로 식료품을 많이 구입한다. 카트 가득 쇼핑을 하고 냉장고와 수납함을 가득 채워놓는다. 그만큼 먹는 것에 욕심도 많지만 그렇다고 다 먹으려고 사는 것은 아니다. 한 번씩 냉장고 문을 열 때마다 먹을 것으로 가득 채워진 것을 보면 마음이 흐뭇해진다. 문제는 유통기한을 넘기는 식품들이 생기고, 음식 외에 다른 물건을 둘 곳이 마땅치 않다는 것이다. 가족들과 외식을 가도 그렇다. 적당히 먹을 만큼만 시키면 되는데 늘 과하게 주문을 한다. 아내와 아이들의 식사량이 그렇게 많지 않은데도 말이다. 어떤 경우는 4인 테이블에 음식 놓을 자리가 없을 때도 있다. 먹고 남는 것은 상관없는데 부족한 것은 참을 수가 없다는 게 그의 지론이다. 아내의 스트레스는 이만저만이 아니다. 먹는 문제로 자꾸 다투게 된다. 그 횟수를 셀 수가 없다. 이 정도로 이야기하면 좀 알아들을 법도 한데 쇠귀에 경 읽기이다. 이제는 체념했다. 그렇지 않으면 자신만 힘들기 때문이다. 그냥 그렇게 해야만 마음이 편하다고 하니 그러려니 한다.

희곤 씨는 자라면서 허전함을 많이 느꼈다. 가슴 한쪽이 늘 비어 있는 느낌이다. 그렇다고 힘든 어린 시절을 보낸 것은 아니다. 불행한 일이 있었다면 다섯 살 어린 동생이 출생 시 뇌 손상으로 인해 뇌 병변 장애가 생긴 일이다. 저체중과 뇌 손상으로 인해 생존 자체가 쉽지 않을 것이라고 했지만 부모의 정성으로 동생은 기적처럼 살아났다. 그로 인해 부모는 동생에게 절대적으로 많은 시간을 쏟았다. 희곤 씨도 어릴 때부터 동생을 보살펴야 했다. "잘 도와줄 거지?", "엄마, 아빠가 없을 때는 네가 (동생의) 부모야!"라는 말을 수없이 듣고 자랐다. 동생은 자라면서도 위험한 순간이 많았다. 균형 감각이 떨어져서 많이 다치기도 했고, 폐가 약했기에 폐렴도 많이 앓았다. 입원도 잦았고 중환자실에도 여러 번 갔었다. 그런 동생 때문에 집안은 늘 긴장이 흘렀다. 그 긴장을 풀어내기라도 하듯 그는 귀염둥이 노릇을 했다. 춤도 잘 추고, 연예인 흉내도 잘 내서 집안에 웃음꽃을 피웠다. 엄마와 동생이 웃으면 그게 그렇게 좋았다. 어디를 가더라도 늘 쾌활했다. 부모가 신경 쓸 필요 없이 자신이 해야 할 일을 알아서 잘했다. 그럴 수밖에 없는 게 엄마는 늘 동생을 데리고 학교와 병원 그리고 재활센터를 다니는 게 일이었다. 집에 혼자 있는 시간이 많았다. 초등학교 때부터 혼자 밥을 차려 먹었다. 그 흔한 사춘기도 겪지 않았다. 그런데 정작 20대가 넘어서면서부터 괜히 허전한 마음이 들곤 했다. 늘 동생만 챙기는 부모를 보며 그럴 수밖에 없다는 것을 알면서도 한편으로는 '나는 부모에게 어떤 존재일까?'라는 의문이 들곤 했다. 그때부터 말수도 급격히 줄어들었다.

방치neglect는 돌보지 않고 내버려두는 것을 말한다. 사람들은 흔히 때리고 욕하는 것만을 학대라고 생각하지만, 방치 또한 학대의 일종이다. 어린아이에게 며칠째 음식을 주지 않거나, 기저귀를 갈아주지 않거나, 아픈데도 병원에 데려가지 않는다고 생각해 보라. 그런데 이런 신체적 방치Physical Neglect만 있는 게 아니다. 감정적 방치

Emotional Neglect도 있다. 감정적 방치란, 아이의 감정에 반응하지 않거나 억누르는 것을 말한다. 감정을 억압하는 문화에서 자란 부모들은 아이들에게 "울지 마!", "뚝 그쳐!", "그게 울 일이야!", "계속 울면 쫓아낼 거야!" 등의 말을 아무렇지도 않게 이야기한다. 혹은 왜 우는지 묻지도 않고 게임기나 전자기기를 손에 쥐어준다. 어쩌다 한 번 그렇게 대하는 것을 문제 삼는 게 아니다. 아이의 감정에 대한 기본 태도를 말하는 것이다. 때리거나 욕한 것도 아니고, 신체적으로 돌보지 않는 것도 아니기에 부모들은 감정적 방치를 아무렇지도 않게 생각하는 경우가 많다. 그리고 감정적으로 방치된 이들조차도 문제라고 느끼지 못하는 경우가 많다. 오히려 이상적인 어린 시절로 기억하는 경우도 종종 있다. 그러나 이들은 늘 알 수 없는 헛헛한 느낌에 허덕인다. 자라는 동안 무언가 중요한 게 빠져 있거나 비어 있는 것 같은 느낌을 지울 수 없다. 무엇이 빠진 것일까? 그렇다. '감정적 연결'이다. 아이는 부모와 감정적으로 충분히 연결되어야 한다. 아이는 자신의 감정에 대해 헤아림을 받아야 한다. 그래야 감정이 발달한다. 그렇게 보면 자녀를 위해 모든 것을 희생하고, 최고의 것을 주려고 하는 부모라도 자녀를 감정적으로 방치

할 수 있다. 아무리 많은 시간을 부모와 함께 보냈다고 하더라도 감정의 헤아림을 받지 못하고 자라난 아이는 만성적 공허감chronic emptiness에 허덕일 수 있다. 늘 무언가 채워지지 않는 허전한 느낌을 안고 살아가는 것이다. 신체적으로 어느 한 곳이 비어 있는 느낌이 들 수도 있고, 감정적으로 무감각하다고 느낄 수도 있고, 무언가 빠져 있거나 다른 사람과 근본적으로 다른 것 같다고 느낄 수도 있다. 흔히 마음에 구멍이 난 것 같다고 이야기하는 이들도 있다.

이러한 핵심 감정으로서의 공허감은 슬픔이라는 기본 감정이 풀리지 않고 계속 쌓임으로써 만들어진다. 특히 신체적 그리고 감정적 돌봄이 필요한 때에 그 돌봄을 제대로 받지 못한 이들에게서 흔히 볼 수 있다. 가장 대표적인 경우는 부모나 가족이 오랜 시간 아팠거나, 일찍 세상을 떠났거나, 부모의 불화가 심했거나, 친척 집에 맡겨졌거나, 부모가 맞벌이하느라 혼자 많은 시간을 보내야 하는 경우를 들 수 있다. 그러나 언뜻 보기에 부족함이 없고 자녀를 위해 헌신하는 부모를 둔 자녀들의 경우에도 흔히 일어난다. 권위적인 부모의 자녀에게서도 나타나지만, 반대로 아주 허용적인 부모들의 자녀에게서도 나타날 수 있다. 감정적인 돌봄이란 단지 잘해주는 것이 아니라 자녀의 감정에 귀를 기울이고 그 감정에 잘 반응해 주는 것이기 때문이다. 희곤 씨의 음식에 대한 집착은 어린 시절의 정서적 공허감과 관련이 있다. 그는 아픈 동생 때문에 이른 나이 때부터 감정적 욕구를 혼자 해결해야 했다. 오히려 피에로 역할을 하면서 가족들을 감정적으로 돌봤다. 그리고 자신도 모르게 그 외로움과 슬픔을 음식으로 달래곤 했다. 그 마음의 빈 구멍은 성인이 되어서도 그대로 남아 있다. 그렇기에 그는 마치 집이라는 공간이 자신의 마음이라도 되는 것처럼 집에 무언가를 자꾸 채워 넣는 것이다. 자신의 감정적 허기를 자꾸 음식으로 달래는 것이다.

만성적 공허감은 슬픔과 관련된 핵심 감정의 대표적 감정이다. 그렇다고 슬픔이 부정적 감정은 아니다. 슬픔은 소중한 무언가를 잃게 되면 떠오르는 가장 자연스러운 감정이다. 슬픔이 잘 위로받고 정화되면 슬픔은 우리의 정신을 더 맑게 한다. 실제 많은 예술 작품은 예술가의 고통과 슬픔이 내면의 창조성을 깨우고 승화되어 표현된 것이다. 그러나 위로받지도 못하고 처리되지 못한 채 억눌린 강렬한 슬픔은 마음에 구멍을 만든다. 특히 어린 나이에 겪은 부모와의 사별이나 오랜 감정적 방치로 인한 슬픔은 그 무엇으로도 채워지지 않는 큰 구멍을 만든다. 슬픔이라고 다 같은 게 아니다. 일반적인 슬픔을 애哀라고 한다면 핵심 감정으로서의 슬픔은 비悲이다. 비悲는 '아닐 비非'와 '마음 심心'을 합한 글자이다. '슬픔으로 마음이 뒤틀려 버린 상태'를 말한다.

나는 아무런 힘이 없어
_무력감

로펌에서 일하는 변호사 경준 씨는 만성적인 무력감을 가지고 있다. 남들은 다 하는 것도 자신은 못 할 것 같고, 남들은 당당하게 요구해도 되지만 자신은 왠지 그러면 안 될 것 같다. 무엇보다 그를 힘들게 하는 것은 재판 스트레스이다. 재판 결과가 안 좋게 나오면 며칠째 일에서 손을 놓아 버린다. 연락해서 의뢰인을 위로하고 수습을 해야 하는데 그냥 피해버린다. 말을 꺼내는 게 감당할 수 없는 무게로 느껴져서 너무 버겁다. 그렇다고 그의 인생이 무력감에 상응할 만한 실패로 점철된 것도 아니다. 오히려 반대이다. 겉으로만 보면 큰 좌절 없이 많은 성취를 이루어 냈다. 게다가 평소 회사와 가정생활은 아주 모범적이다. 그러나 이렇게 스트레스 앞에서는 대책 없이 무너져 내릴 때가 많다. 특히 변호사가 되고 나서 이러한 무력감을 많이 느끼다 보니 하루빨리 이 일을 그만두고 싶어 한다. 그렇다면 변호사 일을 그만두면 해결될까? 그의 그 무력감은 사실 어른이 되어 만들어진 게 아니다. 그의 무력감에 가장 큰 영향을 끼친 사람이 누구냐고 물어보았다. 그는 가장 먼저 아버지를 떠올렸다. 그는 여전히 칠순의 아버지를 무서워한다. 아버지의 눈을 잘 마주치지 못한다. 아버지와 통화를 하기만 해도 혼이 날 것 같아 주눅부터 든다. 그에게 그러한 무력감을 느꼈던 어린 시절의 경험을 떠올려 보라고 이야기했다. 가장 먼저 6살 무렵의 기억을 떠올렸다.

"어느 날이었어요. 나는 더 자고 싶다고 누워 있는데 자꾸 아빠가 깨우는 거예요. 그래서 잠결에 아빠를 발로 밀쳤던 것 같아요. 그랬더니 아빠가 화가 났는지 내 허벽지를 두 팔로 꽉 누르는 거예요. 아플 정도로요. 내가 아프다고 소리쳤는데 아빠는 매서운 눈길로 노려보고 더 힘을 가하는 거예요. 내가 울면서 발버둥을 쳤는데 아빠는 내 몸에 올라타서 나를 짓눌렀어요. 내 가슴에 걸터앉아 양팔을 꽉 누르고 몸에 힘을 실어 깔아뭉갰어요. 질식할 것 같았어요. 아무 소리도 낼 수 없었어요. 그런데 내가 그렇게 숨을 잘 못 쉬고 있는데도 아빠는 빨리 잘못했다고 말하라는 거예요. 자기한테 빌라는 거죠. 그래야만 풀어준다는 거예요. 내 머리통을 때리면서요. 그래서 숨을 헐떡거리면서 '…잘못…했어요!'라고 이야기했어요. 그러고는 온몸에 힘이 다 풀리고 오줌을 쌌던 것 같아요. 그 뒤에 어떤 일이 있었는지 전혀 생각나지 않아요."

그날의 일은 그의 기억에 크게 자리 잡았다. 좀 더 자겠다고 한 것, 아빠를 발로 밀쳤던 그 행동으로 죽을 수도 있겠다 싶은 경험을 한 것이다. 물론 아빠는 이 말을 들으면 펄쩍 뛸 것이다. 그런 정도의 힘을 가하지 않았다고 기억하거나 그런 일이 있었는지조차 기억하지 못할 것이기 때문이다. 그 일은 아빠에 대한 두려움뿐 아니라 자신은 아무런 힘이 없다는 무력감으로 깊이 각인되었다. 그런 일은 한두 번이 아니었다. 아빠는 음식을 강요한 적도 많았다. 그는 어릴 때 채소류를 무척 싫어했다. 하루는 김밥의 시금치를 빼고 먹었다. 그러자 아빠는 사내자식이 뭐 하는 거냐며 그냥 먹으라고 호통을 쳤다. 그는 무서워서 입에 넣기만 하고 삼키지 않았다. 그러자 아빠는 손으로 입을 틀어막으며 삼키라고 강요했다. 그대로 삼킬 수밖에 없었다. 그때도 화가 나기는커녕 몸에 힘이 풀렸다. 그 일 역시 그에게 큰 굴욕감과 무력감을 주었다. 자라는 동안 아빠는 늘 호통을 치거나 물리적인 힘으로 그를 눌렀다. 그러나 그는 반항 한번 하지 못했다. 그는 무력감과 함께 '나는 힘이 없다', '나는 아무것도 아니다'라는 부정적 신념을 지니고 살아 왔다.

무력감無力感은 사실 감정이라기보다는 신체감각에 가깝다. 스트레스 상황에서 기운이 쭉 빠진 느낌을 말한다. 자신에게 스트레스를 헤쳐 나갈 아무런 힘이 없다고 느낄 수밖에 없다. 이는 우리가 의식적으로 선택하는 게 아니다. 과도한 스트레스 상황에서 자동으로 자율신경계에서 부동화 반응이 일어나기 때문이다. 전통적 이론에 의하면 자율신경계는 교감 신경과 부교감 신경으로 나뉜다. 그러나 미국의 신경과학자 스티븐 W. 포지스Stephen W. Porges에 의해 제안된 새로운 자율신경계 이론에서는 부교감 신경이 하나가 아니라 서로 기능이 다른 두 가닥으로 나뉘어 있다고 본다. 즉, 배 쪽에 있는 부교감 신경과 등 쪽에 있는 부교감 신경으로 나뉜다. 부교감 신경의 기능을 열 번째 뇌신경인 미주 신경이 맡고 있는 관계로 이 새로운 자율신경계 이론을 '다미주신경 이론polyvagal theory'이라고 한다. 우리가 알고 있는 진정과 이완 작용은 배 쪽 미주 신경이 담당한다. 그에 비해 가장 원시적인 자율신경계라고 할 수 있는 등 쪽 미주 신경은 위협 상황에서 얼음 반응이나 마비 반응을 일으킨다. 위협적인 상황에서 많은 생명체들이 그대로 얼어붙어 버리는 것처럼 인간도 다르지 않다. 특히 아동기에는 이러한 부동화 반응이 잘 나타난다. 아동기에 부동화 반응을 많이 겪은 이들은 성인이 되어서도 크게 다르지 않다. 누군가 큰 소리로 이야기하면 각성도가 올라가는 게 아니라 오히려 각성도가 떨어져서 말문이 막혀버리고 멍하게 되기 쉽다. 자동차 접촉 사고가 나면 내려서 사고를 수습하는 게 아니라 운전대만 잡고 어쩔 줄 몰라 한다.

이렇듯 아동·청소년기의 과도한 스트레스는 신경계의 발달을 저해한다. 진정과 이완 작용의 배 쪽 미주 신경이 잘 발달하지 않은 채 성인이 되어 감정조절에 어려움을 겪게 된다. 스트레스 상황에서 과각성에 빠지거나 혹은 지나치게 저각성에 빠져 버린다. 과각성에 빠져 버리는 이들은 배 쪽 미주 신경이 브레이크 역할을 잘 못하기 때문에 교감 신경계가 과활성화되는 이들이다. 이들은 스트레스를 받으면 쉽게 흥분하고, 소리를 지르며 안절부절 못한다. 즉각적으로 반응하지만 흥분된 상태라서 정작 문제해결에는 별 도움이 안 된다. 그에 비해 저각성에 자주 빠지는 사람들은 스트레스를 받으면 등 쪽 미주신경이 과활성화되어 손을 놓고 수수방관해 버리거나 얼음 반응을 보인다. 정신줄을 놓아 버리는 것이다. 이러한 신체적 무력감은 심리적 무력감과 궤를 같이한다. 그렇기에 이들은 자신의 핵심 감정을 무력감이라고 이야기하는 경우가 많다. 그리고 이는 그 상태에 걸맞은 핵심 신념 core belief을 만들어 낸다. 경준 씨가 그의 능력과 성취와 상관없이 '나는 아무런 힘이 없어'라는 부정적 신념을 가진 것처럼 말이다. 핵심 감정에 바탕을 둔 핵심 신념은 마치 바위처럼 단단해서 아무리 그에 반하는 경험을 하더라도 달라지지 않는다. 사람에 따라서는 무력감을 '버겁다', '멍하다', '무덤덤하다' 등 다르게 표현할 수 있다. 그 표현은 다르지만, 이들은 대체로 스트레스 상황에서 할 수 있는 것조차도 못 하고 무기력해져 버린다.

나만 없어지면 돼
_원초적 수치심

금융회사에 다니는 연희 씨는 새로 팀장을 맡고 나서 받는 스트레스가 이루 말할 수가 없다. 자신에게나 팀에 안 좋은 일이 생기면 늘 자신과 부정적으로 연관 지어 판단하고 해석한다. 즉, '내가 팀장이라서 이런 일이 생긴 거야' 혹은 '내가 이 팀을 맡아서 안 좋은 일이 벌어졌어'라는 생각이 떠오른다. 심지어 팀원이 쉬는 날 교통사고를 당해 병가를 낸 것도 자신과 연관 지어 생각한다. 즉, 자신이 팀장을 맡으니까 자꾸 안 좋은 일이 벌어진다고 생각하는 것이다. 더 큰 문제는 왠지 주위 사람들도 그런 시선으로 자신을 보는 것 같아 좌불안석일 때가 많다. 그렇다 보니 아침에 출근할 때마다 오늘은 또 무슨 일이 생기지 않을까 걱정부터 한다. 그리고 문제가 생기면 다 자기 책임이라고 느끼고 허둥지둥 해결하려고 한다. 하지만 매사에 이렇게 많은 책임감을 안고 일하지만 정작 책임 있게 일을 마무리하거나 문제를 해결하지 못할 때가 많다. 팀원들의 업무에 필요 이상으로 관여하다 보니 팀원들은 점점 '팀장이 알아서 하겠지'라고 수동적으로 되어간다. 너무 사소한 일까지 과한 책임감을 가지고 매달리다 보니 정작 큰일을 펑크 내기도 한다. 성급하게 판단해서 일을 그르치기도 하고, 이랬다저랬다 말이나 결정을 바꿔 혼선을 주기도 한다. 결국 과한 책임감 때문에 정작 책임 있게 일을 하지 못 하는 것이다. 책임지지 못 하는 책임감이라니!

당신은 주위에 안 좋은 일이 생기면 어떤 생각이 드는가? 그저 '안 좋은 일이 생겼다'라고 생각하는가? 아니면 '나라서 이런 일이 생겼다'라고 생각하는가? 상담실에서 만나는 이들은 하나같이 후자이다. 이들은 어떤 문제가 생기면 기본적으로 '나 때문에 이런 일이 벌어졌다'라거나, '내가 문제다'라는 생각에서 잘 헤어 나오지 못한다. 이는 '원초적 수치심'이라는 핵심 감정이 있기 때문이다. 원초적 수치심은 '사랑과 돌봄을 받아야 할 애착 대상으로부터 반복적인 거절을 당해서 생겨난 감정'을 말한다. 이러한 원초적 수치심은 보편적인 수치심과는 차원이 다르다. 보편적인 수치심은 어떤 실수나 부족함 때문에 느끼는 조건적인 감정이라면, 원초적 수치심은 존재 자체가 잘못된 느낌을 말한다. 이는 '나는 환영받지 못하는 존재', '처음부터 잘못된 존재'라는 아주 부정적인 자기 서사를 만들어 낸다. 그렇기에 이들은 어려서부터 무슨 문제가 생기면 '내가 문제다'라는 식의 자기 관련 사고와 과잉 책임감에 시달린다.

이들은 자신의 책임이 아닌 것까지 자신의 책임으로 느끼고, 사소한 문제까지 예방하거나 해결하기 위해 필요 이상으로 애를 쓴다. 물론 그렇게 해서 해결이 되면 그나마 다행이다. 하지만 결국 '책임지지 못하는 과잉 책임감'의 벽에 부딪히고 만다. 고생은 고생대로 하고 결과는 결과대로 안 좋은 것이다. 이들은 자신의 노력이 좋은 결과로 이어지지 못하면 '그것 봐! 결국 내가 문제야'라는 자기 확신에 도달한다. 그 끝은 무엇일까? '내가 없어져야

해!'라는 결론에 빠지게 된다. '우리 집에서 나만 빠지면 돼', '우리 팀에서 나만 빠지면 잘 돌아갈 거야!'라는 식으로 결론을 내린다. 그 극단적 결론은 흔히 자살 사고로 이어진다. 자신이 없어지는 것이 유일한 문제해결의 방법이라고 생각하기 때문이다. 물론 주위에서 그런 마음을 갖고 있다는 것을 알게 된다면 그렇지 않다고, 잘못된 생각이라고 이야기해 줄 것이다. 그러나 원초적 수치심을 가진 이들은 그러한 이야기들을 받아들이지 못한다. 다 튕겨내 버린다. '나 듣기 좋으라고 저렇게 이야기하는 거야'라며 상대의 마음을 왜곡한다. 자신의 존재 자체가 문제라는 그 수치심이 뿌리 박혀 있기 때문이다.

연희 씨의 엄마는 기자였다. 결혼 생각이 없었는데 연희 씨를 임신하는 바람에 전혀 준비가 안 된 상태에서 서둘러 결혼을 했다. 그리고 출산 후 우울증까지 겹쳤다. 도저히 직장과 육아를 병행할 수 없어 일을 그만두었다. 그러나 일을 그만둔 뒤로도 육아는 버겁기만 했다. 무엇보다 답답했다. 옛 직장 동료들이 부럽기만 하고, 일을 그만둔 게 후회스러웠다. 그래서 화가 많이 날 때는 연희 씨에게 "너 때문에 내 인생이 꼬였다", "너만 없었어도 내

일을 했을 텐데"라는 식으로 하지 말아야 할 말들을 내뱉은 적도 있다. 연희 씨는 어릴 때부터 자신 때문에 엄마의 삶이 힘들어진 것 같은 느낌을 받았다. 엄마의 기분이 안 좋아 보이면 '내가 엄마를 또 힘들게 했나?'라는 생각이 먼저 들었다. 이는 성인이 되어서도 마찬가지이다. 상대의 기분이 안 좋아 보이면 '내가 또 뭘 잘못했나?'라는 생각이 자동적으로 떠오른다. 그렇기에 어떻게든 상대의 기분을 풀어주려고 애쓸 때가 많다. 그녀에게 엄마와의 관계에 대해 떠오르는 단어를 물어본 적이 있다. 그녀는 '귀찮아하는', '짐스러운', '죄지은 것 같은', '매몰찬', '환영받지 못한' 등을 떠올렸다. 단 한 개도 긍정적인 단어가 없었다. 그러니 수치심이라는 핵심 감정이 생겨날 수밖에 없었으리라. 그녀는 늘 자신이 문제라는 느낌에 시달려왔다. 이렇듯 원초적 수치심은 문제와 존재의 구분을 무너뜨린다. 어떤 문제를 겪으면 자신의 존재 자체가 문제처럼 느껴지는 것이다.

이 원초적 수치심이라는 감정은 너무나 갑작스럽고 강렬하게 찾아온다. 마치 공황발작과 유사하다. 공황발작은 사실 마음의 발작이 아니라 몸의 발작이다. 심장이 터질 것 같고, 어지럽고, 머리가 하얗게 되고, 숨이 쉬어지지 않는다. 그렇기에 지금 당장 질식할 것 같고, 쓰러질 것 같고, 죽을 것 같은 공포가 온몸에 퍼진다. 수치심 역시 격렬한 신체 반응을 동반한다. 얼굴이 빨개지고, 진땀이 나고, 가슴이 조여들고, 머리가 하얗게 된다. 이러한 발작적 상황에서 이성은 작동하지 않는다. 공황발작이 급습하면 가만히 있을 수가 없다. 지금 당장 죽을 것 같은데 어떻게 가만히 있겠는가! 도망치는 수밖에 없다. 무조건 그 장소를 벗어나게 된다. 수치심 발작도 마찬가지이다. 몸의 심한 동요와 함께 자신이 형편없다고 느껴지고, 다른 사람들 역시 그런 시선으로 자신을 보는 것 같아 견딜 수가 없다. 숨고 싶고, 어디론가 사라지고 싶은 마음뿐이다. 실제 많은 이들은 연락을 끊고 숨어버린다.

그런데 공황발작은 정말 죽을 것 같은 진짜 공포처럼 느끼지만, 실은 두뇌 경보 체계의 오작동으로 일어난 가짜 위험신호이다. 공황장애가 있는 사람들은 그 느낌이 너무 생생하기에 받아들일 수 없겠지만 사실 도망치지 않았어도 별일이 일어나지 않는다. 죽을 것 같은 그 느낌은 주관적으로는 사실 같지만 절대 죽지 않는 게 공황발작이다.

수치심 발작 또한 본질적으로 유사하다. 원초적 수치심을 유발한 자극이라는 게 사실은 사소한 일인 경우가 많다. 문자나 카톡을 잘못 보냈거나, 여러 사람 앞에서 사소한 지적을 받았거나, 질문에 바로 답을 하지 못했거나, 모임에서 이야기를 나눌 상대가 마땅치 않은 상황 등 누구나 살면서 겪을 수 있는 일이 대부분이다. 물론 아무런 감정도 느끼지 않는다는 게 아니다. 무안하고, 쑥스럽고, 창피할 수는 있다. 그러나 자신의 존재 자체가 잘못되었다고 느끼고, 도망치고 싶을 정도는 아니라는 것이다. 우리는 누구나 부족한 면이 있고 실수할 수 있다. 그것이 인간이기 때문이다. 그러나 수치심을 가지고 있는 이들은 자신의 존재 자체가 잘못된 것 같은 느낌에 평생 허덕인다. 이들은 양면을 볼 수 없다. 잘하는 것과 못하는 것을 나란히 둘 수 없다. 부족한 것만 보고 그것을 자신의 전부라고 여긴다. 아무리 많은 성취를 하고 인정을 받더라도 삶이 고단할 수밖에 없는 이유이다. 이러한 원초적 수치심은 사람에 따라 다르게 표현할 수 있다. 주로 '초라하다', '못났다', '보잘것없다', '부적절하다' 등으로 표현한다.

자신의 핵심 감정을 찾는 방법

자, 우리는 지금까지 대표적인 다섯 가지 핵심 감정을 알아보았다. 그 과정에서 자연스럽게 자신의 핵심 감정이 무엇인지 가닥이 잡힌 이도 있겠지만 여전히 막연하게 느껴질 수도 있다. 힘든 감정을 충분히 경험하고 인식한 후에 억누른 게 아니라 그냥 쑤셔 박아둔 것이기 때문이다. 그렇기에 자신이 무엇을 감추었는지 잘 모르는 경우가 태반이다. 심지어는 감추었다는 사실조차 잘 모를 수 있다. 그러나 그 핵심 감정의 존재는 계속 감추어지지 않는다. 삶의 고비 고비마다 그 모습을 드러낸다. 그렇다면 우리는 어떻게 핵심 감정을 발견할 수 있을까? 이제부터 자신의 핵심 감정을 찾는 몇 가지 방법들을 소개하려 한다.

첫째, 과거의 고통스러운 기억들을 떠올리며 공통적인 감정을 찾아본다. 특히 고통 속에서 혼자 있었다고 느꼈던 기억을 떠올린다. 나이대별로 떠올려도 되고, 그냥 힘들었던 기억들을 떠올려도 상관없다. 이 방법은 기억을 떠올려야 한다는 한계가 있다. 많은 핵심 감정은 무의식에 자리 잡고 있기 때문에 바로 떠올리기가 쉽지 않다.

또 의식한다고 하더라도 핵심 감정이라기보다는 이차 감정일 수도 있다. 즉, 나무라고 하면 그 뿌리에 해당하는 것이 핵심 감정인데 그 뿌리를 보기보다는 줄기와 잎만 볼 수도 있다. 그렇기에 하나의 기억으로 핵심 감정을 찾기보다는 여러 가지 고통스러운 기억을 떠올려 탐색하고 정리하는 과정이 필요하다. 그 기억들을 떠올리다 보면 유난히 반복되는 감정이나 느낌이 있을 수 있다. 이를 꼭 '원초적 수치심, 무력감, 근본적 불안' 등의 정형화된 감정 단어로 묘사하지 않아도 된다. 76쪽 표에서 정리한 것처럼 '암담하다', '버겁다', '막막하다', '서럽다' 등 자연스러운 단어로 묘사하는 것도 괜찮다.

둘째, 똑같은 상황이나 사건에서 다른 사람은 그렇게까지 흥분하거나 동요하지 않는데 자신만 유독 지나치게 반응하는 경우를 떠올려 본다. 핵심 감정은 '감정의 증폭기' 역할을 하기 때문에 자극이나 상황보다 훨씬 과잉 반응이 유발된다. 예를 들면, 식당에서 혼자 밥을 먹다가 아는 사람과 마주치는 상황이 너무 불편하다고 해보자. 단순히 특정인을 불편해하는 게 아니라 대부분의 지인을 마주쳤을 때 불편함을 느끼는 경우를 말한다. 그 이면에는 자신의 존재 자체가 환영받지 못한다는 원초적 수치심이 자리하고 있을 수 있다. 과민 반응을 하는 상황을 그냥 흘려 보내지 말고 기록으로 남기면 더 잘 발견할 수 있다.

셋째, 반복되는 꿈의 주제를 살펴보라. 해소되지 못한 핵심 감정은 무의식에 저장되어 있고 반복적인 꿈을 통해 그 모습을 드러낸다. 특히 꿈속에서 강렬한 감정을 불러일으킬 수 있다. 이를테면 사람들이 모두 떠나고 혼자 남겨져서 울고 있는 꿈, 위험한 상황인데 도망도 치지 못하고 얼어붙어 있는 꿈, 높은 곳에서 추락하거나 깊은 물에 휩쓸려서 가슴이 철렁이는 꿈, 누군가와 화를 내며 싸우거나 무언가를 해치는 꿈, 자신이 오염되어 있거나 옷을 벗고 있어 창피함을 느끼는 꿈 등등. 이렇게 반복되는 꿈은 자신의 해소되지 못하고 무의식에 저장된 핵심 감정의 반영일 수 있다. 그리고 더 이상 미루지 말고 그 핵심 감정을 마주하라는 무의식의 메시지일 수도 있다. 이 역시 한 번에 다 끝내려고 하기보다는 꿈 일기를 쓰면서 자신에게서 반복적으로 나타나는 꿈의 주제나 이미지에 주목하고 이와 연관된 자신의 과거 기억을 떠올려 보는 것이 좋다.

넷째, 유독 거슬리거나 예민한 타인의 말과 행동은 무엇인가? 핵심 감정의 대부분은 인간관계에서 형성되고 인간관계를 통해 드러난다. 그러므로 우리는 핵심 감정을 찾기 위해 인간관계에서 유독 예민하게 반응하는 말과 행동을 정리할 필요가 있다. 그것은 상대의 말과 행동이 자신의 상처를 직접적으로 건드리는 경우도 있지만, 그냥 핵심 감정이 비슷한 사람을 보면서 느껴질 수도 있다. 예를 들어 상대의 지적으로 수치심이 건드려지기도 하지만, 필요 이상으로 눈치를 보고 할 말을 하지 못하는 상대를 보면서 자신의 수치심이 자극될 수도 있다. 아무튼 인간관계에서 유독 불편한 부분을 통해 자신의 핵심 감정을 찾아보자. 이 역시 감정일지에 포함해서 기록해 보면 좋다.

다섯째, 핵심 감정은 부정적인 자기 서사를 만들어 낸다. 그렇기에 핵심 감정은 잘 인식하지 못해도 부정적인 자기 서사는 상대적으로 잘 인식할 수 있다. 이는 역으로 부정적인 자기 서사를 통해 자신의 핵심 감정을 유추해 볼 수 있음을 의미한다.

당신은 자신에 대한 어떤 부정적인 생각을 가지고 있는가? 아래의 예는 참고만 하는 게 좋다. 실제로 이렇게 일대일 대응이 되는 것도 아니고, 방어기제 등에 의해 핵심 감정과 사뭇 다르거나 반대되는 자기 서사를 가지고 있을 수 있다는 것을 감안해야 한다. 예를 들어, 똑같이 원초적 수치심을 가지고 있지만 자기 서사는 정반대일 수 있다. '나는 초라해'라는 자기 서사도 있지만, 방어에 의해 '나는 특별해'라는 자기 서사를 가질 수도 있다. 물론 둘 다를 오갈 수도 있다.

- 나는 초라해, 나는 쓸모없어 → 원초적 수치심
- 나는 아무것도 아니야, 나는 아무런 힘이 없어
  → 무력감
- 나는 혼자야, 뭘 해도 허전해 → 공허감
- 나는 안전하지 않아, 나는 나를 보호할 수 없어
  → 근본적 불안
- 나는 억울해, 세상은 나한테만 불공평해 → 울분

스스로 핵심 감정에 이름을 붙여보자

감정에 단어를 부과하여 정서를 재처리할 때 새로운 의미와 통제감을 획득한다. 상징은 감정을 다루는 손잡이와 같다.

- 레슬리 S. 그린버그 등의 《심리치료에서 정서를 어떻게 다룰 것인가》 중에서

만약 자전거를 타려고 하는데 외발자전거처럼 핸들이 없다면 어떨까? 닫힌 문을 열거나 열린 문을 닫으려는데 문고리가 없다면 어떨까? 뜨거운 물이 담긴 컵을 잡으려는데 손잡이가 없다면 어떨까? 무거운 수박을 들어야 하는데 그물망이 없다면 어떨까? 난감할 수밖에 없다. 물건에는 사람이 다루기 편하도록 손잡이 handle가 달려 있다. 그런데 이 손잡이를 뜻하는 영어 'handle'은 명사이면서 동시에 '다루다', '처리하다'라는 뜻의 동사이기도 하다. 즉, 무언가를 잘 다루려면 핸들이 있어야 한다.

많은 사람이 감정의 중요성을 잘 알고 있다. 그러나 막상 감정을 대하고 나아가 감정을 다루는 것은 정말 쉽

지 않다. 감정이 눈에 보이지 않거니와 예고 없이 올라오기도 하고, 심신의 동요를 불러일으키기에 손을 쓰기가 어렵다. 특히 강렬한 감정일수록 우리는 그 감정과 동일시되어 이를 다룰 수 있는 거리나 여지 자체가 좀처럼 허락되지 않을 때가 많다. 이는 마치 핸들 없는 자전거를 타거나, 손잡이 없는 문을 여는 것처럼 당혹스러운 일이다. 그렇기에 우리는 감정에 손잡이를 달아야 한다. 손잡이를 달면 다루는 게 용이해진다. 감정에 손잡이를 단다는 것은 다시 말해 '감정에 이름을 붙여주는 것'을 말한다. 예를 들어 누군가와의 관계에서 기분이 상했다면 그냥 뭉뚱그려서 '기분이 안 좋아'라고 표현하는 대신에 '섭섭함, 실망감, 야속함, 미움, 배신감, 당혹스러움, 난처함' 등 좀 더 정확한 감정 단어를 찾아주는 것부터 시작해 보면 좋다. 그리고 가능하다면 일반적인 감정 단어를 쓰기보다는 좀 더 구체적이거나 개인적인 단어를 이용해서 자신의 감정을 묘사하는 것도 좋다. 예를 들어 영어에는 '모나콥시스Monachopsis'라는 감정 단어가 있다. 많이 쓰는 말은 아니지만 '나랑 어울리지 않는 곳에 있는 것 같은 지속적인 불쾌감' 혹은 '사람들 속에서 미묘하게 동떨어진 느낌'을 뜻하는 단어이다. 그러므로 당신이 지금 사람들로부터 고립되어 있다고 느낀다면 '고립감', '소외감'이라고 표현하는 대신에 '어디에서도 나만 섞이지 못한 느낌'이라는 식으로 자신만의 언어로 자신의 감정을 표현해 보는 게 필요하다.

핵심 감정도 마찬가지이다. 그냥 원초적 수치심이라고 하거나 울분이라고 이름 붙여도 되지만 이러한 일반적인 감정 단어는 뭔가 자신의 핵심 감정에 딱 들어맞지 않게 느낄 수 있다. 그렇다면 자기만의 표현을 찾는 게 필요하다. 앞에서 이야기한 변호사 경준 씨는 스트레스 상황에서 반복적으로 경험했던 감정을 '버겁다'라고 표현했다. 이는 그가 가지고 있는 무력감이라는 핵심 감정에 대한 자신만의 표현이다. 이렇게 이름을 붙여주는 순간 핵심 감정은 무의식에서 의식의 수면 위로 올라온다. 보다 잘 의식할 수 있다. 그냥 막연한 불편감이나 답답함 혹은 거리낌으로 느꼈던 때와 비교하면 큰 차이가 아닐 수 없다. 자신이 겪는 고통과 불편함을 이해하고 설명할 수 있는 것과 없는 것은 그 차이가 작지 않다. 내가 힘든데 무엇 때문에 힘든지 알 수 없다는 것! 내가 겪는 고통과 어려움을 설명할 수 없다는 것! 그것은 또 하나의 고통이다. 우리는 그 핵심 감정에 대해 적절한 이름을 붙여주어야 한다. 이름을 불러줄 때 나에게 꽃이 되어 오는 것처럼, 당신의 상처 역시 그에 적절한 이름을 붙이는 순간 실체가 분명해진다. 그 순간 '나를 계속 힘들게 했던 게 이것이구나!'라는 것을 명료하게 인식하게 된다. 그리고 이후로는 '또 수면 위로 올라왔구나' 하는 알아차림이 더욱 촉진된다. 그러고 나면 이제 거리를 두고 관찰할 수 있고, 더 나아가 점점 조절할 수 있게 된다.

이렇게 오랜 시간 동안 자신을 힘들게 했던 심리적 고통을 명료하게 인식하게 된 순간을 가리켜 심리학자 다이애나 포샤는 '찰칵 경험$^{click\ experience}$'이라고 표현했다. 마치 오랜 시간 동안 닫혀 있던 방문 자물쇠에 딱 맞는 열쇠가 맞물리는 느낌을 말한다. 그 존재를 명료하게 인식하지 못했기에 '나의 일부'이면서 '나의 일부가 아닌 것'으로 느꼈던 그 오랜 대립이 해소되고 하나로 통합된다. '찰칵!' 들어맞는 소리와 함께 문이 열리는 것이다. 어떤 경우는 이 인식의 순간에 큰 변화가 일어나기도 한다. 정신생리학적으로 감정 상태의 변화가 유발된다. 그토록 자신을 힘들게 했던 그 정체를 뚜렷하게 인식하는 것만으로도 치유가 일어나는 것이다. 에너지와 활력의 흐름이 향상되고 새로운 행동이 나타날 수 있다. 실제 핵심 감정 워크숍에서도 그런 반응들이 나온다.

"이제서야 내 부서진 마음의 조각들이 맞춰지는 느낌이 들어요."
"내가 무엇 때문에 이렇게 힘들었는지 그 이유가 분명해졌어요. 머리 안이 환해지는 느낌이에요."
"가슴이 열리는 느낌이 들면서 이제 그토록 힘든 감정을 다룰 수 있을 것 같은 느낌이 들어요."

핵심 감정은 눈에 잘 보이지도 않고 예고도 없이 나타난다. 수시로 심신의 동요를 일으킨다. 너무 강렬하기 때문에 그 감정에 그대로 휘둘리기 쉽다. 그렇기에 이를 다루려면 꼭 손잡이가 필요하다. 그리고 그 손잡이는 다루기 쉽도록 정교하면 좋다. 자신의 핵심 감정에 이름을 붙이는 것부터 시작해 보자.

자신의 핵심 감정을 찾기

2장에서 우리는 핵심 감정의 종류가 무엇이고, 이를 어떻게 찾을 수 있는지를 이야기했다. 바로 다음 장으로 넘어가지 말고 자신의 핵심 감정을 스스로 찾고 정리해 보자. 이를 위해 노트를 한 권 준비하고 아래 단계에 맞춰 탐색하고, 기록해 보자.

불안군 근본적 불안	막막하다, 암담하다, 혼날 것 같다, 주눅 든 느낌, 공포, 버림받을 것 같은 두려움(거절 공포), 휘둘릴 것 같은 두려움(침범 공포), 죄책감 등
슬픔군 만성적 공허감	공허하다, 서럽다, 서글프다, 허무하다, 나 혼자다, 고립감, 단절감, 늘 허전하다 등
분노군 울분	억울하다, 분하다, 무시당하는 느낌, 늘 불공평한 느낌, 분통, 원망, 질투심, 복수심, 적개심 등
수치심군 원초적 수치심	초라하다, 못났다, 보잘것없다, 사라지고 싶다, 무가치하다, 처음부터 잘못됐다, 부적절한 느낌, 심한 열등감 등
무력감군 무력감	버겁다, 멍하다, 무덤덤하다, 좌절감, 해도 안 될 것 같은 느낌, 절망감 등

1단계: 과거 힘든 기억과 꿈을 통한 핵심 감정 탐색

• 자신의 첫 번째 기억을 떠올린다. 몇 살 때인가? 5세라고 해

보자. 그때 나이부터 시작해서 지금까지 나이대별로 가장 힘들었던 기억을 떠올려본다. 그리고 그때 느꼈거나 느꼈을 거라고 생각되는 감정을 적어본다. 물론 떠오르지 않다면 그냥 넘어가도 된다. 힘든 기억들 가운데 가장 많이 떠오른 감정은 무엇인가?
- 핵심 감정은 부정적인 자기 서사와 엄격한 규칙을 만들어 낸다. 인생을 관통하고 있는 아주 엄격하고 부정적인 자기 서사는 무엇인가? 이를 통해 자신의 핵심 감정을 유추해 보자.
- 반복적으로 꾸는 꿈이 있는가? 그 꿈의 주제와 그와 관련된 중요한 감정은 무엇인가? 그와 관련된 과거의 기억은 무엇이 있는지 떠올려 본다. 이를 통해 자신의 핵심 감정을 생각해 보자.

2단계: 현재의 일상과 관계를 통한 핵심 감정 탐색

다른 사람들보다 유난히 예민하게 반응하게 되는 상황은 언제인가? 유독 거슬리는 상대의 말과 행동은 무엇인가? 일회적 관찰보다는 일정 기간 동안 관찰하는 게 좋다. 이를 위해 감정일지를 작성해 보자. 감정일지는 핵심 감정 관찰일지(318쪽 참조)를 참조하면 된다.

3단계: 핵심 감정 이름 붙이기

자신의 핵심 감정에 걸맞은 이름을 붙여보자. 물론 위에 소개된 다섯 가지 핵심 감정 중에서 찾아도 되고 유사한 핵심 감정 목록에서 골라도 된다.

4단계: 점검하고 수정하기

핵심 감정이라고 정리했지만 사실은 이차 감정일 수 있다. 자신은 분노 관련 핵심 감정을 이야기했지만 사실 분노나 원망은 이차 감정이고 핵심 감정은 원초적 수치심일 수 있다. 혹은 경우에 따라서는 하나가 아니라 여러 개의 핵심 감정이 공존할 수 있다. 핵심 감정 관찰일지를 쓰면서 이를 수정하거나 추가하는 게 필요하다.

핵심
감정에 대한
방어

03

"수많은 감정들을 느끼되 그 느낌에 따라 행동할 수 없다는 걸 알고 있는 사람은 미쳐버릴 겁니다. 그래서 아동은 자신의 감정 상태에서 유리되고 자기 주위에서 일어나는 일들에 감정적으로 무지하게 됩니다. 감정을 차단하는 것이 그러한 아동기를 견뎌내는 유일한 방법이 됩니다."

•

도나 잭슨 나카자와, 《멍든 아동기, 평생건강을 결정한다》 중에서

상처를 감추느라 자기를 잃어버린 사람들

앞에서 이야기한 변호사 경준 씨의 핵심 감정은 무력감이다. 그의 표현에 의하면 '버겁다'는 느낌이다. 이 무력감은 늘 그림자처럼 삶을 따라다닌다. 어쩌다 한 번씩이 아니라 하루하루가 버겁게 느껴진다. 그러나 겉으로 보이는 모습은 사뭇 다르다. 스트레스 상황에서 손을 놓고 있을 때를 제외하면 오히려 부지런하다. 매일 일정한 시간에 잠자리에 들고 일찍 일어나서 아침 독서를 한다. 약속은 칼같이 지키고, 계획에 맞게 딱 지출하고, 시키는 일은 책임지고 깔끔하게 처리한다. 운동도 꾸준히 한다. 겉으로만 보면 다른 사람들보다 그의 생활은 부지런하고 질서정연하고 잘 통제되어 있다. 뭐랄까? 칼같이 정리된 군대 생활관의 관물대를 보는 것만 같다. 오히려 너무 과한 것이 문제이다. 예를 들어, 몸이 아픈데도 쉬지 않고 일과 운동을 하거나, 어떤 달은 지출을 더 할 수 있는데도 계획에 맞추느라 외식비를 줄일 정도이다. 그리고 배우자에게도 자신처럼 꼼꼼하고 계획에 맞춰 생활하기를 요구한다. 왜 그는 그렇게 자신의 모든 삶을 통제하려고 할까?

가정이나 학교에서 부정적 경험을 겪은 아이들은 심한 무력감을 겪은 경우가 많다. 도망칠 곳도 없고 반복적으로 당하기 때문이다. 그런 속박된 상황에서는 아무런 대응도 하지 못하고 얼어붙는 경우가 많다. 이들은 시간이 지날수록 그런 자신을 용납하지 못한다. 무기력했던 자신을 수치스럽게 생각하는 것이다. 그리고 노골적으로 자신을 비하하고 삶의 의욕을 잃고 살아간다. 하고 싶은 것도 없을뿐더러 해야 하는 것도 잘하지 못한다. 부정적인 의미에서 '최소한의 삶'만을 살아가는 것이다. 그러나 무력감의 핵심 감정을 가지고 있다고 해서 꼭 무기력하게 살아가는 것은 아니다. 어떻게든 무력감의 흔적을 감추려고 하는 이들도 많다. 이들은 무기력하게 보이지 않으려고 애를 쓴다. 이는 단지 무력감을 감추는 정도를 넘어서서 정반대 편으로 나아가기도 한다. 바로 과잉 통제이다. 이들은 작은 게으름이나 무질서조차 용납하지 못한다. 끊임없이 계획이나 규칙을 세우고 그 안에 자신을 가둬둔다. 그것은 엄밀히 말해 자기통제가 아니라 자기 착취이다. 그로 인해 삶은 점점 소진되고 피폐해짐에도 불구하고 이를 멈추지 못한다.

이들은 겉으로는 자기조절을 잘하는 것처럼 보인다. 하지만 사실은 자신의 충동과 행동을 조절할 수 없는 통제 강박에 빠져 있는 상태이다. 다른 사람은 아프면 쉬거나 적절히 자신의 상태에 맞게 조절할 수 있는 데 비해 이들은 자신이 생각하는 기준에 어떻게든 맞춰야 한다는 그 기준을 내려놓을 수가 없다. 그것은 자신의 삶에 대한 건강한 자율성의 욕구가 아니다. 그렇게 자신을 통제하지 않으면 또다시 붕괴될 것 같은 불안에서 비롯된 강박인 것이다. 그렇게 보면 이들은 과거의 무력감에서 한 치도 벗어나지 못하고 있다. 하지만 겉으로 드러난 모습은 오히려 그들의 내면과 정반대일 수 있다. 이렇게 핵심 감정이 같더라도 그 양상이 다양한 이유는 각자의 기질이 다르고 다양한 방어기제를 가지고 있기 때문이다.

상담실에 오는 이들은 정말 다양한 문제로 찾아온다. 그러나 이는 겉으로 드러났을 때의 경우이다. 마음속으로 들어가 보면 그 상처의 핵심은 다르지 않다. 결국 '사랑받지 못한 것'에 있다. 그와 관련해서 조금씩 다른 핵심 감정과 부정적인 자기 서사를 가지게 된다. 근본적 불안이라는 핵심 감정과 함께 '나는 버림받을지 몰라'라는 자기 서사를 가지고 있거나, 원초적 수치심이라는 핵심 감정과 함께 '나는 처음부터 잘못됐어'라는 자기 서사를 가지고 있을 수 있다. 그러나 이를 그대로 느끼고 인정하고 살아가는 것은 너무 괴로운 일이다. 핵심 감정을 감추고 건드려지지 않도록 갖은 방법을 동원한다. 이는 사람마다 다르다. 흔히 핵심 감정을 가리기 위해 '까칠함, 착함, 똑똑함, 낙관성, 독립성, 성실함, 폭력성' 등의 갑옷으로 무장한다. 그중에는 자신의 상처와는 상반된 갑옷을 착용하는 경우가 많다. 무력감이 과잉 통제로, 의존은 돌봄으로, 수치심은 똑똑함으로, 우울은 밝음으로 위장될 수도 있다. 이는 상처로부터 벗어나고자 하는 무의식적 의도가 있었다고 하더라도 결국 은폐로 치닫게 된다. 이들은 안과 밖의 과도한 불일치에 괴로울 수밖에 없다. 자신은 돌봄을 받고 싶은데 이를 부정하고 다른 사람들에게 베풀기만 한다고 생각해 보라. 이는 자연스러움이 아니라 인위적이고 과장되고 방어적이며 종종 부적절하다. 극과 극은 통한다는 말이 있다. 예를 들면, 상대에게 너무 친절하거나 너무 까칠하게 행동하는 것은 정반대의 모습이지만 마음 안에 사랑받지 못한 상처를 가지고 있다는 공통점에서 비롯되었을 수 있다. 즉, 상처는 하나이지만 그 기질과 특성에 따라 상처의 덮개가 다를 수 있다.

하지만 그러한 노력을 통해 자신의 상처를 보이지 않게 가릴 수 있을지는 몰라도 상처의 독은 점점 깊어진다. 우리의 에너지가 상처를 가리기 위한 방어에 집중하게 되면 자신의 감정과 욕구를 알아차리지 못하게 되고, 어떤 대상에 대해 진실한 느낌이 무엇인지 알지 못하고, 결국 자기와 멀어지는 삶을 살아갈 수밖에 없게 된다. 점점 보여지는 나와 실제의 나 사이의 괴리는 커져만 간다. 즉, 자신을 잃어가게 된다. 나아가 심신의 건강에 여러 문제가 초래된다. 결국 어떤 위기 상황이 닥치면 자기방어가 무너지고 여러 심신의 증상이 나타난다. 그것은 중독으로 나타날 수도 있고, 자해로 나타날 수도 있고, 불면으로 나타날 수도 있고, 번아웃이나 공황장애로 나타날 수 있고, 신체적 질병으로 나타날 수도 있다.

당신은 핵심 감정을 어떻게 방어했을까?

우리는 누구나 보호본능을 가지고 있다. 주먹이 날아오면 반사적으로 피하는 것처럼 물리적인 위협과 고통에서 자신을 보호하려고 한다. 이는 심리적인 측면에서도 다르지 않다. 인간은 심리적 위협과 고통에 대해서도 보호본능이 작동한다. 무의식적으로 자신을 속이거나 상황을 다르게 해석하거나 감정을 회피함으로써 자신을 보호하려고 한다. 이를 방어기제defense mechanism라고 한다. 이는 기본적으로 무의식적으로 작동하고, 사실이나 상황을 왜곡하는 경향성을 지니고 있다. 핵심 감정 또한 그렇다. 핵심 감정은 방어기제로 인해 잘 인식되지 못할뿐더러 직접적으로 드러나지 않는 경우가 많다. 그 기본적인 방어는 감정을 최소화하는 방향으로 작동한다.

변호사 경준 씨의 부모는 자주 싸웠다. 괜히 말리려고 하다가 아빠한테 발로 차인 적도 있었다. 그가 할 수 있는 것은 아무것도 없었다. 그냥 보지 않고 듣지 않는 것이 최선책이었다. 그렇기에 부모의 싸움이 벌어지면 방에 들어가 헤드폰을 끼고 게임을 했다. 그리고 누구에게도 집안 이야기는 하지 않았고, 아무 일도 없는 것처럼 학교에 다녔다. 이는 그 당시 상황에서는 자신을 보호할 수 있는 효과적인 방법이었다. 그러나 문제는 어른이 되어서도 갈등이 생기면 자기표현을 하지 않고 피해버린다는 사실이다. 경준 씨의 사전에는 갈등을 대화로 풀 수 있다는 시나리오 자체가 존재하지 않는다. 대화보다는 침묵하는 것, 싸우는 것보다 피하는 것, 가까워지는 것보다 거리를 두는 것밖에 모른다. 그렇다 보니 이렇다 할 갈등을 겪을 만큼 친한 사이도 없고 사소한 갈등이 있더라도 대화로 풀어 본 적이 없다. 지금 아내와의 관계도 마찬가지이다. 갈등 상황이 생기면 대화를 피한다. 그냥 방에 들어가 영상을 본다.

일상을 통제하고, 갈등을 회피하는 그의 모습은 나이가 들수록 점점 강화되고 있다. 상처받지 않으려고 대처했던 방어기제가 나이 들수록 더욱 공고해진 것이다. 이렇게 심리적 고통에 대한 자동적인 방어 시스템이 자리를 잡고 나면 그 위협이 사라지고 난 뒤에도 그 시스템은 계속해서 자신을 보호하기 위해 동일한 방식으로 기능한다. 그러므로 우리는 자신의 자동적인 방어 프로그램을 살펴보고 의식적으로 '업데이트'를 해야 한다. 핵심 감정에 대해 흔히 동원되는 방어기제는 억압, 부정, 투사, 주지화, 반동형성, 이상화 등이다. 이를 통해 한동안 자신의 심리적 고통을 잘 느끼지 않고 상처를 감출 수 있다. 하지만 핵심 감정의 독은 점점 깊어진다. 무엇보다 제 나이에 맞는 심리 발달이 제대로 이루어지지 않는다. 게다가 잘 감춘 것 같았던 핵심 감정도 어느 시점에 가면 둑이 무너지듯 그 방어가 허물어져서 여러 문제가 한꺼번에 드러나게 된다. 그러므로 겉으로 드러나는 증상을 가라앉히는 것이 중요한 게 아니라 이를 빚어내고 있는 상처와 미성숙한 방어를 이해하고 치유하는 과정이 필요하다.

이 책에서는 개별적인 방어기제를 하나하나 나열하기보다는 큰 틀에서 핵심 감정에 대한 '방어 양식defense mode'을 살펴보기로 한다. 방어 양식은 제프리 영Jeffrey E. Young의 심리 도식 치료에 나오는 부적응적 대처 방식을 참고 삼아 정리했다. 이는 핵심 감정에 대한 부적응적 반응을 잘 알아차리고 새로운 반응을 만들어내는 데 도움이 된다. 이러한 방어기제와 반응 양식은 몸과 동떨어져 있는 게 아니라 신경계의 스트레스 반응과 닮아 있다. 인간도 인간이기 이전에 동물이기에 가장 전형적인 스트레스 반응은 '3F'이다. 바로 '도망Flight', '마비Freeze', '싸움Fight'을 말한다. 거기에 사회적 특성으로 인해 '비위 맞춤Fawn Response 반응'이 있다고 이야기했다. 핵심 감정에 대한 방어 양식 역시 기본적인 스트레스 반응에 기반하고 있다. 여기에서는 크게 다섯 가지 양식으로 나누고자 한다. 이러한 양식은 편의상 구분했을 뿐, 실제 한 사람에게 여러 가지 방어 양식이 나타날 수 있다.

1. 순응compliance 모드: 이는 스트레스 반응 중 마비에 가깝다. 핵심 감정에 별다른 대응을 하지 못하고 그대로 끌려가는 것을 말한다. 즉, 핵심 감정의 내용과 경향성에 따라 반응하고 행동하게 된다. 핵심 감정이 수치심이라면 다른 사람 앞에서 자꾸 위축되고, 자신이 형편없는 사람인 것처럼 자기 비하하는 모습을 보일 수 있다. 울분이라면 사사로운 불공평함이나 상대의 소홀함에 예민하게 화가 폭발할 수 있고, 무력감이라면 스트레스 상황에서 얼어붙어 버리거나 마비되어 버리는 경우를 들 수 있다. 근본적 불안이라고 하면 자신이 약하다는 느낌 때문에 누군가에게 의존하거나 비위를 맞추는 등 순응하는 모습일 수 있다. 그리고 만성적 공허감이라면 혼자 고립된 채 지낼 수도 있다. 이는 그 핵심 감정과 거리를 두지 못하고 그 감정

과 '동일시'되기 때문이다. '내가 수치스러운 감정을 느껴'가 아니라 '내가 수치스러워'가 되어버리고, '내가 지금 무기력감을 느껴'가 아니라 '나라는 사람 자체가 무기력해'가 되어버린다. 그렇기에 행동 역시 핵심 감정의 내용에 따라 그대로 반응하기 쉽다. 즉, 순응 모드는 방어기제가 작동한다기보다 방어기제가 작동할 새 없이 강렬한 감정에 그대로 끌려가는 것을 말한다.

2. 회피avoidance 모드: 이는 스트레스 반응 중 도망에 가깝다. 핵심 감정을 계속해서 피하려고 하는 것을 말한다. 이는 안팎으로 이루어진다. 즉, 핵심 감정이 유발될 수 있는 외적 상황이나 경험을 계속 피하는 것은 물론이거니와 그런 감정이 느껴질 때 재빨리 감정을 억압하거나 차단하는 것을 말한다. 핵심 감정을 회피하기 위해서 술이나 음식 등에 탐닉할 수도 있고 자신도 모르게 다른 감정으로 핵심 감정을 덮어 버릴 수도 있다. 예를 들어, 원초적 수치심을 핵심 감정으로 가지고 있다면 회피 모드로 자신의 부족함이 드러날 수 있는 상황 자

체를 피하는 경우가 많다. 도전을 하지 않고 쉬운 일만 하거나, 어디에서든 눈에 띄지 않게 행동하려고 하거나, 심한 경우 단체생활이나 사회적 활동을 기피할 수도 있다. 물론 그럼에도 피할 수 없는 상황이 있을 수 있다. 그럴 때는 술을 많이 마시거나 계속 잠을 자는 것으로 그 감정을 회피할 수도 있다. 또한 분노라는 이차 감정에 의해 원초적 수치심을 느끼지 못할 수도 있다. 상대방이 자신의 의견에 반대했을 때 원초적 수치심이 유발되었다면 이는 분노라는 이차 감정으로 가려져서 상대를 공격할 수도 있다. 만성적 공허감이라면 그러한 감정을 피하기 위해 계속 일정을 만들거나 일에 파묻힘으로써 그 감정을 회피할 수도 있다. 그리고 만성적 공허감을 제대로 느끼기도 전에 이차 감정으로 외로움이 일어나 사람들과 의미 없는 시간을 같이 보내려고 할 수 있다. 회피 모드의 가장 대표적인 방어기제는 부정, 합리화, 주지화, 신체화 등이다.

3. 과잉보상overcompensation 모드: 이는 스트레스 반응

중 투쟁과 가깝다. 물론 크게 보면 회피의 일종이라고 할 수도 있다. 하지만 단순히 핵심 감정을 피한다기보다는 핵심 감정과 반대로 반응하기 때문에 별도의 양식으로 구분했다. 물론 그 의도는 핵심 감정을 꼭 감춘다기보다 극복하기 위해서였을 수 있다. 하지만 그 의도와 다르게 과잉보상은 지나치게 과도한 노력으로 인해 신경증 상태를 유발한다. 원초적 수치심이라면 자신이 괜찮은 사람처럼 보이기 위해 과도한 성취나 인정에 매달리거나 오히려 다른 사람 앞에서 자신을 과시하거나 특권의식을 지닐 수도 있다. 만성적 공허감이라면 정신적 세계에 탐닉하여 행복과 깨달음에 집착할 수 있고, 울분이라고 한다면 오히려 다른 사람을 위해 봉사하고 헌신하는 삶을 살아갈 수도 있다. 다만 자신의 핵심 감정을 감추기 위한 과잉 보상과 핵심 감정이 잘 해소된 뒤에 나타나는 긍정적 변화는 구분해야 한다. 핵심 감정의 승화와 같은 긍정적 변화는 핵심 감정에 대한 방어가 아니라 수용과 통합에 바탕을 두고 있다. 과잉 보상을 유도하는 가장 중요한 방어기제는 '반동 형성 reaction formation'이다. 이는 "미운 자식 떡 하나 더 준다"라는 속담처럼 자신의 원 감정을 감추기 위해 정반대로 행동하는 것을 말한다.

4. 투사projection 모드: 투사는 받아들이기 힘든 핵심 감정에 대하여 그 원인이나 책임을 다른 사람이나 외부에 돌리는 것을 말한다. 그렇기에 이들은 핵심 감정이 올라오면 꼭 비난할 대상을 찾게 된다. 수치심이나 울분이 핵심 감정이라고 하면 자꾸 상대가 의도적으로 자신을 무시하거나 함부로 대한다고 느끼거나, 만성적인 공허감이라고 하면 자꾸 자신에게 무관심하거나 외롭게 하기 때문이라고 상대를 탓한다. 근본적 불안이라고 한다면 세상이 위험하고 사람들이 나쁘기 때문이라고 생각한다. 그리고 단지 상대의 탓으로 돌리는 것을 넘어 투사한 대로 상대가 느끼고 행동하도록 조종하는 '투사적 동일시'도 잘 일어난다. 이는 뒤에서 다시 사례를 통해서 설명하고자 한다. 이러한 투사는 단기적으로는 덜 괴로울지 모르지만, 시간이 지날수록 '원망'이라는 또 다른 감정이 덧붙여짐으로써 대인

관계는 더욱 힘들어지고 삶의 고통은 커진다.

5. 이상화idealization 모드: 핵심 감정으로부터 벗어나기 위해 대상과 경험을 있는 그대로 보는 것이 아니라 이상화시키는 것을 말한다. 특정 대상과 경험을 자신의 모든 문제를 해결해 줄 만큼 완벽하게 보는 것이다. 즉, 그 경험을 하거나 혹은 그 사람과 가까워지면 자신의 모든 문제가 한꺼번에 해결될 거라고 기대하는 것을 말한다. 물론 초기에는 그러한 환상이 충족될 것 같다고 느낄 수 있다. 하지만 시간이 지날수록 그 기대가 채워지지 않기 때문에 심한 좌절에 빠지거나 배신감을 느끼며 비난과 평가절하를 하게 된다.

이제, 그 방어 모드를 하나하나 살펴보자. 그리고 그동안 핵심 감정에 대해 어떻게 방어해 왔는지 깊이 들여다보자.

순응 모드:
핵심 감정에 끌려다니기

마주 오던 사람이 당신 앞에서 칼을 꺼내 든다면 어떨까? 우리는 도망칠 엄두도 내지 못하고 털썩 주저앉거나 얼어붙고 만다. 이를 '얼음 반응 Freezing Response'이라고 한다. 이는 생존의 위협을 느끼지만 벗어날 수 없을 때 자동적으로 이루어지는 자기보호 본능이다. 이 순간은 현실감이 사라지고 이성적인 판단이나 생각 또한 정지되고 아무런 대응도 할 수 없다. 범죄, 재해, 폭력, 고문 등 생존을 위협받는 상황뿐 아니라 한 개인이 감당할 수 없는 스트레스 상황에서도 촉발된다. 이 순간이 지나고 나면 피해자들은 싸우거나 도망치지 못하고 아무것도 하지 못한 자신에 대해 심한 자책에 시달리게 된다. 자신이 다르게 반응했어야 한다고 다그친다. 그러나 이러한 반응은 의식적으로 선택할 수 있는 게 아니라 신경계 차원에서 반사적으로 일어난다. 앞에서도 언급했던 것처럼 등 쪽 미주 신경이 활성화되어 '부동화 반응'이 일어난 것이다. 이는 무기력한 반응처럼 보이지만 이 또한 우리 자신을 보호하기 위해서이다. 그렇게 했기에 우리는 그 위기 상황에서 덜

다치고, 살아남을 수 있게 되었다. 그럼에도 트라우마나 범죄 희생자들은 그렇게 생각하지 않는다. 자신이 바보처럼 행동했다고 괴로워하며 좀 더 이성적이거나 적극적인 대응을 했어야 한다고 생각한다. 심지어 자신이 어린아이였는데도 그렇게 생각하는 경우가 많다. 그러나 거듭 말하지만, 그 상황에서 다른 선택을 할 수는 없었다. 그냥 반사적으로 일어나는 반응이다. 인간은 생존적 위협 상황에서 이성의 뇌가 셧다운된다. 합리적이고 이성적으로 행동할 수 없다. 어릴수록 더 그렇다. 그럼에도 많은 이들은 이렇게 얼어붙어 버린 자신을 자책하고 정죄한다. 그러나 우리는 이해해야 한다. 우리의 몸과 신경계가 우리의 생존을 위해 일으킨 반응인 것임을.

외상적 경험은 우리의 적응 능력을 압도하는 사건이다. 한 인간의 방어체계가 와해된다. 공포와 함께 얼어붙음, 통제 상실, 해리 등의 격한 반응들이 유발된다. 이는 실제 위험이 끝나고 난 뒤에도 지속된다. 경계 태세를 늦출 수가 없고 생생한 감각과 심상으로 계속 사건의 재경험이 일어난다. 이러한 외상 증상이 이어지면 지각은 둔해지고 부분적인 마비나 감각의 상실 등이 일어난다. 시간 감각이 변형되고 경험하고 있는 게 현실이 아닌 것 같은 착각이 들기도 한다. 마치 그러한 일이 일어나지 않은 것처럼 느껴지기도 하고, 부분만 기억되거나 심각하게 왜곡되어 떠오르기도 하고, 영화의 한 장면처럼 경험되거나 무감각하게 느껴질 수도 있다. 이러한 무감각과 비현실감은 견딜 수 없는 고통으로부터 우리를 보호해 주는 해리와 억압의 방어기제라고 할 수 있다. 스티븐 포지스는 그의 저서《다미주 이론》에서 이렇게 이야기한다.

> 어떤 경우에도 나쁜 반응은 없습니다. 오직 적응적인 반응만 있을 뿐입니다. 신경계는 우리를 생존시키기 위해 올바른 일을 하려고 노력할 뿐이므로 신경계가 하는 일을 존중해야 합니다.

어릴 때 이렇게 자주 혹은 강하게 부동화 반응이 일어난 이들은 어른이 되어서도 비슷한 반응을 보이기 쉽다. 두려움과 같은 핵심 감정이 자극될 때마다 얼음 반응이나 해리 반응이 나타난다. 그러나 이를 이해한다고 해서 계속 이러한 얼음 반응이나 해리 반응이 반복되어도 상관없다는 것은 아니다. 감당할 수 없는 생존적 위협이 아니라면 우리는 감정의 뇌와 이성의 뇌를 연결시켜 다르게 대처해야 한다. 이는 순응compliance이 아니라 대응coping을 의미한다. 이러한 순응 모드는 사람에 따라 다르게 나타날 수 있다. 두려움이라는 핵심 감정은 같다고 하더라도 해리와 얼음 반응과 같은 무기력한 순응도 있지만 앞에서 이야기한 은영 씨처럼 비위 맞춤 반응과 같은 좀 더 적극적인 순응도 있다.

한 사람이 여러 가지 순응 방식을 보일 수도 있다. 은영 씨의 경우는 눈치도 많이 보지만, 자기 비하 또한 많이 한다. 직장 업무에서 작은 실수를 하거나 부족함이 느껴지면 친한 동료들을 붙잡고 "나는 왜 맨날 이럴까? 네가 봐도 그렇지?"라며 자기 비하를 한다. 사람들은 그러면 그녀에게 "그렇지 않다"라고 이야기를 해준다. 그녀는 괜찮다는 그 말을 곧이곧대로 받아들이지 않지만 그래도 약간은 마음이 놓인다. 그런데 왜 그녀는 속으로 자기 비하를 하는 게 아니라 이렇게 남 앞에서 자기 비하를 하는 것일까? 그녀는 '근본적 불안' 외에도 '원초적 수치심'이라는 핵심 감정을 함께 가지고 있기 때문이다. 그리고 이를 잘 방어하지 못한다. 그렇기에 그녀는 작은 실수나 부족함이 드러날 때 그저 준비가 부족하다고 생각하기보다 자신이 늘 부족한 사람 같고 자격 없는 사람처럼 느껴진다. 그래서 그녀는 다른 사람들로부터 자신이 '괜찮은 사람'이라는 말을 듣고 싶고, 자기 때문에 안 좋은 일이 생기는 것이 아님을 확인받고 싶어 한다. 그것이 자기 비하로 나타나는 것이다. 그런 자기 비하를 많이 하다 보니 사람들은 점점 '또 저러네!'라며 피곤함을 느낀다. 은영 씨가 이를 모르지 않는다. 그러나 그녀는 멈추지 못한다. 무언가 괜찮다거나 자기 잘못이 아니라는 말을 들어야 마음이 놓이기 때문이다. 그녀의 문제는 자신의 감정을 늘 사실화시키고 그 감정에 융합되어 있다는 데 있다. 자신이 자격 없는 사람처럼 느껴지면 자격 없다고 단정 짓는 것이다. 그리고 그대로 그 감정에 이끌려 간다. 그녀는 상대의 눈치를 보지 않고 사람들 앞에서 자기 비하를 하지 않겠다고 결심하지만 잘 지켜지지 않는다. 핵심 감정인 수치심과 근본적 불안이 웅크리고 있기 때문이다. 그녀에게 필요한 것은 자기 비하를 하지 않겠다는 결심보다는 자기 비하를 만드는 핵심 감정을 이해하고 거리를 두고 이를 해소해야 한다.

회피 모드:
핵심 감정으로부터 도망치기

아파도 병원에 가지 않는 사람들이 있다. 말로는 바빠서라고 하지만 사실은 병원에 가서 큰 병을 진단받을까 봐 두려워 못 가는 이들이 많다. 물론 그러다가 저절로 좋아질 수도 있다. 그러나 계속 그럴까? 초기에 치료했더라면 어렵지 않았을 텐데, 병을 키운 바람에 치료가 잘되지 않을 수도 있다. 호미로 막을 일을 가래로 막게 되거나 끝내 가래로도 막지 못할 만큼 문제가 커지는 경우가 다반사이다. 이렇게 문제가 커진 것은 결국 '회피' 때문이다. 아이들은 무언가 두렵고, 어렵고, 힘들게 느껴지면 우선 피하려고 한다. 무작정 피한다. 하지만 어른들은 피한다고 해결될 문제가 아니라면 맞닥뜨린다. 물론 어른이라고 다 그런 것은 아니다. 어떤 이들은 어른이 되어도 조금만 불편하고 힘들 것 같으면 피해버린다. 조금만 생각해 보면 나중에 더 큰 문제가 될 텐데도 그냥 도망치고 만다. 만약 그렇게 해서 크게 혼이 났다면 달라질 수도 있겠지만 누군가 대신 해결을 해주거나 혹은 운이 좋게도 저절로 해결이 되어버린다면 회피하는 습성은 더욱 강화되고 만다.

결국 습관적으로 회피하게 된다. 상황이 어떤지를 살펴보고 내가 할 수 있느냐를 따지지도 않고 '불편하거나 어려운 것 같은 느낌'이 들면 자동적으로 피해버리는 것이다. 이는 점점 확대된다. 처음에는 학교 과제를 피했다면 나중에는 사람들과 약속을 지키거나 돈을 벌어야 하는 책임까지 점차 회피한다.

사실 습관적 회피가 아니라면 회피는 잘못된 게 아니다. 회피는 기본적으로 자기보호이다. 감당할 수 없을 때는 피해야 한다. 비바람이 거세게 불고 파도가 높으면 바다 위의 배들은 항구로 대피한다. 닻을 내리고 밧줄로 고정하여 파손을 최소화한다. 삶의 풍파도 마찬가지이다. 풍파가 거세게 휘몰아칠 때는 피해야 한다. 안전한 곳에서 피해를 최소화해야 한다. 야간에 으슥한 골목길에서 강도를 당했다면 당분간 어두운 밤길을 다니지 못하는 것은 이상한 일이 아니다. 일단 진정될 때까지 밤길을 피해야 한다. 그리고 충격이나 고통이 가신 다음에 서서히 일상을 회복하면 된다. 마치, 풍랑이 잦아들면 배가 다시 바다로 나아가는 것과 같다. 문제는 고통이 가시고 시간이 지나감에도 불구하고 계속 회피할 때이다. 핵심 감정은 강렬한 감정적 고통이기에 흔히 회피를 불러일으킨다. 핵심 감정을 유발할 수 있는 외적 상황을 피하려고 하고, 핵심 감정과 유사한 감정을 피하거나 억누르게 된다. 버림받은 공포가 핵심 감정이라면 가까운 인간관계를 피함으로써 재경험을 하지 않으려고 하거나 떨어지지 않으려고 계속 매달릴 수 있다. 반복적인 거절로 수치심이라는 핵심 감정을 가지고 있다면 자신의 부족함이 드러날 수 있는 상황을 계속 피할 수 있다. 남 앞에 나서지 않으려고 하거나 자신이 충분히 할 수 있는 일조차도 시도하지 않거나 거절해도 되는 일조차 거절하지 못할 수 있다. 안전지대에만 머무르려고 하는 것이다. 문제는 시간이 지날수록 안전지대는 점점 더 좁아지고 만다는 것이다. 이렇게 핵심 감정을 가지고 있는 이들은 외적 경험을 피하려고 하기 때문에 목적적이고 주도적인 행위를 억제당하기 쉽다. 앞날을 계획하지 못하고 의미 있는 목표나 꿈을 가지고 살아가는 것 또한 어렵다. 수동적으로 살아가기 쉽다. 이렇듯 핵심 감정은 한 인간의 자율성, 주도성 그리고 지향성을 무너뜨린다. 문제는 이를 핵심 감정이나 외상과 관련지어 생각하지 못한다는 점이다. 그냥 그 사람의 성격적 특징이라고 여긴다. 스스로도 그렇게 생각한다. 미래가 지워지고 축소된 삶을 살아가는 것 자체를 자신이 못나서라고 생각한다. 혹은 원래 소심하고 수동적으로 태어나서 그렇다고 보는 것이다.

이렇게 핵심 감정이 자극될 수 있는 외적 경험을 회피하는 것도 문제이지만 더 심각한 것은 내적 경험을 계속해서 피하려는 데 있다. 이들은 힘든 감정, 생각, 기억, 신체감각 등을 느끼지 않기 위해 애를 쓴다. 이를 위해 감정이 유발되는 상황을 피하려고 하고 무엇에도 집중하지 못한다. 한 곳에 혹은 한 사람에게 집중하지 못하고 주의를 자꾸 이곳저곳으로 옮기는 산만함, 늘 강 건너 불구경하는 것 같은 관찰자 같은 모습, 상대에게 잘 반응하지 않고 굼뜨게 행동하는 것 등도 무의식적 회피 전략이 될 수 있다. 그리고 무의식적이지만 힘든 감정을 자꾸 신체 증상으로 전환하는 '신체화' 역시 흔한 회피 방식이 될 수 있다. 물론 강렬한 고통을 빠르게 회피하는 가장 효과적인 방법은 기분을 좋게 해주는 물질이나 활동에 탐닉하는 것이다. 즉, 가장 강하고 효과적인 회피 방법은 중독이다. 이는 술, 게임, 쇼핑, 음식 등과 같은 누구나 아는 노골적인 대상일 수도 있지만 일이나 운동과 같은 긍정적으로 보이는 활동이 될 수도 있다.

또 자주 볼 수 있는 회피의 방식은 과도하게 이성적으로 대처하는 것이다. 이들은 감정을 경험하지 않고 바로 각종 정보를 수집하고 상황을 분석하고 하나하나 정확하게 설명하려고 하고 가장 좋은 방법을 찾아내려고 한다. 생각으로 감정을 차단하는 '주지화intellectualization'라는 방어기제이다. 이는 흔히 이성적이고 성숙한 태도로 보일 수 있기 때문에 점점 강화된다. 즉, 일상에서 감정을 배제하고 머리로 살아가는 것이다. 이들은 감정을 잘 못 느낄 뿐만 아니라 감정의 기반인 몸의 감각을 잘 알아차리지 못한다. 이들은 머리로만 세상을 분석하고 살아가기에 갈수록 감정과 몸의 감각을 잃어간다. 즉, 물기가 사라진다. 이들은 오랜 시간 동안 감정과 이성을 맞바꾼 대가를 잘 알지 못한다. 오히려 자신을 침착하고 이성적이고 어른스럽다고 생각한다. 그렇기에 감정에 휘둘리지 않고 '감정 없는 지적 자아'로 살아가는 자신을 우월하게 여긴다. 그리고 감정적인 반응을 보이는 이들을 미숙하게 바라보기도 한다. '나라는 인간은 감정적인 사람들에 비해 얼마나 성숙한가!'라고 말이다. 그러나 시간이 지날수록 이들은 자신의 삶에서 중요한 무언가가 빠져 있는 것 같은 느낌을 감출 수 없다. 뭔가 진실하지 못한 삶을 사는 것 같다는 느낌을 지울 수가 없다. 나이가 들면서 겉으로만 어른스럽게 보일 뿐 속으로는 해결되지 못한 무언가가 버둥거리고 있음을 어렴풋하게 느낀다. 물론 잘 설명할 수 없다. 자신의 고통스러운 감정을 감춘 채 내면과 접촉하지 못하고 지적성장에 몰두했기 때문이다. 이렇듯 핵심 감정을 가진 이들은 여러 가지 방식으로 핵심 감정을 유발하는 상황 그리고 감정 자체를 피하게 된다.

과잉보상 모드:
핵심 감정과 반대로 살아가기

시선공포증을 가지고 있는 사람들은 사람들의 시선을 잘 쳐다보지 못할까? 너무 상식적인 질문이 아닐 수 없다. 부분적으로는 맞다. 심한 경우 사람들의 눈을 잘 쳐다보지 못한다. 그러나 계속 시선을 피하면 사람들은 눈치채게 된다. 그러므로 시선공포증을 가지고 있는 사람 중에는 정반대로 행동하는 경우도 있다. 오히려 계속 상대의 눈을 바라보면서 대화하는 것이다. 물론 속으로는 불편하고 신경 쓰인다. 하지만 시선공포가 있다는 것을 들키고 싶지 않기 때문에 힘들어도 그렇게 방어한다. 얼마나 힘들겠는가! 문제는 들키지 않기 위해서 지나치게 상대의 눈을 보면서 대화하는 경우이다. 적당한 선이면 괜찮겠지만 지나치면 상대는 불편해질 수밖에 없다. 이렇듯 인간의 심리와 행동은 복잡하다. 마음과 표현은 종종 일치하지 않을뿐더러 반대로 표현될 수도 있다. 수치심의 영향력도 그렇다. 수치심에 압도되어 다른 사람 앞에서 자기비하를 하는 이들도 있지만 정반대로 행동하는 이들도 있다. 자신이 뭐라도 되는 것마냥 자기과시를 일삼는 것이다. 수치심이라는 똑같은 핵심 감정이 있더라도 그 반응은 정반대로 나타날 수 있다.

이렇게 노골적으로 자기를 과시하는 것은 아니라고 하더라도 어떻게든 남보다 더 나아 보이려고 애쓰거나 사람들의 인정이나 관심에 유난히 신경을 쓰는 이들이 있다. 이 또한 수치심이라는 핵심 감정에 대한 과잉보상과 관련이 있다. 자신이 초라하고 부적절하고 쓸모없고 잘못된 것 같은 느낌 때문에 이를 감추고 자신이 괜찮은 사람임을 자꾸 입증해 보이려고 하는 것이다. 이는 경우에 따라 좋은 사람이라는 칭찬을 받거나, 영웅적인 노력으로 우수한 성취를 이뤄낼 수도 있다. 그러나 칭찬을 받고 성취를 이루면 마음의 평화가 찾아오고 모든 게 해결이 될까? 그런 일은 벌어지지 않는다. 수치심과 싸울수록 수치심은 더 단단해진다. 화장을 많이 할수록 맨얼굴을 드러내고 다닐 수 없는 것처럼, 자신의 작은 부족함조차 드러내지 않고 좋은 모습만 보이려고 애쓴 사람은 점점 더 부족한 모습을 드러내지 못한다. 이러한 방어적 인격체는 다른 사람과의 관계까지 겉돌게 만듦으로써 상처를 치유할 수도 있는 진실한 만남마저 스스로 차단시키고 점점 고립시킨다.

'나는 왜 이것밖에 안 될까?'

이런 생각에 자주 빠져드는가? 그렇다면 당신은 이미 완벽주의에 물들어 있다고 볼 수 있다. 완벽주의는 흔히 수치심에 대한 과잉보상으로 나타난다. 이들은 자신의 감정, 상태, 컨디션, 상황 등을 중요하게 여기지 않고 한결같이 잘해야 한다고 다그치고, 그에 부합되지 못하면 자책과 비난에 빠진다. 이들에게 중요한 것은 오직 '당위'

즉, 이상적 자아이다. '나는 이런 사람이어야 한다'라는 그 기준에 자신이 부합하느냐 부합하지 못하느냐가 중요할 뿐이다. 이들에게 자기 자신은 고유한 존재가 아니라 이상적 자아에 도달하기 위한 수단에 불과하다. 자신이 한 인간으로서 어떤 사람이고 무엇을 느끼느냐에 관심을 두지 않고 자신의 가치와 능력을 입증해 보여야 하는 '수단적 자기'로 자신을 대할 뿐이다. 그마저도 쉽지 않다. 자신을 어르고 달래지도 못하고 원하는 목표를 향한 채 찍질 말고는 할 수 있는 게 없기 때문이다. 그렇기에 가치와 능력을 입증하기는커녕 계속 무리한 욕심과 마구잡이 비하를 오갈 뿐이다. 이들은 끊임없이 '저것'에 바로 도달하기를 바라고 '나는 왜 이것밖에 하지 못할까?'에 사로잡혀 있을 뿐 '이것'에서 '저것'으로의 다리를 만들지 못한다.

이들은 이상과 현실의 불일치가 크기 때문에 늘 자신을 자책하고 비난하면서도 그 이상을 낮추지 못한다. 이상이 너무 높은 게 고통의 원인이라면 이상을 좀 더 현실적인 기준으로 낮춰야 하지 않는가! 그것이 상식이다. 하지만 이들은 자신이 쓰러질 때까지 그 기준을 낮추지 못한다. 수치심이라는 핵심 감정 때문이다. 이들은 지금 모습으로는 사랑받을 수 없다는 자기부정의 느낌이 영혼 깊숙이 각인되어 있다. 그렇기에 자신이 괜찮은 사람이라는 증명을 해내기 위해 가혹한 채찍질을 멈추지 못한다. 이들 중에는 피폐해질 대로 피폐해진 뒤에서야 자신을 왜 그렇게 대해왔는지 돌아보는 이들이 있다. 그리고 뒤늦게 핵심 감정과 마주하고 나서 자신이 처음부터 잘못된 존재라는 그 뿌리 깊은 느낌이 자신의 진짜 모습이 아니라 과거의 부정적 경험으로 드리워진 그림자였음을 깨닫게 된다. 이렇듯 과잉보상 모드는 우리를 화해할 수 없는 자기 불일치 상태로 만들고 자기분열과 자기소진으로 치닫게 한다.

투사 모드: 핵심 감정을 떠넘기기

투사는 자신이 받아들이기 힘든 감정이나 충동의 원인과 책임을 다른 사람에게 돌리는 것을 말한다. 핵심 감정은 아주 강렬하고 이질적이고 깊이 억압되어 있기에 자기도 모르게 투사가 일어난다. 과거 다른 사람과의 관계에서 빚어진 감정이지만 온전히 현재 관계를 맺고 있는 상대와의 감정이라고 느끼기 쉽다. 앞에서 이야기한 민주 씨의 경우도 그렇다. 울분이라는 핵심 감정과 '혼자 애쓰지만 받은 게 없다'라는 그 핵심 서사는 가까운 사람들과의 관계에서 계속 반복되고 있다. 그 핵심 감정을 갖게 한 부모와의 관계에서는 정작 풀지 못했기 때문이다. 그렇기에 그 대상을 달리할 뿐 그 감정과 서사는 하나의 패턴처럼 반복되고 있다. 사실 투사는 자신에게 그 문제를 해결할 힘이 없다는 것을 반증한다. 만약 자신이 문제를 해결할 힘이 있다고 느낀다면 굳이 다른 사람 탓을 하지 않아도 된다. 핵심 감정의 투사도 마찬가지이다. 핵심 감정을 해소할 수 있는 희망이 있고 더 나아가 힘이 있다고 느낀다면 투사는 줄어들기 마련이다. 그리고 상대에게서 느끼는 그 감정의 상당 부분이 자신의 내부에서 투사된 감정임을 받아들이게 된다. 민주 씨의 경우라면 '내 안에 이러한 억울함이 오랜 시간 동안 쌓여 있었던 거구나! 그래서 사소한 일에도 쉽게 억울함이 올라오는구나'라고 알아차리게 된다.

또 다른 경우를 살펴보자. 미희 씨는 대학을 중퇴하고 서너 군데 직장생활을 전전하다가 최근 5년 동안은 일을 하지 않고 있다. 엄마와 집에서만 생활한다. 그녀는 자신이 경제활동과 사회생활을 잘하지 못하는 것에 대해 전적으로 부모 탓을 한다. 부모가 어릴 때부터 자주 싸우고 예민한 청소년기에 이혼해서 자신이 친구도 제대로 사귀지 못하고 공부도 할 수 없었다는 것이다. 엄마는 그런 이야기를 들을 때마다 너무 미안하다. 딸의 모든 문제가 다 자기 잘못 같아 죄인과 같은 심정이다. 그렇기에 엄마는 미희 씨가 자신을 원망하고 분노를 터뜨릴 때마다 눈물을 흘리고 사과를 한 적이 많다. 심지어 딸이 자신에게 빌라고 해서 빈 적도 있다. 딸이 무례하게 말하고 행동하거나 집안 상황에 맞지 않게 큰돈을 써도 뭐라고 말을 하지 못한다. 몸이 부서져라 일해서 미희 씨가 원하는 것을 어떻게든 하게 해준다. 게다가 늦은 시간까지 일하고 집에 와서는 밤늦게까지 또 집안일을 한다. 그에 비해 미희 씨는 집에서 살림은 고사하고 자기 방 청소도 제대로 하지 않는다.

앞으로는 어떨까? 엄마가 잘해줄수록 미희 씨의 원망은 줄어들까? 안타깝지만 그렇지 않다. 미희 씨의 고립은 점점 깊어만 간다. 그리고 부모에 대한 원망은 더했으면 더했지 덜하지 않는다. 전문기관의 치료를 받지 않는 것도 아니다. 몇 년 전부터 대학병원 정신건강의학과에서 약을 먹고 있지만 별로 달라지는 것은 없다. 오히려 약을 복용하는 것이 자신의 과거 상처가 얼마나 크고 깊은 것인가에 대한 증표가 되어버렸다. 엄마 때문에 정신과 환자가 되었다고 탓을 한다. 엄마는 막막하다. 자신이 죽기 전에 딸이 잘 살 수 있도록 도와주고 싶은데 현실은 정반대이다. 이제 미희 씨는 부모 때문에 폐인이 되었으니 자신이 일하지 않고도 먹고살 수 있도록 엄마가 모든 것을 다 마련해 놓으라고 윽박지른다.

이렇듯 핵심 감정은 투사를 통해 원망의 감정을 키워낸다. 이 원망은 상처를 더욱 덧나게 한다. 이 감정은 기본적으로 자신이 겪는 고통과 어려움이 모두 부당한 것이며, 전적으로 상대나 환경 때문이라고 탓을 하는 강렬한 투사적 감정이다. 이 원망의 감정은 탓을 할 상대가 존재하지 않다면 흔히 가까운 사람들에게 향하게 된다. 미희 씨는 예전에는 엄마 역시 아빠로 인해 많은 상처를 받았기에 엄마에 대해 연민의 마음을 가지고 있었다. 아빠와 헤어지는 것에 대해서도 적극 찬성했다. 하지만 이제 자신을 힘들게 했던 아빠는 눈앞에 없고 엄마만 있다. 그 원망은 모두 엄마에게 쏠리고 있다. 원망이 만성화되면 과거의 사건에 계속해서 집착하게 됨으로써 그로 인해 모든 게 잘못되었고, 앞으로도 달라질 게 없다는 느낌을 불러일으킨다. 삶의 모든 게 엉망이 되었다고 느끼는 것이다. 그리고 그럴수록 상대와 과거를 탓하게 된다.

만성적인 원망은 점점 '투사projection'에서 '투사적 동일시projective identification'로 옮겨가게 된다. 쉽게 말해 투사가 심해지는 것이다. 투사가 자신이 받아들일 수 없는 감정이나 충동을 상대에게 떠넘기는 것이라면, 투사적 동일시는 상대방이 투사된 대로 느끼고 반응하도록 조종하는 것을 말한다. 원망이라는 감정을 예로 들어 보자. 투사적 동일시는 원망을 가까운 상대에게 투사하고, 상대가 그 원망을 받아들여 죄책감을 느끼고 이를 보상하기 위해 계속 애쓰도록 조종하는 것을 말한다. 자신의 삶이 망가졌다고 느낄수록 투사된 원망의 크기는 커지고, 그에 따라 상대의 죄책감 또한 강해진다. 그 결과, 투사적 동일시는 점점 현실로 굳어진다. 미희 씨의 엄마도 그렇게 느끼고 있다. 자신이 딸의 인생을 망친 형편없는 엄마이며, 어떻게든 이를 보상해 줘야 한다고 느낀다. 이를 위해 딸이 해달라는 대로 다 해주고 있다. 그러나 딸은 회복이나 독립으로 나아가기는커녕 더욱 과거에 매달리고 파괴적 관계로 치닫고 있다. 한쪽은 계속 원망을 퍼붓고, 한쪽은 계속 죄책감을 느끼며 이를 달래는 것이다. 도대체 이 원망의 악순환은 언제까지 이어질까?

이상화 모드:
경험과 상대를 이상화하기

'원시적 이상화 primitive idealization'는 자기나 대상을 완벽하게 보는 것을 말한다. 이는 어린아이에게는 자연스러운 일이다. 아이들은 흔히 부모를 이상화한다. 자신의 부모가 가장 힘이 세다고 보고 자신의 모든 문제를 해결해 주는 전지전능한 존재라고 생각한다. 그러나 이러한 부모상은 깨어지기 마련이다. 현실의 부모는 계속해서 실망과 좌절을 안겨주는 존재이기 때문이다. 이는 발달의 자연스러운 과정이다. 그 손상을 통해 부모의 양면을 바라보고 통합하게 되면 건강한 '자아 이상 ego-ideal'이 발달한다. 물론 그 손상이 너무 심하지 않을 때의 경우이다. 손상이 심하면 실망, 분노 그리고 배신감 등으로 인해 이상화했던 대상은 정반대로 형편없는 사람이나 나쁜 사람으로 전락할 수도 있다. 이렇게 원초적인 이상화로 인해 생겨난 좌절감을 방어하기 위해 상대를 과도하게 평가절하하고 비난하는 것을 '원초적 평가절하 Primitive devaluation'라고 이야기한다. 이 역시 투사의 일종이다. 이러한 '원초적 평가절하'라는 방어기제가 작동되면 관계의 모든 문제는 상대의 문제가 되고 만다.

이러한 원초적 이상화는 꼭 사람에게만 적용되는 것이 아니다. 경험을 이상화시킬 수도 있다. 즉, 그 경험을 하면 모든 문제가 해결될 것이라고 보는 것이다. 예를 들어, 굿을 하면 자신의 모든 상처가 씻은 듯이 다 사라질 거라고 생각하는 것을 말한다. 핵심 감정을 가지고 있는 이들은 원초적 이상화를 많이 사용한다. 삶의 반복적인 고통과 문제에 시달리다 보니 이를 한꺼번에 그리고 깨끗하게 해결하고 싶은 것이다. 특히 수치심이나 열등감 그리고 무력감을 가지고 있는 이들이 그런 경우가 많다. 이들은 어느 대학이나 좋은 직장에 들어가거나 성형수술을 하거나 혹은 유학만 다녀온다면 자신의 문제가 다 해결될 것처럼 생각한다. 마치 마라톤을 완주하거나, 배낭여행을 다녀오거나, 책 한 권을 쓰고 나면 삶이 크게 달라질 것이라고 기대하는 것과 같다. 과연 그런가? 현실은 그렇지 않다. 어떤 하나의 경험으로 모든 고민이나 불만, 고통이 전부 해소되는 일은 존재하지 않는다. 빛이 강할수록 그림자가 짙을 뿐이다. 기대가 클수록 실망도 크다. 이러한 모든 이상화는 결국 심한 평가절하devaluation로 이어진다. 이는 결국 더 큰 절망으로 빠져들게 된다.

이러한 원초적 이상화는 사람을 통해 더 자주 일어난다. 건강한 어른도 예외는 없다. 그렇다면 어른에게는 언제 원초적 이상화가 일어날까? 사랑할 때이다. 사랑은 대상을 이상화한다. 그러나 그만큼 골도 깊다. 상대를 위해 모든 걸 다 바칠 수 있을 것 같던 마음은 어느 순간 상대를 미워하는 마음으로 바뀌고 만다. 혹은 사랑이 모든 걸 해결해 줄 것이라는 환상에 사로잡혔다가 반대로 이 세상에 사랑 따위는 없다는 냉담에 빠지고 만다. 어떻게 한 대상에게 이렇게 상반된 감정과 생각을 가질 수 있을까? 원초적 이상화가 작동되기 때문이다. 그러나 건강한 어른에게는 이 원초적 이상화가 심하게 나타나지 않는다. 나타난다고 하더라도 일시적이다. 오히려 그로 인한 좌절을 통해 상대의 양면을 통합하고 현실적으로 바라보게 된다. 하지만 핵심 감정을 가지고 있는 이들은 그럴 수가 없다. 이들은 사랑이 자신의 모든 문제를 한꺼번에 해결해 줄 탈출구라고 여기고, 사랑을 통해서 자신이 구원받거나 삶이 크게 바뀔 것이라는 환상을 품고 있다. 이들은 자신의 환상이 깨지고 나면 그것을 상대방의 탓으로 돌린다. 상대로부터 상처받았다고 느끼는 것이다. 그러나 과연 누가 상처를 준 것일까? 상대를 이상화하는 이들은 한 인간을 이해하고 사랑할 줄 모르는 이들이다. 그 사람을 사랑한 것이 아니라 자신의 이상을 사랑한 것뿐이다. 이들은 사랑의 아픔을 통해 사랑을 배우지 못하고 늘 대상을 바꿔가며 환상과 실망을 반복한다. 이들에게 사랑은 오랜 우울과 무의미한 현실에서 벗어나는 도피처이기에 언젠가는 운명적인 사랑을 할 것이라는 기대를 포기하지 않는다. 마치 동화처럼 두꺼비가 왕자로 바뀌듯 그날이 오면 현실이 한꺼번에 바뀔 것이라는 기대를 품고 살아간다. 마치 목마른 사람이 물을 마시는 것을 포기할 수 없는 것과 같다. 그러나 이들은 자신의 문제를 모두 상대를 통해 해결하려고 하기 때문에 결국 그 끝은 원초적 평가절하로 매듭짓고 만다. 상대가 8~9개를 잘해주었다고 하더라도 1~2개를 잘 못해주었다고 느끼면 상대를 형편없는 사람으로 취급하고 만다. 그 모든 게 상대 때문이라고 생각한다. 다른 이를 만나도 이 '원초적 이상화-원초적 평가절하의 악순환'은 계속 반복된다. 핵심 감정이라는 상처가 아물지 않는다면 이 양극단을 오가는 조울증적인 사랑 패턴은 달라지지 않는다.

인간은 사랑하며 살아간다. 인간은 근본적으로 불완전한 존재이기 때문이다. 사랑이야말로 인간의 불완전함에 대한 가장 확실한 해법이다. 그것은 사랑을 통해 서로가 완전해진다는 의미가 아니라 사랑을 통해 서로의 불완전함을 허락할 수 있기 때문이다. 그것은 사랑만 하면 저절로 이루어지는 것이 아니라 실망과 다툼을 거치면서 서로의 불완전함을 이해하고 수용하는 과정을 부단히 거치면서 연마된다. 그렇기에 모든 인간이 불완전한 것처럼 모든 사랑 또한 불완전할 따름이다. 그것이 바로 '건강한 사랑'이다. 소설가 조지 오웰은 "인간으로 존재한다는 것의 핵심은 완전함을 바라지 않는 것이다"라고 했다. 우리는 사랑을 통해 서로의 불완전함을 허락할 수 있어야 한다. 그것이 바로 성숙한 사랑이다. 그리고 한 걸음 더 나아가 건강한 이상화로 나아가야 한다. 상대를 자기 구원의 대상으로 이상화시킬 것이 아니라 서로의 가능성을 염두에 두고 서로가 서로의 특별함을 찾고 계발할 수 있도록 도와주는 것이다.

핵심 감정에 대한 방어

3장에서는 우리가 핵심 감정에 어떻게 방어하는지를 살펴보았다. 핵심 감정은 강렬한 고통스러운 감정이기 때문에 우리는 이를 받아들이고 경험하려고 하기보다는 어떻게든 회피하고, 억누르고, 제거하고 싶어 한다. 그렇기에 다양한 방어기제가 개입된다. 이 책에서는 핵심 감정에 대한 대표적인 방어 모드를 다섯 가지로 나누어 살펴보았다. 물론 한 사람이 어느 한 방식으로만 반응한다기보다 여러 가지 방식으로 반응할 수도 있다. 이 중 자신의 주된 방어 모드가 무엇인지 그리고 언제, 어떤 모습으로 드러나는지 관찰하고 기록해 보자.

방어 모드	설명	예
순응 모드	핵심 감정을 방어하지 못하고 핵심 감정에 그대로 끌려다니는 상태.	핵심 감정에 따라 그대로 끌려 간다(소리 지르기, 떼쓰기, 행동화하기, 침묵하기, 얼음 반응, 눈치 보기, 비위 맞춤 반응 등).
회피 모드	핵심 감정을 경험하지 않기 위해 도망치는 것.	사회적 활동이나 대인관계 회피, 은둔, 중독, 신체화 반응, 주지화 등 핵심 감정을 경험하지 않으려고 피해 다닌다.
과잉보상 모드	핵심 감정을 감추기 위해 정반대로 반응하는 것.	수치심이라면 자기 비하 대신 자기과시를 하고, 근본적 불안이라면 모험을 즐기는 것처럼 행동하고, 무력감이라면 강박적인 자기통제에 빠져 열심히 살아가는 것처럼 행동한다.

방어 모드	설명	예
투사 모드	핵심 감정을 외부나 다른 사람의 탓으로 돌림.	과거의 핵심 감정을 현재 관계하는 상대나 외부 상황 때문이라고 탓을 함. 이는 원망의 감정으로 이어지고 점점 상대가 그렇게 느끼도록 투사적 동일시로 강화될 수도 있다.
이상화 모드	핵심 감정에서 벗어나기 위해 특정 경험이나 특정 대상을 절대시하고 이상화하는 것.	• 경험의 이상화: 좋은 학교나 직장에 들어가거나, 유학을 가거나, 배낭여행을 다녀오는 등 어떤 경험을 하면 근본적인 변화가 생기거나 모든 문제가 해결될 거라고 보는 것. • 사람의 이상화: 상대가 자신의 모든 문제를 해결해 줄 것이라고 기대하는 것.

점점 성격화되는 핵심 감정

04

"성인기에 반복적인 외상을 경험하게 되면 이미 형성된 성격구조가 파괴된다. 그러나 아동기에 반복적인 외상을 경험하게 되면 성격이 단지 파괴되는 것만이 아니다. 이것은 성격을 만들어 낸다."

주디스 허먼, 《트라우마》중에서

당신은 원래
그런 사람이 아니다

강렬한 감정은 마음을 집어삼킨다. 그럴 때면 감정이 일시적으로 느껴지기보다 자신이 곧 감정 자체가 되고 만다. 즉, 감정과 과잉동일시 overidentification가 일어난다. 특히 그런 강렬한 감정이 반복적으로 올라오면 더욱더 동일시가 일어난다. 마치 어떠한 행동이나 문제가 반복되다 보면 이를 상황이나 조건에서 빚어지는 현상으로 바라보기보다 자신이 원래부터 그랬던 사람처럼 인식되는 것과 같다. 즉, 정체성으로 굳어지고 만다. 그렇기에 핵심 감정은 곧 그 사람의 정체성이 된다. 즉, '나는 원래 ~한 사람'이라고 규정짓게 된다. 예를 들면 '나는 화가 많은 사람', '나는 슬픈 사람', '나는 겁이 많은 사람', '나는 무기력한 사람', '나는 운이 없는 사람', '나는 처음부터 쓸모없는 사람', '나는 성질이 안 좋은 사람' 등으로 말이다.

예를 들어 보자. 앞에서 원초적 수치심이라는 핵심 감정을 가지고 있는 연희 씨는 평소 "죄송하지만…"이라는 말을 필요 이상으로 많이 쓴다. 바쁜 일이 생겨서 상담 시간을 한 주 건너뛰고 싶을 때도 이렇게 표현한다. "죄송하지만 다음 주 상담을 한 주 건너뛰어도 될까요?" 당연히 요구할 수 있는 일인데 왜 "죄송하지만"이라는 말을 덧붙일까? 상담 시간에 눈물을 흘릴 때도 그렇다. "죄송하지만 티슈를 좀 써도 될까요?"라고 묻는다. 그냥 쓰거나 혹은 "티슈를 좀 써도 될까요?"라고만 해도 될 텐데 말이다. 물론 별 의미 없이 예의상 쓸 수도 있다. 그렇지만 너무 자주 쓰고 있다면 좀 더 살펴볼 필요가 있다. 사전적 의미로 보면 '죄송罪悚'은 '죄스러울 정도로 미안하다'라는 강한 의미이다. 기본적으로 무언가 잘못을 저질렀을 때 사과하는 의미로 하는 표현이다. 그런데 왜 잘못도 없는데 이 말을 많이 쓰는 것일까?

죄송하다는 말을 많이 쓰는 사람은 사소한 말 한마디 한마디가 상대를 혹시 기분 상하게 하지 않을지 염려한다. 누군가 기분이 상한 것 같으면 이를 일차적으로 자신의 잘못이라고 생각한다. 그러므로 말 한마디나 문자 하나하나에 지나치게 신경을 쓴다. 이는 결국 자기표현의 권리가 자신에게 있음을 스스로 부정하게 되고, 자신의 이야기를 잘 하지 않거나 다른 이들의 의견에 따라가는 결과를 낳게 된다. 관계의 주도권을 자꾸 상대에게 넘기는 것이다. 그런데 "죄송합니다"를 남발하는 사람들의 더 큰 문제는 그 반대의 상황에서도 자신을 탓하기 쉽다는 점이다. 상대가 자신의 기분을 상하게 했을 때에도 그 또한 자신이 알게 모르게 무언가를 잘못했기 때문이라고 생각하는 것이다. 그렇다. 결국 "죄송합니다"를 남발하는 사람들의 비극은 자신의 존재 자체를 잠재적으로 다른 사람에게 부담이나 불편이나 잘못을 줄 수 있는 '죄송한 존재'로 보고 있는 것이다. 그것은 바로 '원초적 수치심'이라는 핵심 감정이 자신의 정체성을 이루고 있기 때문이다. 이들은 자신에 대한 뿌리 깊은 부적절감을 지니고 있다. 내가 문제가 있는 것 같고, 왠지 나는 부족한 것 같고, 괜히 내가 초라한 것 같고, 사람들은 나를 반기지 않는 것 같은 느낌을 갖고 살아가는 것이다. 문제는 그 느낌과 동일시되어 원래부터 자신이 그런 사람이라고 믿는다는 것이다. 과거의 부정적 경험 때문에 자신을 부정적으로 느끼는 것이 아니라, 자신이 원래부터 잘못된 사람이기 때문에 그렇게 느낄 수밖에 없다고 믿는 것이다. 그렇기에 이들은 관계에서 상대를 눈치를 계속 보고 불필요한 자기검열에 시달릴 수밖에 없다.

어떤 감정이나 행동이 자신의 정체성으로 굳어지면 변화는 무척 어려워진다. 정체성이란 가변적인 특성이 아니라 고정되고 변화하지 않는 본질적 특성으로 여겨지기 때문이다. 원래부터 그런 사람인데 어떤 변화가 가능할 수 있을까? 그만큼 변화하기 어렵다고 느껴질뿐더러 변화에 따른 저항도 크게 나타난다. 무엇보다 양가감정이 두드러진다. 변화를 시도할 때 변화를 바라는 마음과 함께 동시에 변화 자체가 자신의 정체성을 무너뜨리는 것 같은 위협으로 느껴지기 때문이다. 당신은 자신을 어떤 사람이라고 규정짓고 있는가? 만약 당신의 핵심 감정이 무력감이라고 한다면 '나는 늘 무기력한 사람'이라고 규정짓고 있을 수 있다. 그렇다면 그러한 정체성에 의문을 품어보자. 지금까지 살아오면서 항상 그랬을까? 인생의 어느 순간에는 의욕을 가지고 무언가를 해보려고 한 적이 없었는가? 만약 무기력하지 않았던 때가 있다면 그 사람은 당신이 아니라고 할 수 있는가? 가만히 살펴보면 그렇지 않았던 시간들이 있다. 물론, 그런 기억이 오래되었거나 별로 떠오르지 않을 수도 있다. 그러나 그렇다고 하더라도 당신이 원래 그런 것은 아니다. 세상에 태어날 때부터 자신을 형편없다고 생각하거나 무기력하다는 정체성을 가지고 태어난 사람이 어디 있겠는가! 당신의 영혼에 문신처럼 새겨져 있는 부정적 정체성은 당신의 본질이 아니라 깊은 상흔이다. 핵심 감정이 정체성으로 굳어진 것이다. 특히 아동·청소년기에 핵심 감정을 갖고 어른이 된 이들은 그 상처가 자신에게 이질적인 것으로 느껴지는 것이 아니라 오히려 자기답게 느껴지기 쉽다. 핵심 감정이 정체성을 이루고 성격화되었기 때문이다.

나 또한
감정적으로 미숙한 부모가 아닐까?

워킹 맘 혜은 씨는 여섯 살 딸아이를 키운다. 그녀는 딸이 자신의 말에 즉각적으로 대답을 하지 않거나 바로 따르지 않으면 화가 많이 난다. 자신이 한 번 이야기하면 바로 따라야 한다는 엄격한 기준을 가지고 있다. 만약 바로 따르지 않으면 아이가 자신을 일부러 무시하는 것처럼 느껴진다. 그래서 즉시 큰 소리가 나간다. 아이가 화를 내거나 우는 것도 받아주지 못한다. 무슨 일이 있는지 물어보지 않고 그냥 "화내지 마!", "뚝 그쳐!"라고 소리부터 지른다. 그래도 아이가 화를 내거나 계속 울면 베란다에 두고 문을 잠가버리기도 한다. 그렇게 울다 지쳐 잔뜩 주눅든 아이를 보면 마음이 아프고 자책감에 머리를 쥐어뜯기도 한다. 그러나 아무리 반성하고 결심해도 달라지는 것은 없다. 그냥 부모 자격 없는 사람이 부모가 되었다는 생각밖에 들지 않는다. 그녀는 어릴 때부터 기분이 상하면 토라지고 삐치는 일이 많았다. 밥을 안 먹는 경우도 많았다. 부모는 그런 혜은 씨를 달래주기보다는 그냥 방치했다. "그래 봤자 너만 손해야!"라고 말하고 부모끼리만 밥을 먹곤 했다. 그럴수록 그녀는 오기가 나서 더 말을 안하고 고집을 피웠다. 그녀는 자라면서 점점 고집이 세졌다. 초등학교 6학년 때는 밤에 집을 나가 버려서 경찰서에 신고하는 등 큰 소동이 벌어진 적도 있었다. 결국 시간이 지날수록 부모는 혜은 씨에게 두 손 두 발을 다 들었다. 해달라는 대로 해주며 달래야 했다. 그녀의 핵심 감정은 '무시 받는 느낌'이라고 할 수 있다. 그리고 그에 대한 그녀의 대처는 투쟁이었다. 자신을 무시하는 상대를 굴복시키는 것이다. 이는 딸 아이와의 관계에서도 반복되고 있다.

감정의 발달은 혼자 이루어 낼 수 있는 게 아니다.

가까운 관계에서 지지적인 상호작용을 통해서만 이루어진다. 말을 혼자 배운 사람이 없는 것과 같다. 말을 걸어준 이가 없었다면 당신은 말을 할 수 없었을 것이다. 감정의 발달도 마찬가지이다. 아이의 날것의 감정을 담아주고, 이해하고, 이를 조절해서 다시 언어로 되돌려주는 어른이 없다면 아이의 감정은 발달할 수 없다.

예를 들어 보자. 아이가 잠에서 깨어났는데 아무도 보이지 않아 비명 같은 울음을 터뜨린다. 부엌에 있던 엄마는 황급히 뛰어간다. 그리고 아이를 안고 토닥여 준다. "괜찮아. 괜찮아. 엄마 여기 있어." 그리고 아이가 왜 울었는지를 살펴보고 헤아려 준다. "우리 아기! 많이 놀랐어? 잠에서 깼는데 아무도 없어서 무서웠구나." 엄마의 토닥임과 헤아림을 통해 아이는 서서히 울음을 멈추고 배시시 웃는다. 엄마는 아이를 내려놓는다. "이제 괜찮지? 혼자 놀고 있어. 엄마는 바로 옆에서 맘마 준비할게." 아이는 아무 일도 없었다는 듯이 장난감을 가지고 논다. 즉, 조절되지 않았던 아이의 두려움을 엄마가 잘 받아주고 다독여주면서 아이의 감정은 조절되는 것이다. 영국의 대상관계 이론가인 윌프레드 비온은 이 장면에서 엄마는 아이의 감정을 담아주고 the container, 아이의 감정은 엄마에게 담겼다고 the contained 표현한다. 즉, 아이의 조절되지 않는 감정을 담아주고 조절한 다음에 그것에 의미를 부여해 아이에게 되돌려주는 과정이 꼭 필요하다. 이러한 경험을 거치면 아이 스스로 자신의 감정을 담아내고 조절할 수 있는 '감정 그릇'이 자라나는 것이다. 그리고 시간이 지나면 다른 사람의 감정을 담아줄 수도 있다.

혜은 씨는 부모로부터 자신의 감정에 대해 헤아림을 받아 본 기억이 단 한번도 없다. 그렇기에 딸의 감정을 이해하고 위로해 주는 것은 말할 것도 없거니와 자신의 감정을 인식하고 표현하는 것부터 어렵다. 기껏해야 '기분이 상했다', '기분이 나쁘다'와 같이 두루뭉술하게 표현하거나 '화났다', '짜증 난다', '돌아버리겠다', '빡친다' 정도이다. 혹은 감정을 물어보았는데도 '피곤하다'와 같이 다소 엉뚱하게 표현하기도 한다. 실제 일상에서 사용하는 감정 단어가 극히 제한적이다. 무엇보다 자신의 감정을 구별하고 인식하는 능력이 부족하다.

인간의 감정을 연구하는 리사 펠드먼 배럿은 《감정은 어떻게 만들어지는가》에서 이 감정구별력을 '감정 입자도 emotional granularity'라는 용어로 신선하게 표현한 바 있다. 이는 감정 경험과 지각을 섬세하게 혹은 거칠게 구성하는 능력을 말한다. 섬세하게 감정을 묘사할수록 감정 입자도가 높은 사람이라고 할 수 있다. 그녀가 연구한 결과를 보면 감정 입자도가 높은 사람들은 감정의 근원에 대해 더 잘 파악하고, 감정을 더 잘 조절하고, 스트레스를 받아도 과음을 덜 하고, 마음의 상처를 입힌 사람에게 공격적인 보복을 덜 했다. 심지어 아픈 것도 덜 했고, 투자 수익률도 높았다. 반면에 낮은 감정 입자도의 사람들은 정반대의 모습을 보였다.

혜은 씨는 감정의 영역만 놓고 보면 아이와 다르지 않다. 이렇게 몸은 어른이지만 감정적으로는 어린아이 상태에 머물러 있는 성인을 '감정적으로 미숙한 어른EIA, Emotionally Immature Adults이라고 한다. 이들은 감정이 잘 분화되지 못해 기본적인 감정만 느끼고, 자신의 감정을 잘 인식하거나 이해하지 못하며, 더 나아가 감정을 건강한 방식으로 표현할 줄 모른다. 그냥 울거나 소리를 지르거나 말문을 닫거나 연락을 끊어버리는 식으로 행동한다. 이 용어는 임상 심리학자 린지 깁슨Lindsay C. Gibson이 제안한 개념으로 상처의 세대 간 전수를 이해하는 데 있어 중요하다. 흔히 감정적으로 미숙한 어른은 '감정적으로 미숙한 부모EIP, Emotionally Immature Parents'에 의해 자라나기 때문이다. 안타까운 것은 EIA가 결혼을 하면 EIP가 되어 자녀에게 핵심 감정을 안겨주고 EIA로 자라게 하기 쉽다는 점이다. 상처의 대물림이 일어나는 것이다. 핵심 감정의 해소와 치유가 무엇보다 중요한 이유이다.

나는 왜
자꾸 슬픈 노래가 끌릴까?

30대 초반인 화란 씨는 밝은 음악보다 슬픈 음악을 즐겨 듣는다. 주변 또래들은 경쾌하고 밝은 아이돌 노래를 좋아하지만 그녀는 요즘 노래에 별로 끌리지도 않고 쉽게 질려 한다. 오히려 1990년대나 2000년대의 다소 슬픈 감성의 노래를 자주 듣곤 해서 취향이 올드하다는 이야기를 많이 듣는다. 노래뿐이 아니다. 슬픈 드라마나 슬픈 영화를 즐겨 보곤 한다. 물론 이는 개인의 취향일 뿐이다. 그런데 그 취향은 어떻게 형성이 됐을까? 그녀는 슬픈 음악에 더 끌리도록 태어났을까? 어떤 음악을 선호하느냐에도 어떤 이유가 있을까? 그리고 앞으로도 그녀는 계속 슬픈 음악만을 좋아하게 될까?

케임브리지대학교 신경과학자 데이비드 그린버그는 전 세계 53개국의 35만 명을 대상으로 음악 선호도와 마음의 상관관계를 분석한 연구 결과를 2022년도 〈성격과 사회심리학Journal of Personality and Social Psychology〉 잡지에 발표한 바 있다. 외향성, 개방성, 성실성, 우호성, 신경성의 'Big 5'로 알려진 성격 성향과 음악 선호도가 어떤 관련이 있는지를 알아본 것이다. 그 결과 외향적인 사람들은 랩이나 유로팝 또는 전자음악과 같은 경쾌한 템포의 곡을 선호했고, 내향적인 이들은 부드럽고 느린 팝송이나 록, 블루스를 선호하는 것으로 나타났다. 성격과 선호하는 음악이 비슷한 것이다. 그런데 신경증 성향의 사람들은 의외로 펑크나 헤비메탈, 하드록 같은 공격적이고 시끄러운 강렬한 음악을 좋아하는 것으로 나타났다. 그는 이 예상치 못한 결과에 대해 사람들은 음악을 다양한 방식으로 사용한다고 해석했다. 자신의 성향과 비슷한 음악을 듣고 공감받으려고 하는 사람들도 있지만 오히려 기분 전환을 위해 다른 성향의 음악을 듣는다는 것이다. 그렇게 보면 성격과 선호하는 음악 간의 연관관계는 뚜렷하지 않다고 볼 수 있다.

오히려 성격보다 감정 상태와 선호하는 음악 간의 관계는 더 연관성이 있어 보인다. 실제로 우울한 사람들은 더 슬픈 음악이나 영상들을 자주 찾는 경향성이 있다는 여러 연구 결과가 있다. 성균관대 심리학과 윤선경 교수와 미국 사우스플로리다 대학교 연구진은 이렇게 감정 상태와 선호하는 음악의 상관관계를 연구하여 2020년 〈Mood〉라는 잡지에 발표한 바 있다. 이들은 우울증 진단을 받은 여대생 38명과 우울증이 없는 여대생 38명을 대상으로 음악적 선호도를 조사했다. 30초 길이의 슬픈 음악, 즐거운 음악, 중립적인 음악 등 30곡을 들려주고, 어떤 음악을 다시 듣고 싶은지를 물어보았다. 그 결과, 우울한 참가자들이 유의미하게 슬픈 음악을 더 많이 선택하는 것을 알 수 있었다. 연구자들은 한 걸음 더 나아가 "우울한데 왜 슬픈 음악을 듣습니까?"라고 물었다. 그러자 사람들은 더 우울해지기 위해서가 아니라 슬픈 음악을 들으면 마음이 더 누그러지고 편안해진다고 했다. 음악이 일종의 친구 역할을 하는 것을 알 수 있다. 즉, 우리가 동질감을 느끼는 사람에게 끌리듯이 우리는 기분이 저하되면 슬픈 음악에 끌리기 쉽다. 굳이 이야기하지 않아도 나를 이해해 주는 친구와 같이 있고 싶은 것과 비슷하다. 반대로 기분이 우울할 때 빠른 박자, 경쾌한 리듬, 강렬한 소리의 음악은 신경을 거스르기 쉽다. 이런 음악은 나를 이해하지 못하는 누군가와 같이 있는 느낌일 수 있다. 그렇기에 핵심 감정은 선호하는 음악에 많은 영향을 미친다. 마치 도화지의 바탕색처럼 핵심 감정은 우리의 마음을 채색한다고나 할까. 우리는 자신의 마음의 바탕색과 비슷한 무언가에 끌리게 된다.

이 책에서는 굳이 구분하지 않고 사용하지만 감정 emotion과 기분 mood은 차이가 있다. 감정을 자극에 대한 반응이라고 한다면, 기분은 기본 감정선처럼 지속적인 감정 상태를 말한다. 감정이 마음의 날씨라면 기분은 마음의 기후라고 볼 수 있다. 이 기분 상태는 '감정적 자극에 대한 역치'를 변화시킨다. 계속 짜증이 나 있는 기분이라면 운전 중에 차가 끼어들면 순간 화가 치솟을 수 있다. 반대로 감정도 기분에 영향을 미친다. 해소되지 못한 강렬한 감정은 사라지지 않고 지속적인 기분 상태로 남게 되는 것이다. 그것이 바로 핵심 감정이다. 핵심 감정은 사라지지 않은 채 마음을 채색한다. 슬픈 감정이 해소되지 않으면 슬픈 기분이 지속되고, 분노의 감정이 해소되지 않으면 분노의 기분이 지속되고, 불안이라는 감정이 해소되지 않으면 불안한 기분이 지속된다. 그 기분은 우리가 무엇에 끌리는가에 영향을 많이 미치게 된다. 한 사람의 성격뿐 아니라 취향에 깊은 영향을 미친다. 어떤 음악을 좋아하고, 어떤 영화를 좋아하고, 어떤 음식을 좋아하는지에도 알게 모르게 영향을 주는 것이다.

다시 화란 씨의 이야기로 가보자. 그녀는 왜 슬픈 음악에 끌릴까? 이는 어린 시절의 깊은 슬픔과 관련이 있다. 엄마는 그녀가 초등학교 때부터 암으로 투병하다가 중학생이 되자 세상을 떠났다. 그 이별은 사랑하는 엄마만 세상에서 사라진 게 아니라 세상 전체가 무너지고 혼자만 남게 된 느낌이었다. 그 비통한 슬픔은 그녀의 핵심 감정이 되었다. 그 비통함을 위로해 준 대상 중의 하나가 음악이다. 슬픈 음악은 오랜 시간 동안 그녀의 슬픔을 이해하고 지지하는 친구가 되어주었다. 그렇다면 핵심 감정이 해소되면 취향도 달라질까? 그렇다. 핵심 감정이 해소되면 마음의 바탕색이 달라진다. 오랜 시간 동안 슬픈 음악에 끌린 사람이라고 하더라도 보다 다양한 음악을 좋아하게 된다. 이를테면 경쾌하고 밝고 빠른 비트의 노래도 자연스럽게 좋아할 수 있다.

당신은 계기판이 없는 자동차를 운전하고 있다

유년기에 부모와 오랜 시간 떨어져 지내거나 헤어진 아이들은 어떻게 반응할까? 애착 이론을 창시한 존 볼비는 장기 입원으로 부모와 분리된 아동들을 연구한 바 있다. 일반적으로는 다음과 같은 과정을 밟는다. 처음에는 크게 울고, 매달리고, 저항하다가 시간이 지날수록 절망 상태에 빠졌다가 마지막은 '분리detachment되고 만다. 여기에서 말하는 '분리'란 '감정적 단절emotional disconnection'을 의미한다. 애착의 뿌리가 뽑혀버린다. 그렇기에 분리 단계에서는 부모와 재회해도 애착 행동이 나타나지 않는다. 오히려 무관심하게 반응하기 쉽다. 그것은 단지 애착 대상뿐 아니라 모든 인간관계에서의 감정적 단절을 말한다.

더 나아가 감정 등 내면세계와의 단절을 의미한다. 관계의 욕구와 감정이 거세될뿐더러 더 나은 삶에 대한 희망 역시 사라지게 된다. 즉, 감정 체계만의 고장이 아니라 의미 체계 그리고 관계 체계도 고장 난다.

어쩌면 단절이야말로 그 척박한 환경에서 살아남는 유일한 방법이었을 수도 있다. 즉, 더 이상 기다리고 바라는 것이 부질없다고 느끼고 체념해야만 아이는 고통에서 벗어날 수 있다. 그나마 살아갈 수 있게 된다. 아무리 기다려도 돌아오지 않을 때, 아무리 노력해도 상황이 달라지지 않을 때 아이가 선택할 수 있는 것은 많지 않다. 아무것도 할 수 없다는 무력감과 모든 게 의미가 없다는 허무감이 그나마 남은 삶의 에너지를 보존시킬 수 있게 해 준다. 그러나 그 감정은 마음의 중심을 차지하여 '<u>의미 체계와 방향 체계의 발달</u>'을 마비시킨다. 자기 자신, 인간관계, 세상과 미래 그 모든 것의 의미는 사라진다. 삶의 의미와 방향을 잃고 그냥 바람 부는 대로 떠다닐 뿐이다.

자동차의 계기판에는 수많은 정보가 담겨 있다. 라이트가 켜져 있는지, 공기압이 적당한지, 연료가 얼마나 남았는지, 속도가 어느 정도인지, 어디에 이상이 생겼는지 등 운전 및 자동차 상태에 대한 많은 정보를 알려준다. 운전하는 이들은 이 계기판을 보며 운전을 하고, 경고등이 들어오면 그에 따라 조치를 취한다. 그런데 만약 계기판이 없는 자동차를 운전하고 있다면 어떨까? 속도가 표시되지 않거나 연료가 얼마 남았는지 알 수 없거나, 엔진이 과열되었는데도 아무런 표시가 되지 않는다면 어떻게 될까? 답답한 것도 답답한 것이지만 위험할 수밖에 없다. 우리가 삶을 살아가는 것도 마찬가지이다. 계기판이 필요하다. 자신이 원하는 곳으로 잘 가고 있는지, 어느 정도의 속도로 가고 있는지, 연료가 얼마나 남았는지, 어떤 장애물이나 문제가 있는지 알려주는 신호장치가 있어야 한다. 그럴 때 우리는 삶이라는 운전을 잘할 수 있다. 그렇다면 우리 삶에도 그런 계기판이 있을까? 있다. 그것이 바로 감정이다. 우리의 감정 체계는 바로 자동차의 계기판과도 같다. 즉, 감정은 기본적으로 각종 정보가 담긴 신호를 제공해 주고 무엇을 해야 할지를 알려주는 계기판이다. 기쁨을 느낀다면 당신의 중요한 욕구가 잘 충족되었다는 것을 말하고, 화가 난다면 당신의 권리나 바운더리가 침해받았을 수 있고, 슬픔을 느낀다면 중요한 대상을 상실했다는 의미일 테고, 짜증이 난다면 무언가 잘못되고 있다는 것일 테고, 부러움을 느낀다면 상대가 갖고 있는 것을 당신도 가지고 싶어 한다는 신호이다. 그러므로 우리는 자신의 안녕과 행복을 위해 유쾌한 감정이든, 불쾌한 감정이든 자신의 감정을 잘 경험하고, 이해해야 한다.

인간의 모든 경험 속에는 감정이 구석구석 스며 있다. 게다가 감정이 주는 것은 정보와 의미뿐만이 아니다. 행동할 수 있는 에너지를 제공한다. 그런데 핵심 감정을 지닌 이들은 자신의 삶을 위해 에너지를 쓸 수 없다. 핵심 감정을 억압하고 차단하기 위해 많은 힘을 쓰고 있기 때문이다. 안타깝게도 핵심 감정만 선택적으로 억압하거나 차단할 수 없다. 감정은 일원적 체계이기 때문에 핵심 감정을 억누르면 모든 감정이 억눌러진다. 그러므로 핵심 감정을 가지고 있는 이들은 감정 전반에 둔감한 경우가 많다.

만약 당신이 감정을 잘 느끼지 못한다면 어떻게 될까? 혹은 감정을 느끼더라도 그것이 어떤 신호를 의미하는지 잘 모른다면 어떻게 될까? 삶은 갑자기 멈춰서거나, 엉뚱한 곳에 처박히거나, 뒷걸음질 칠 수 있다. 그리고 행복이나 즐거움을 경험하는 능력이 극히 떨어지게 된다.

파괴되었다고 해도 과언이 아니다. 강렬한 고통스러운 감정에 노출된 이들은 무엇보다 즐거운 흥분과 외상적 각성을 잘 구분하지 못한다. 무언가 각성되고 흥분되는 것을 공포스럽게 느끼기 쉽다. 그렇기에 어른이 되어서도 즐거움, 떨림, 흥분 등을 피하기 쉽다. 유쾌한 흥분과 불쾌한 흥분을 구분할 능력이 떨어져 있기에 이들은 놀이, 탐색, 도전, 섹스 등 다양한 수준의 사회적 활동에 적응적인 반응을 하지 못한다. 심지어는 놀이나 섹스 등에 대해 죄책감을 느끼는 경우도 많다. '내가 이렇게 놀아도 되나?', '내가 쾌감을 느껴도 되나?'라는 의구심이 올라오거나 그러한 의구심도 올라오지 못하게 욕구를 차단시킬 수도 있다. 이들의 동기 체계는 뭐랄까, 즐거움과 결부된 긍정적 정서를 추구하는 접근 동기보다는 고통이나 각성을 피하는 회피 동기만 발달되었다고 볼 수 있다.

그렇기에 핵심 감정을 가지고 어른이 된 이들은 자신에게 즐거움을 주는 행위에 주의를 기울이지 못한다. 자신이 무엇을 할 때 즐겁고 행복한지를 알지 못한다. 이들에게 삶은 생존 이상의 의미를 갖기 어렵다. 나이는 들어도 자신의 기호와 취향을 잘 모르고 제대로 발달하지 못한다. 당신은 자신에게 좋은 느낌과 즐거움을 주는 활동과 대상이 무엇인지 이야기할 수 있는가? 그렇다고 대답하기 어렵다면 당신의 삶은 여전히 과거에 붙잡혀 있을 수 있다. 당신에게는 삶을 잘 운전할 수 있도록 도와주는 방향등과 계기판이 필요하다. 그것이 바로 감정이다. 감정은 어떤 상태를 결정짓는 신호가 아니라 그 상태보다 더 나아지도록 알려주는 신호이다. 당신이 감정과 친해지지 않는다면 더 나은 삶으로 잘 나아갈 수 없다. 잘 느끼지 못한다면 잘 살아갈 수 없다.

당신의 예측은 당신의 감정을 넘어서지 못한다

영훈 씨는 대학을 졸업하고 몇 년째 취업 준비를 하고 있다. 하지만 실제 시험은 몇 번 보지 않았다. 준비가 부족한 것도 있지만 매번 안 될 것 같은 느낌이 크기 때문이다. 한번은 필기 시험에 합격했는데 면접을 앞두고 안 간 적도 있다. 왜 그랬을까? 남들이 들으면 말도 안 된다고 생각할 수 있다. 면접 전날 그릇을 깨뜨렸는데 이것이 불합격을 예고하는 신호라고 판단했기 때문이다. 비단 취업과 관련해서 그런 것만은 아니다. 그는 수시로 뭔가 불길한 일이 터질 것 같은 느낌에 사로잡힌다. 부모님 전화가 오면 집에 안 좋은 일이 생긴 것은 아닌지 걱정부터 든다. 특별히 그럴 만한 일이 없는데도 그런 예감이 드는 것이다. 그는 왜 이렇게 안 좋은 일이 벌어질 것 같은 느낌을 떨쳐내지 못할까? 그의 마음 밑에는 오래전부터 '내 인생은 되는 일이 없어', '나는 재수가 없어', '사람들은 나를 좋아하지 않아'라는 아주 부정적인 믿음이 깔려 있다. 그렇기에 자신감은 점점 떨어지고 현실은 그의 믿음처럼 점점 안 되는 일이 많아지고 있다.

심리학에는 자기 충족적 예언Self-fulfilling prophecy이라는 말이 있다. 이와 비슷한 속담으로는 '말이 씨가 된다'가 있다. 어떤 예언이나 기대대로 현실이 이루어지는 경우를 말한다. 그런데 그 기대와 예언은 부정적인 것도 있고, 긍정적인 것도 있기 마련이다. 실제 상담에 오는 분들의 자기충족적 예언은 거의 부정적이다. '다른 사람들도 나를 싫어할 거야', '이번 시험도 또 떨어질 거야' 등 과도한 걱정과 부정적인 예상을 많이 한다. 그리고 그러한 걱정과 부정적 예상 때문에 미리부터 걱정하고 현실 속에서 그와 관련된 작은 단서를 잘 찾아내고 확대해석하기 쉽다. 예를 들면, 누군가의 입꼬리가 약간 올라가 있다면 자신을 무시하는 것으로, 시험을 앞두고 심장이 두근거리기 시작하면 이미 시험을 망쳤다는 파국적인 해석으로 비약하는 것이다. 그래서 부정적 예언은 결국 현실로 되는 경우가 많다.

그에 비해 낙관적인 이들은 긍정적인 자기충족적 예언을 한다. 흔히 잘될 거라고 생각하고 좋은 결과를 예상한다. 물론 지나친 낙관이나 노력 없는 기대는 더 큰 나락으로 몰아간다. 하지만 지나치지 않는다면 좀 더 자신감을 가지고 준비하고 더 좋은 기회를 만날 확률을 높여준다. 그렇다면 왜 누군가는 긍정적인 예언을 하고 누군가는 부정적인 예언을 하는 것일까? 그렇게 타고난 것일까? 이는 과거의 경험과 학습이 중요하다. 더 정확히 말하면 과거의 경험과 기억 속에 내포된 감정의 성질과 관련 있다. 우리의 마음은 투명하지 않다. 서로 다른 색깔의 도화지처럼 바탕을 이루는 색깔이 있다. 바탕의 마음이 밝고 희망적이라면 그 기대와 예측도 밝을 수밖에 없다. 하지만 바탕의 마음이 어둡다면 그 기대와 예측도 어두울 수밖에 없다. 그 바탕의 마음을 이루는 것이 바로 '핵심 감정'이다.

    영훈 씨는 늘 삶이 외롭고 버거웠다. 초등학교 때부터 비만과 소아당뇨로 인해 알게 모르게 따돌림을 당했다. 친하게 지내고 싶었지만 쉽지 않았다. 먼저 다가가도 잘 받아주지 않았다. 간혹 자신과 놀아 준 아이도 있지만 늘 자신이 먼저 다가가고 선심을 써야 가능한 일이었다. 초등학교 5학년 때는 몇 명의 아이들로부터 지속적으로 괴롭힘을 당했다. 늘 학교 가는 게 지옥이었지만 그렇다고 도망칠 수도 없었다. 부모에게는 이야기조차 하지 못했다. 당시 그는 등하교 때 교통사고 당하는 상상을 자주 했다. 교통사고라도 당해서 학교에 가지 않고 병원에 있고 싶었다. 실제 건널목에서 눈을 감고 건넌 적도 있다. 그렇게 외로움과 소외감 속에서 어린 시절을 보냈다. 그러다가 5학년 2학기에 아버지의 사업이 잘되어 잘사는 동네로 이사를 갔다. 더 넓은 집으로 이사를 가는 것도 좋았지만 무엇보다 학교를 떠날 수 있어 좋았다. 그러나 이후로도 인간관계는 잘 풀리지 않았다. 잘사는 동네의 아이들은 그를 거들떠보지도 않았다. 이미 친한 그룹이 다 정해져 있어서 낄 수도 없었다. 혼자 지내는 시간이 많았다. 그는 괴롭힘을 당했던 학교를 벗어났음에도 늘 불안하고 무언가 안 좋은 일이 생길 것만 같은 기분을 떨칠 수 없었다. 아이들끼리 큰 소리로 웃기만 해도 자신을 놀리는 것 같은 느낌이 바로 들었다.

'모든 것은 변화한다', '모든 일은 양면이 있다'라는 것은 삶의 진리이다. 그러나 이 진리마저도 무너질 때가 있다. 바로 트라우마이다. 트라우마는 시간이 흘러가도 그 고통이 사라지지 않는다. 마치 시간이 멈춰버린 것처럼 계속 과거의 고통에 붙잡혀 살아가게 된다. 과거에도 고통스러웠고, 지금도 고통스럽기에 당연히 앞으로도 고통스러울 것이라고 생각하게 된다. 특히 발달 트라우마를 겪은 이들은 트라우마의 증상이 성격화된다. 원래 내가 그런 사람 같고, 애초부터 벗어날 수 없는 불행을 타고난 것처럼 느껴진다. 자신의 의지와 상관없이 숙명론자가 되고 만다. 이들의 마음은 때 이르게 유연성과 탄력성을 잃어버린다. 시간이 지나고 어른이 되어도 고정된 방식으로 지각하고 판단하고 반응한다. 예측이라는 것도 그렇다. 보통 사람들의 예측은 긍정과 부정을 왔다 갔다 한다. 잘될 것 같은 마음도 있고, 왠지 안 될 것 같은 마음도 지니고 있다. 그러나 핵심 감정을 가지고 있는 이들은 단면밖에 없다. 좋은 일이 있다고 하더라도 이를 제대로 만끽하지도 못할뿐더러 금세 안 좋은 일에 묻혀버리게 된다. 그렇기에 오랜 시간 불행감 속에 자라온 이들은 자연스럽게 자신이 앞으로도 불행할 것이라고 예측한다. 부정적인 자기충족적 예언을 할 수밖에 없다. 불안이 핵심 감정인 이들은 아무런 근거 없이 위험해질 것 같고, 큰 슬픔을 겪었던 이들은 괜히 사랑하는 사람이 떠날 것 같고, 울분에 가득한 이들은 또 억울한 일을 당할 것 같고, 무력감이 해소되지 못한 이들은 작은 일에도 아무것도 할 수 없는 느낌에서 늘 벗어나지 못하게 된다. 핵심 감정은 그렇게 우리의 삶의 풍경을 왜곡해 버린다. 삶의 양면을 볼 수 없게 만든다. 그리고 무슨 일이 일어날지 예측하는 것 또한 고정시켜 버린다. 예측은 우리의 감정을 넘어설 수 없기 때문이다.

왜 그녀는 자기보다 못한 조건의 사람과 연애를 할까?

가정의학과 의사인 주은 씨는 누가 보다라도 자신의 조건보다 못한 남자들을 만나왔다. 그렇다 보니 가족과 친구들이 말리는 경우도 있었다. 주변 사람들은 이해가 잘 안되지만, 그녀는 자신의 조건보다 부족한 사람을 만나야 마음이 놓인다. 그래야 한눈팔지 않고 자신에게 집중할 것이라고 생각한다. 그녀는 그 이유를 첫사랑 때문이라고 생각한다. 첫사랑은 대학교 동아리에서 만난 선배였다. 선배는 자신과 연애하는 중에 다른 여자와 양다리를 걸쳤다. 그 사실을 알고 난 뒤로도 헤어지지 못했다. 화도 제대로 내지 못했다. 그만큼 좋아한 데다가 그가 떠나고 혼자 남겨지는 것이 무엇보다 두려웠다. 그에게 잘해주면 돌아올 거라고 생각했다. 그렇게 불안한 관계를 유지하다가 그는 결국 그녀 곁을 떠났다. 그 참담한 기분은 두고두고 그녀를 괴롭혔다. 그 이후로 다른 남자를 사귀면 또 자신을 떠나지 않을까 불안했다. 그래서 여성에게 별로 매력이 없을 것 같은 사람과 연애를 하게 되었다. 그녀는 연애에 대한 자신 없는 태도와 그 불안이 모두 첫사랑의 실패 때문이었다고 생각한다. 그러나 그녀와 상담을 하면서 그녀의 마음 깊은 곳에는 오래전부터 '나는 사랑받을 자격이 없어'라는 마음이 자리 잡고 있음을 알게 되었다.

그녀가 태어난 지 얼마 안 되었을 때 아빠는 하던 일이 잘 안되어 큰 빚을 지게 되었다. 집에 있는 시간이 많았다. 약사로 파트타임 일을 하던 엄마는 약국을 열 수밖에 없었다. 아빠의 빚을 갚아나가고 가족의 생계를 책임지기 위해 엄마는 늘 퇴근이 늦을 수밖에 없었다. 주말에도 열심히 일을 했다. 어린 주은 씨는 밤에라도 엄마와 시간을 보내고 싶었다. 하지만 잠을 안 자고 엄마를 기다리면 할머니와 아빠에게 혼이 났다. 엄마를 힘들게 하면 안 된다는 것이었다. 그녀는 어린 시절에 엄마와 함께 잠을 잔 기억이 없다. 심지어 엄마가 자신을 안아준 기억도 잘 떠오르지 않는다. 엄마가 있어야 할 모든 자리에는 할머니가 있었다. 엄마 손을 잡고 다니는 친구들이 그렇게 부러울 수가 없었다. 잠도 할머니와 같이 잤다. 한 번은 할머니 몰래 베개를 들고 엄마 방에 자러 갔다가 아빠에게 쫓겨난 적도 있다. 어리광이라도 부리려고 하면 "엄마 힘들게 하지 마라!"라는 이야기를 들어야 했다. 그녀에게 엄마는 다가갈 수 없고 손에 잡히지 않는 환영 같은 존재였다. 그리고 자신은 엄마에게 있으나 마나 한 존재처럼 느껴졌다. 공부를 잘해서 엄마의 칭찬을 듣기도 했지만 '나는 사랑받을 수 없는 사람'이라는 느낌이 자리 잡게 되었다. 이는 성인이 되고 난 뒤의 애정 관계에도 고스란히 영향을 미쳤다. 자신보다 조건이 안 좋은 남자를 만나도 마음 한켠은 늘 불안했다. 자신을 사랑하는지 확신이 들지 않았다. '사랑받지 못한 서글픔'이 그녀의 마음 깊은 곳에 응어리져 있기 때문이다. 이것은 성인이 되어 만들어진 느낌이 아니다. 어린 시절에 사랑받지 못했기 때문에 만들어진 결핍이자 상처의 흔적이다. 아니, 흔적이라는 말로는 너무 부족하다. 여전히 그녀의 남녀관계를 지배하고 있기 때문이다. 지워지지 않는 영혼의 문신과도 같다.

세상에 부모에게 사랑받을 자격이 없는 아이가 있을까? 모든 아이는 부모의 돌봄과 사랑을 받을 자격이 있다. 그리고 마땅히 부모는 돌봄과 사랑을 베풀 책임이 있다. 아이들은 그러한 기본적인 욕구가 반복적으로 거절당하면 자신의 자격과 가치를 근본적으로 의심하며 자라게 된다. 사랑받을 자격이 없다고 느끼는 것이다. 그런데 그 느낌은 사실일까? 아니다. 사실이 아니다. 사실은 이렇다. '주은 씨가 사랑받을 자격이 없는 것이 아니라 주은 씨의 부모가 자녀를 사랑할 수 있는 능력이 부족했던 것'이다. 그러나 초기 경험을 통해 사랑받을 자격이 없다는 단단한 느낌을 가지고 살아온 이들에게 '누구나 사랑받을 자격이 있다'라는 말만큼 힘이 없는 말도 없다. 이 말은 그들의 그 느낌을 한 치도 뚫고 들어갈 수 없다. 이들에게는 느낌이 곧 사실인 것이다.

이렇듯 핵심 감정은 심리 발달과 인간관계에 많은 영향을 미친다. 예를 들어, 당신은 왜 지금의 배우자와 결혼했을까? 왜 지금의 이 친구와 베스트 프렌드가 되었을까? 생각해 보면 이해가 되지 않을 수 있다. 지금 그 사람보다 더 인격적으로 좋고 자신에게 잘 대해준 사람들도 있을 수 있다. 여러 가지 복합적 이유가 있지만 그중에서 빠뜨릴 수 없는 것이 바로 감정적 동질감 때문이다. 우리가 누군가와 가까워질 때 감정적 동질감에 이끌리는 경우가 많다. 이때 감정적 동질감이란 일시적인 감정 상태를 말하는 게 아니다. 한 사람의 내면을 지배하는 핵심 감정을 말한다. 만약 그 핵심 감정이 공허감, 불안, 울분 등 어떤 감정이냐에 따라 유사한 핵심 감정을 가진 사람들에게 이끌리기 쉽다. 무엇보다 말이 잘 통하고 서로 이해할 수 있기 때문이다. 그렇기에 차별받고 자란 사람은 차별받고 자란 사람과 쉽게 친해질 수 있다. 즉, 상처받은 이들은 상처받은 이들과 잘 어울리기 쉽다는 것을 말한다. 불행한 과거가 불행한 관계로 확장되는 것이다. 주은 씨는 단지 객관적 조건이 자기보다 못한 사람을 만나는 게 아니라 사랑받지 못한 느낌에 허덕이는 이들과 만나고 있다. 물론 연애는 훨씬 더 많은 요소에 의해 영향을 받지만, 핵심 감정에 의해 많은 영향을 받는 것 또한 사실이다.

학대 가정에서 자라는 아이를 학대 부모에게서 분리시켜 아동보호 시설로 보내면 아동은 어떤 반응을 보일까? 여러 친구들, 많은 장난감, 친절한 직원들 안에서 편안함과 즐거움을 느낄까? 대부분의 아동은 집에 보내달라며 울고불고한다. 집에 가면 다시 학대가 가해질 텐데 왜 그럴까? 아이들은 학대받는 상황이 익숙해져서 오히려 그 안에서 편안함을 느끼고, 반대로 다른 사람들이 친절하게 대해주는 따뜻한 환경은 너무 낯설어서 밀쳐 내려고 한다. 또한 자신을 학대하는 부모에 대해 강한 충성심을 갖는 등 병리적 애착을 형성하고 있는 경우도 많다. 당신의 가까운 사람을 보라. 어떤 사람들인가? 상처 있는 사람들이나 우울하거나 불행한 사람들이 많은가? 그렇다면 생각해 보라. 겉으로 드러난 감정이 아니라 마음 깊은 곳의 감정을 들여다보라. 당신이 그 사람들과 친밀해진 것은 감정적 동질감 때문일 수 있다. 당신의 핵심 감정이 슬프고, 우울하고, 불행하다면 성인이 되어서도 즐겁고 행복한 사람들과 잘 어울리기보다는 자신과 핵심 감정이 비슷한 사람들과 가까워지기 쉽다.

점점 성격화되는 핵심 감정

핵심 감정은 자라면서 점점 성격화된다. 성격이라는 말은 한 개인이 가지고 있는 고유의 성질이나 품성을 의미한다. 핵심 감정에서 벗어나기 어려운 이유는 핵심 감정이 성격으로 굳어져서 고유의 특성을 만들기 때문이다. 손상된 것으로 느껴지는 게 아니라 원래 그런 것으로 여겨지는 것이다. 성격화되는 핵심 감정을 다시 한번 정리해 보자.

- 핵심 감정은 자신의 정체성으로 자리 잡는다. 핵심 감정에 걸맞은 핵심 신념이 형성되면서 자신이 원래 그런 사람처럼 느껴진다. 그렇기에 핵심 감정에서 벗어나려는 모든 노력은 늘 강한 저항에 부딪힌다. 핵심 감정과 핵심 신념이 약화되면 무의식적으로는 이를 자신이 회복되는 신호가 아니라 붕괴되는 신호로 느낀다.
- 핵심 감정은 감정 발달뿐 아니라 총체적인 심리 발달을 저해한다.
- 핵심 감정이 해소되지 못하면 몸은 어른이지만 감정은 자라지 못한 즉, '감정적으로 미숙한 어른EIA, Emotionally Immature Adult'이 된다. 그리고 감정적으로 미숙한 부모가 되어 자녀에게 핵심 감정을 안겨주게 된다. 상처가 대물림되는 것이다.
- 핵심 감정은 개인의 취향에 깊은 영향을 미친다. 자신이 무

엇을 좋아하고 무엇에 끌리는지는 핵심 감정과도 깊은 관련이 있다.
- 핵심 감정은 감정 체계뿐 아니라 의미 체계와 방향 체계의 혼란을 야기한다. 마치 계기판이 없는 자동차를 운전하는 것과 같다. 자신의 삶을 살아갈 수가 없다.
- 핵심 감정은 부정적인 예측을 낳고, 그 예측한 대로 결과가 나오도록 행동하게 만든다.
- 핵심 감정은 자신도 모르게 자신과 비슷한 핵심 감정을 가진 사람과 감정적 동질감을 느끼고 친밀해지게 만든다. 이는 인간관계의 폭을 좁히고 관계를 통해 회복되거나 성장할 기회를 놓치게 된다.

핵심 감정의 이해와 치료

2부

회복의 자원을 확보하기

05

"애정 어린 눈길로 나 자신을 바라보고 나한테 문제가 있는 것이 아니라 예전에 결핍이 있었던 것이 문제라는 사실을 깨닫게 되면 수치심은 슬픔으로 변한다. 과거에 겪었던 상실에 대해서 슬퍼하겠지만 나 자신에 대한 존중을 새로 얻게 된다. 처음부터 없었던 것에 비추어서 나의 인생을 돌아본다면 아마도 이만큼 성장한 것에 대해서 스스로 자랑스러운 기분이 들 것이다."

일자 샌드, 《나의 수치심에게》 중에서

상처는 나의 책임이 아니지만
회복은 나의 몫이다

희생자들은 이렇게 묻는다. '왜 하필 나지?' 하지만 생존자들은 이렇게 묻는다. '이제 뭘 해야 하지?'

- 에디트 에바 에거, 《더 기프트》 중에서

어린 시절의 상처를 떠올리면 억울한 마음이 치솟는다. 특히 아동기 상처는 우리의 잘못도 아니고, 우리의 책임도 아니다. 가정 내 부정적 경험이라면 자녀를 사랑과 헤아림의 마음으로 돌보는 능력이 부족했던 부모의 책임이다. 그렇기에 자꾸 누군가를 탓하고 싶어진다. 어른이 되어서도 희생자 Victim 로 살아가게 되는 이유이다. 자신을 희생자라고 생각하는 이들은 성인이 되어서도 가해자가 자신의 삶을 흠 없는 상태로 원상복구 해놓아야 한다고 고집하거나, 제3의 구원자가 나타나 모든 것을 한꺼번에 해결해 주기를 바란다. 물론 그런 일은 벌어지지 않는다. 좌절과 원망은 더욱 깊어지고, 상처는 더욱 곪아간다. 그러나 모두가 희생자로 살아가는 것은 아니다. 오랜 시간 희생자 역할로 살아오다가 생존자 Survivor 로 바뀌는 이들도 있다. 이들이 생존자로 역할 전환을 할 수 있었던 것은 상처의 책임은 자신에게 있지 않지만, 회복의 책임은 자신에게 있음을 받아들였기 때문이다. 이들은 오랜 시간 자신을 붙들고 온 "왜 하필 나지?"라는 질문을 내려놓고 이렇게 묻는다. "이제 뭘 해야 하지?"

자식에게 상처를 준 부모라고 하더라도 오히려 그 의도는 정반대인 경우가 많다. 다만 제대로 된 심리적 양육을 할 수 있는 능력이 없었기에 그 의도는 엉뚱한 말과 행동으로 드러나게 된다. 비교, 통제, 위협, 힐난, 비난 등으로 점철되는 것이다. 그렇다면 왜 당신의 부모는 심리적으로 제대로 된 양육을 할 수 없었을까? 간단하다. 부모 또한 그 부모로부터 제대로 된 '심리적 양육psychological parenting'을 받지 못해 감정적으로 미숙한 부모EIA가 된 것이다. 그렇다면 우리는 이 대물림을 반복하고 말 것인가?

우리는 자신에게 없는 것을 다른 사람에게 줄 수 없다. 당신에게 상처를 준 부모와 달라지려면 단지 거리를 둔다고 해서 되는 게 아니다. 달라지겠다는 결심으로 이루어지는 것도 아니다. 늦더라도 심리적 재양육이 이루어져야 한다. 회복의 책임이 자신에게 있다는 것은 스스로

'심리적 재양육psychological reparenting'의 주체가 되겠다는 의미이다. 내가 받고 싶었던 것을 내가 나에게 베푸는 것이다. 이는 갑자기 이루어지지 않는다. 하나하나 배워야 한다. 마치 부모 교육을 받는 것처럼 재양육에 필요한 도움을 받아야 한다. 어떻게 감정을 인식하고, 조절하고, 이해할 수 있는지, 관계의 경계를 어떻게 세워야 하는지, 불만이 아니라 자신이 원하는 것을 어떻게 표현해야 하는지 등을 배우고 체화시켜 나가야 한다. 그 과정에서 '건강한 어른 자아'가 발달하여 '상처 받은 아이 자아'를 돌볼 수 있게 된다. 그것이 바로 '심리적 재양육'이다.

핵심 감정은 하나의 인격체와 같다. 그 자체로 정체성을 지니고 있고, 핵심 감정을 중심으로 사고, 감정, 행동, 신체감각, 반응 체계를 갖추고 있다. 그러므로 핵심 감정의 치유란 이를 제거하는 것이 아니라 발달시키는 것이다. 이를 위해 우리는 외롭고, 겁에 질려 있고, 울분을 느끼고 있는 내면 아이와 함께하는 법을 배워야 한다. 연민의 마음을 담아 그와 이야기할 수 있는 방법을 배워야 한다.

핵심 감정의 치유 작업은 우리 안의 건강한 어른 자

아를 발달시키는 과정이다. 나 또한 그러했다. 지난 30년 동안 정신건강의학과 의사로 지내온 시간은 누군가를 치료하기 전에 내 안의 건강한 어른 자아가 발달하여 상처 입은 아이 자아를 재양육하는 과정이었다. 그 작업은 힘든 일이지만 아주 의미 있고 보람 있었다. 물론 쉽지 않다. 이는 마치 농사와 비슷하다. 아무리 농부가 정성껏 작물을 돌보더라도 가뭄에 말라가고 폭우에 잠겨버리듯 수많은 시행착오를 거쳐야 하는 일이다. 하지만 시간이 걸릴 뿐 우리는 그 노력의 대가를 수확할 수 있다. 끝까지 믿어주면 제 몫을 해내는 아이들처럼 우리가 자신에 대한 재양육의 책임을 놓지 않는다면 우리는 자신 안의 건강한 어른 자아를 성장시켜 갈 수 있다. 내가 나에게 좋은 벗이 되어줄 수 있다. 스스로 안전감을 찾아가고, 힘들 때도 자신에게 친절을 베풀 수 있으며, 자신이 원하는 것을 표현함으로써 더 나은 삶과 더 나은 관계를 살아갈 수 있게 된다.

핵심 감정의 치유에 있어서 그 핵심은 두 가지로 압축할 수 있다. 첫째는 자기연민에 바탕을 둔 핵심 감정의 재경험이고, 둘째는 메타인지에 바탕을 둔 핵심 감정의 알아차림이다. 이 두 가지 능력이 자라나면 상처받은 내면 아이는 성장하게 된다. 그리고 그 아이 안에 감춰져 있던 긍정적 특성들이 드러나게 된다. 호기심, 활력, 쾌활함, 유머, 상상력, 창조성 등 진정한 아이다움이 발휘하게 되는 것이다. 이는 자기 인생으로 나아가는 동력이 된다. 물론 이러한 두 가지 능력은 단숨에 길러지지 않기에 우리는 긴 여정을 이어가기 위한 에너지와 자원을 확보해야 한다. 5장에서는 먼저 핵심 감정의 치유에 필요한 자원을 다뤄보기로 하겠다.

그때의 내가 대견해

당신이 길을 가는데 한 어린아이가 구슬피 울고 있다. 어른은 보이지 않고 아이 혼자 있다. 당신은 어떻게 할 것인가? 그냥 모른 척하고 지나칠 것인가? 아니면 "길에서 울면 안 돼. 울지 마!"라고 혼을 낼 건가? 혹은 돈을 주면서 맛있는 것 사 먹으라고 할 건가? 아니면 아이와 같이 엉엉 울 것인가? 당신이 어른으로서 안타까움을 느꼈다면 차마 그냥 지나치지 못할 것이다. 아이에게 다가가 무슨 일인지를 알아보려고 할 것이다. 무언가를 하기 전에 어떤 상황인지 이해하고 싶을 것이다. "왜 울고 있어? 무슨 일이 있어?"라고 물을 것이다. 만약 부모를 잃어버렸다면 아이를 진정시키고 부모와 연락을 취할 수 있는 방법을 찾을 것이다.

성인이 된 우리 마음 안에는 어떤 식으로든 아이의 흔적이 있다. 특히 아동·청소년기 부정적 경험의 흔적은 강렬하다. 돌봄과 사랑을 받아야 할 때 이를 받지 못했거나 학대와 방치 혹은 따돌림을 당했다면 이는 신경계에 각인되어 성인까지 이어지기 쉽다. 정상적인 심리 발달이 이어지지 못하고 아이의 상태로 머물러 있는 마음이 남아 있게 된다. 이러한 취약한 아이의 마음 상태를 상징적으로 '상처받은 아이 자아'라고 표현한다. 이는 알기 쉽게 마음 상태라고 표현했지만, 사실 과도한 스트레스로 인해 손상 받거나 발달이 잘 이루어지지 못한 뇌와 신경계, 내분비계 등 생물학적 기반을 가지고 있다. 이 상처받은 아이는 한 번씩 그 모습을 드러낸다. 별것 아닌 일에도 마음이 요동치는 것이다. 혹은 아무런 일도 없는데 영문도 없이 그 모습을 드러낼 때도 있다. 상황에 맞지 않게 울음이 터져 나오거나, 화가 폭발하거나, 해야 할 일이 있는데도 손을 놓아버리거나, 세상과 문을 닫고 자기 안으로 숨어버리게 될 때도 있다. 순식간에 아이가 되어버리는 것이다. 핵심 감정을 경험했던 그때의 몸과 마음 상태가 되어버리는 것이다. 그렇기에 사람들은 그런 자신을 보며 "다섯 살 아이가 된 느낌이에요", "다시 중학생이 된 느낌이에요"라고 이야기한다.

그럴 때 당신은 그 아이에게 어떻게 하는가? 그냥 아무것도 하지 못하고 휩쓸리는가? 왜 이렇게 미숙하냐며 혼을 내는가? 모른 체하는가? 같이 흥분하는가? 그 아이에게는 무엇보다 돌봄과 헤아림이 필요하다. 안타까운 마음을 가지고 일단 아이에게 무슨 일인지 물어봐 주는 것이 먼저이다. 그러나 많은 이들은 혼을 내거나 모른 척하거나 그냥 휩쓸려 버린다. 과거에는 아이 자아밖에 없었기에 어쩔 수 없었다. 하지만 지금은 다르다. 정도의 차이는 있지만 미약하나마 그 아이를 토닥이고 무슨 일인지 물어볼 수 있는 어른 자아도 있기 마련이다. 그 어른 자아를 잘 발달시키는 것이 핵심 감정의 치유에 있어 무엇보다 중요하다.

핵심 감정으로 힘들어하는 이들은 의외로 자신의 상처를 잘 알지 못하는 경우가 많다. 즉, 자신에게 언제 어떤 일이 일어났는지 구체적인 기억을 떠올리지 못한다. 아주 오래되었기 때문일 수도 있지만 혼자 감당할 수 없었기에 부정되거나 억압되거나 파편화되어 있기 때문이다. 심지어 자신이 당시 연약한 한 어린아이에 불과했다는 것조차 잊고 있는 경우도 많다. 그렇기에 지금까지 어른의 기준으로 자신이 그 상황에서 그러지 말아야 했다고 혹은 어떻게 해야 했다고 야단치는 경우도 많다. 그러나 어른인 당신의 눈에 마음에 들지 않더라도 그 아이는 그 환경에서 살아남기 위해 자신이 할 수 있는 최선을 다했을 뿐이다. 설사 그 모습이 할 말도 못 하고 얼어붙거나, 눈치를 보고 비위를 맞추거나, 아무에게도 마음을 주지 않고 세상을 욕하며 살았더라도 말이다. 물론 이를 계속 반복해도 된다는 것은 아니다. 다만 그 아이에게 어떤 일이 벌어졌고 그 아이는 왜 그렇게밖에 할 수 없었는지를 이해하려고 노력해야 한다. 그 아이의 눈높이에서 이해해야 한다. 그 과정에서 그 아이가 살아남기 위해 얼마나 애썼고, 얼마나 잘 견뎌왔는지를 이해하게 되는 순간이 찾아온다. 자신이 왜 그런 일을 겪어야 하는지 제대로 알지도 못하고, 그 고통 속에 혼자 버려져 있었음에도 불구하고 어떻게든 살아보려고 발버둥 쳐 온 가여운 한 아이가 보인다. 뒤늦게나마 연민의 마음이 밀려오기 시작한다. 그리고 그동안 그 아이를 방치하고 괴롭혔던 데 대한 깊은 미안함이 올라온다. 그와 함께 힘든 시간을 버텨낸 그 아이에게 고마움과 함께 대견함을 느끼게 된다. 어쩌면 지금의 나보다 그때의 내가 더 대견하게 느껴질지도 모른다.

"그 아이에게 어떤 일이 일어났는지, 그 아이가 얼마나 무섭고 외로웠으며, 힘든 상황에서도 얼마나 잘 견뎌왔는지 이제야 알게 되었습니다. 그 아이를 오랫동안 방치했던 게 너무 미안하네요. 그리고 이렇게나마 살아준 게 참 대견하게 느껴집니다. 지금의 나보다 그때의 내가 더 대견하네요."

한 워크숍 참가자의 이야기이다. 과거의 그 아이에게 안타까움이나 대견함을 느낄 때 우리는 진심으로 아이가 겪은 고통에 귀 기울이고, 그 아이의 마음을 다독거릴 수 있게 된다.

감정은 감정으로 치유된다

핵심 감정 치유 워크숍을 할 때는 본격적으로 고통스러운 과거의 기억을 떠올리기 전에 자기연민 연습을 한다. 자신의 고통에 대해 안타깝게 느끼는 마음이 없다면 우리는 고통을 마주할 수도 없고, 감당할 수도 없기 때문이다. 우리는 다른 사람들의 고통에는 공감하고 위로를 건네는 데 익숙하지만 정작 자신의 고통에 공감과 위로를 보내는 것은 아주 서툴다. 연민의 대상에 자기가 포함되어 있지 않은 경우가 너무 많다. 연민은커녕 혐오의 대상으로 삼는다. 그나마 좀 더 나은 게 자신을 불쌍하게 여기는 경우이다. 즉, 동정의 대상으로 보는 것이다.

그렇다면 연민의 대상과 동정의 대상은 무엇이 다를까. 거기서 거기라고 생각할지 모르겠지만 차원이 다른 감정이다. 자기동정은 자신을 힘이 없고 불쌍한 존재로 보고 누군가의 도움을 받아야만 살아갈 수 있을 것 같은 의존적 감정이다. 그에 비해 자기연민은 자신의 고통을 안타깝게 여기고, 그 고통을 이해하려고 하고, 그 고통에서 벗어날 수 있도록 노력하려는 주체적 감정이다. 즉, 자기친절과 자기돌봄은 모두 자기연민의 감정에서 비롯된다.

    상처의 본질이 감정이라면 상처를 치유하는 것 또한 감정이다. 감정은 감정으로 치유된다. 많은 이들이 자신의 상처를 마주해야겠다는 결심을 하지만 스스로 상처를 마주하고 들여다본다는 것은 무척 힘든 일이다. 무엇보다 그 감정적 고통을 감당할 수 없을 것 같은 두려움 때문이다. 그 두려움은 단지 과거 그 당시의 고통 때문만은 아니다. 그 상처로 인해 뒤틀려 버린 내면과 잃어버린 삶을 직면해야 하는 고통을 포함한다. 나아가 그 모든 과정에서 가해자의 힘을 다시 확인하고 자신의 나약함을 받아들일 수밖에 없을 것 같은 외상적 재경험retrauma을 두려워한다. 그렇기에 상담 현장에서조차 자신의 상처를 제대로 재경험하지 못하는 경우가 수두룩하다. 자신의 상처와 상실에 대한 애도 과정이 진행되지 못하고 상처의 핵심에 다가가지 못한 채 주변을 맴도는 상담을 이어가다가 끝을 맺는 것이다. 혹은 계속해서 가해자에 대한 복수심과 원망에 집착하거나, 반대로 가해자에 대한 때 이른 용서에 사로잡혀 있기도 한다. 혹은 재경험을 시작하지도 않고, 애도를 거치지도 않았는데 상처를 떠나보내고 새롭게 출발해야 한다고 자꾸 자신을 다그기도 한다. 그 모든 게 치유에 대한 저항이다.

치유란 자신의 상처와 그로 인한 상실을 마주하는 작업이다. 천진난만함을 빼앗긴 채 눈치 보며 자라났던 어린 시절, 망망대해의 난파선처럼 세상 속에 늘 혼자라고 느꼈던 외로움과 이질감, 수많은 혼란과 방황 속에 놓쳐버린 삶의 기회들, 상처받지 않은 것처럼 꾸미느라 한 번도 진실한 관계를 맺지 못했던 지난날의 인간관계, 자신의 가능성을 펼쳐 보이기는커녕 그냥 살아남는 데 급급했던 지난 시간들! 우리는 치유의 과정에서 자신이 잃어버린 것과 마땅히 누려야 함에도 누릴 수 없었던 것들에 대해 알아차리게 된다. 그 박탈과 상실은 우리가 생각했던 것보다 더 크다. 그 과정에서 우리는 큰 슬픔에 빠진다. 마음이 힘들고 더욱 힘이 빠질 수 있다. 하지만 자기연민의 마음이 함께한다면 그 슬픔은 점점 치유의 촉매가 된다. 자기연민에 기초한 자기 애도의 과정이 일어나면 누군가의 구원을 통해서 혹은 마술적인 방식으로 일거에 상처에서 벗어나고자 하는 환상을 내려놓고, 자신을 채찍질함으로써 억지 치유를 조장하는 조급함에서 벗어나 한 걸음 한 걸음씩 마음의 구멍을 채우고 자기 삶을 살아가게 되는 힘이 생겨난다. 그리고 그 과정에서 우리는 따뜻한 눈물을 만날 수 있다.

    수치심이 핵심 감정이었던 은영 씨도 그러했다. 워크숍에서 자신의 상처를 들여다볼 때마다 눈물을 멈추지 못했다. 그러다가 한번은 거울에 비친 자신의 얼굴을 보면서 눈물을 왈칵 쏟은 적이 있다. 그런데 그 눈물은 지금까지 흘린 눈물과 무언가 달랐다. 무엇보다 따뜻했다. 그런 느낌은 처음이었다. '눈물이 따뜻할 수도 있구나!' 그 눈물이야말로 자기연민과 자기돌봄의 눈물이었다. 계속 누군가를 통해 구원받기를 바라는 마음을 내려놓고, 내면의 상처받은 아이에게 안타까움을 느끼며 처음으로 위로를 건넨 데 따른 감동의 눈물이었다. 어쩌면 그녀가 흘린 눈물뿐만이 아니라 내면의 그 아이가 처음으로 이해받고 위로받음으로써 흘린 눈물이 합쳐졌을지도 모른다. 우리는 흔히 너무 아프거나 슬플 때 눈물이 난다. 혹은 너무 화가 나거나 억울할 때 눈물이 날 수도 있다. 하지만 기쁘거나 감동을 받을 때도 눈물이 난다. 그리고 진심 어린 위로와 지지를 받을 때도 눈물이 난다. 이러한 눈물은 내면을 변화시키는 치유의 눈물이 된다. 특히 그 위로와 지지가 자신으로부터 나올 때 가장 강력하다. 내가 나의 고통에 대해 안타까워하고 내가 나를 위해 눈물을 흘릴 때, 그 눈물은 따뜻하다. 응어리진 상처를 녹인다. 이 눈물이 흐르고 나면 안도감이 들고 온기와 함께 몸과 마음이 한결 가벼워진 느낌이 이어진다. 그리고 마음이 열리고 에너지의 흐름이 바뀌게 된다. 당신은 그런 눈물을 흘린 적이 있는가? 트라우마 치료 전문가 재니너 피셔Janina Fisher는 《조각난 마음을 치유합니다》에서 그 치유의 눈물을 이렇게 이야기하고 있다.

> 마침내 누군가가 여기에 있고, 마침내 누군가가 이해하게 되었네요. 그래서 아이가 우는 거랍니다. 그리고 당신도 그 아이가 겪은 모든 일 때문에 울고 있고요.

이렇듯 연민의 마음으로 나 자신을 바라보면 잘못은 나한테 있는 게 아니라 과거의 부정적 경험이 문제였음을 알게 된다. 오랜 시간 동안 자신을 옥죄고 있는 핵심 감정은 약화되면서 슬픔이 올라온다. 그리고 과거의 상실에 대해 슬퍼하게 된다. 아이로서 마땅히 받았어야 할 사랑과 돌봄을 받지 못한 그 결핍에 연민의 빛이 닿으면 핵심 감정이 달라지기 시작한다. 수치심이나 무력감 등의 독성이 빠지고 점점 슬픔, 불안, 분노와 같은 기본 감정으로 바뀌어 간다. 과거의 부정적 경험 때문에 이렇게 오랜 시간 자신을 힘들게 했던 것에 대해서도 안타까움과 미안한 마음이 올라온다. 그 과정을 통해 점점 자신에 대한 느낌이 달라진다. 다른 사람들처럼 평범하고 취약하고 부족한 한 사람임을 인정할 수 있게 된다.

그 아이가 원하는 사람이 되어보라

"잠깐만요… 왠지 혼나는 느낌이 드네요."

앞에서 수치심이라는 핵심 감정을 지닌 팀장 연희 씨와의 상담 때이다. 하루는 직장을 그만두었다는 이야기로 상담을 시작했다. 나는 순간 그녀의 핵심 감정인 수치심과 퇴직이 연관성이 있지 않을까 싶었다. 그래서 그녀의 마음을 미처 헤아리기도 전에 왜 퇴직을 결정했는지, 어떻게 퇴직 의사를 표시했는지, 이후에 어떤 계획이 있는지를 물어보았다. 어쩌면 그녀에게서 반복되고 있는 패턴을 찾고 싶었던 것인지도 모른다. 질문이 이어지자 그녀는 말문을 멈췄다. 그리고 소화할 시간을 달라고 했다.

잠시 침묵이 흘렀다. 표정이 다소 굳어 보였다. 나는 그녀의 몸과 마음의 상태에 주의를 기울이며 물었다.

"지금 몸이나 마음에서 어떤 느낌이 드나요?"

그녀는 생각이 잘 떠오르지 않고 다소 멍하다고 했다. 약한 해리 반응 같은 게 느껴진 것이다. 나는 잠시 심호흡을 권했다.

"제가 퇴직에 대해 질문을 했을 때 어떤 느낌이 들었나요?"

그녀는 왠지 질책받는 느낌을 받았다고 했다. 나는 그녀에게 그런 질책받는 느낌을 과거에도 느꼈다면 가장 먼저 누가 떠오르는지를 물었다. 바로 엄마를 떠올렸다.

"내가 엄마 앞길을 막아서인지 엄마처럼 똑똑하지 못해서인지 엄마는 내가 늘 못마땅했나 봐요. 안 좋은 일이 있으면 늘 '왜 그랬어?'라고 이야기했어요. 그것은 걱정하거나 궁금해서 물어보는 게 아니라 추궁하거나 야단치는 느낌이었어요. 잘못한 게 있으면 잘못한 것 이상으로 혼을 냈고요. 그러다 보니 힘든 일이 있어도 이야기할 수 없더라고요. 직장 그만둔 것도 이야기할 수 없었어요. 또 그런 시선으로 볼 테니까요. 엄마는 내 마음을 따뜻하게 품어준 적이 없어요. 너무 차갑고 매서워서 얼어붙게 만들었죠. 그리고 다른 가족들도 내 마음을 녹여준 적이 없었어요."

우리가 맺는 관계는 기본적인 원형과 방식이 있다. 그렇기에 유년기에 중요했던 인물에게 느꼈던 감정과 욕구 그리고 관계 방식을 지금의 관계에서 되풀이하기 쉽다. 물론 늘 같은 경험과 느낌이 반복되는 것은 아니다. 새로운 경험이 펼쳐질 수도 있다. 치료적 관계가 대표적이다. 헝가리 출신의 정신분석학자 프란츠 알렉산더Franz Alexander는 이를 '교정적 감정체험Corrective Emotional Experience'이라고 했다. 즉, 분석 상황에서 내담자는 부모에 대한 감정과 욕구를 분석가에게 전이하게 되는데 분석가는 이를 부모처럼 반응하지 않고 다르게 반응함으로써 새로운 체험이 일어난다고 본 것이다.

연희 씨 역시 처음에는 나의 질문에 엄마와의 상호작용이 자동적으로 떠올라 약간 얼어붙는 느낌이 들었다. 나의 질문이 추궁처럼 느껴진 것이다. 그러나 잠시 호흡을 가다듬은 다음에 치료자와 함께 자신에게서 무슨 일이 일어났는지를 같이 탐색하면서 긴장이 풀리고, 자신의 마음을 드러낼 수 있었다. 그녀는 며칠 동안의 혼란스러웠던 감정을 솔직하게 끄집어냈다. 팀장 역할이 힘들어서 결국 퇴직을 결정한 것이었다. 나는 그녀의 이야기를 들으며 실제로 속도를 조절하지 않고 여러 질문을 던진 것이 일종의 트리거 역할을 했음을 알 수 있었다.

나는 그녀의 반복되는 패턴을 파악하려는 마음을 내려놓았다. 그리고 퇴직 전후로 그녀의 마음이 어땠을지를 떠올리며 들었다. 그녀는 힘들어서 사표를 냈지만, 퇴직 후에 더 힘들다고 했다. 또 못 버티고 도망친 것 같아 계속 마음이 괴롭다는 것이다. 그녀는 상담도 올지 말지 고민을 많이 했다고 했다. 퇴직 이야기를 꺼내면 치료자 또한 자신을 도망쳤다고 한심하게 바라보지 않을까 염려했던 것이다. 그러나 실제 상담에서 혼이 날 것 같거나 자신을 한심하게 볼 것 같은 느낌은 사실이 아니라는 것을 알게 되면서 자신의 마음을 솔직하게 이야기할 수 있었다. 혼이 날 것 같은 그 느낌은 현재의 감정이 아니라 과거의 감정임을 구분할 수 있게 된 것이다. 그 과정에서 회사를 그만둔 것에 대해 잘했다고는 할 수 없지만 버틸 만큼 버티다가 그만둔 것임을 받아들일 수 있게 되었다. 그녀의 표정이 한결 밝아졌다.

이렇게 상담이란 핵심 감정을 야기한 과거의 중요한 관계 경험이 치료자와의 현재 관계에서 재현되지만, 새로운 상호작용을 통해 과거의 핵심 감정이 재경험되고 해소되어가는 과정이라고 할 수 있다. 그렇다고 '교정적 감정체험'을 위해서 꼭 치료자의 호의적 반응이 있어야 하는 것은 아니다. 비교적 안전한 환경에서 과거에 감당할 수 없어 억압되었던 감정 경험을 다시 재경험하는 것만으로도 교정적 감정체험이 일어난다. 그리고 이 작업은 자신에 대한 연민의 마음과 함께 과거의 상처를 이해하려는 자세가 있다면 혼자서도 해볼 수 있다.

나는 워크숍이나 상담을 진행하면서 자신을 싫어하고 비난하던 많은 사람이 실제 과거 고통 속에 혼자 있던 자신을 떠올리면서 깊은 연민의 마음을 갖게 된 것을 많이 보았다. 자신의 부족함이나 잘못에 대해 습관적으로 한심하게 바라보고, 질책하고, 비난하는 반응에서 벗어나서 안타까운 마음을 갖고 그 고통을 이해하고 함께하게 된다. 당신도 그럴 수 있다. 그만큼 우리 마음속에는 우리가 생각하는 것 이상으로 자기연민과 자신이 잘 되기를 바라는 마음이 있기 때문이다. 특히 지지적이고 안전한 환경일수록 우리 안의 자기연민과 자기돌봄의 능력은 잘 활성화된다. 그렇기에 스스로 핵심 감정의 독기를 빼내는 작업도 가능하다. 그때는 감당이 안 되어 제대로 경험하지 못하고 쑤셔 박아 두었지만 이제 좀 더 안전한 환경을 조성하고 그 기억을 다시 재경험해 보고 표현하는 것이다.

자기연민의 마음을 기르기 위한 자기연민 명상

바로 자기연민의 마음을 떠올리는 게 쉽지 않을 수 있다. 그에 비해 사랑하는 사람에 대한 연민의 마음은 보다 자연스럽게 떠오른다. 사랑하는 사람에 대한 연민의 마음을 경험한 후에 이제 고통 속에 있는 자신을 연민의 마음으로 바라보자.

1. 눈을 감고 호흡에 주의를 기울인다.
2. 최근 몇 년 동안 사랑하는 사람이 힘들어했던 모습을 떠올려본다. 언제 어디에서 어떤 일로 힘들어하고 있는 모습이 떠오르는가?
3. 숨을 내쉴 때마다 '당신이 고통에서 벗어나 편안하기를'이라고 이야기한다.
4. 이제 당신이 과거에 고통스러워하던 모습을 떠올려본다.

5. 사랑하는 사람에게 느꼈던 그 연민의 마음을 담아 과거의 자신을 바라본다.
6. 그 고통이 몸 어디에서 느껴지는지 트래킹한다.
7. 그 부위에 호흡을 집중하고 손으로 토닥인다.
8. 자신이 고통에서 벗어나기를 바라는 마음을 담아 '내가 고통에서 벗어나 편안하기를'이라고 건넨다.

이제 나를 안정시킬 수 있다

핵심 감정을 재경험하는 것은 첫걸음을 떼는 것부터 어렵다. 시작도 하기 전에 몸에서 먼저 반응이 올라온다. 숨이 잘 안 쉬어지고, 눈물이 쏟아지고, 가슴이 조여오고, 온몸에 힘이 풀리고, 머리가 멍해지면서 자기도 모르게 뒤로 물러설 수밖에 없다. 이렇게 몸의 방어체계가 활성화되면 마음도 덩달아 방어를 하게 된다. 치유를 위해 꼭 필요한 것이라고 결심을 해도 금세 위험하고, 해롭고, 부질없고, 감당할 수 없을 것 같다는 생각이 마구마구 떠오른다. 마음이 힘들어서 치유 작업을 시작했지만 치유 작업으로 인해 더 힘들어지는 것은 드문 일이 아니다. 그러므로 이 작업을 할 때는 반드시 자신을 진정시킬 수 있는 방법과 기술을 가지고 있어야 한다. 간혹 큰 무대나 경기에서 실수를 하는 운동선수나 연예인을 본 적이 있을 것이다. 그런데 이들은 실수를 재빨리 수습하고 남은 공연이나 경기에 집중한다. 어쩜 그렇게 침착할까? 이는 타고난 침착함이라기보다는 시행착오와 반복적 연습을 통해 실수에 대해서도 연습이 되어 있기 때문이다. 이들은 실수를 하지 않아야 한다고 생각하는 것이 아니라 실수했을 때 어떻게 빨리 제자리로 돌아올 수 있을지 그 방법과 기술을 준비한다. 그리고 이를 수없이 연습한다.

핵심 감정의 치유 작업도 마찬가지이다. 핵심 감정 치유의 핵심은 '해소되지 못한 채 억압되어 버린 그 감정을 다시 경험하는 것'에 있다. 여러 번 반복해서 끝까지 경험해야 한다. 끝까지 경험한다는 말은 핵심 감정과 관련된 기억을 떠올리더라도 심신의 동요가 별로 일어나지 않고, 그런 일이 나에게 있었지만 지난 일이라고 이야기할 수 있을 때를 말한다. 자신이 처음부터 잘못되었다는 믿음이 진실이 아니라 외상이 만들어 낸 상흔임을 자각할 수 있을 때를 말한다. 그때 그 기억은 우리 앞에 있는 게 아니라 우리 뒤로 밀려난다. 이 작업을 하려면 심신의 동요를 진정시킬 수 있는 연습부터 충분히 해야 한다. 이를 자기안정화 기법이라고 한다. 그렇다면 어떻게 몸과 마음을 진정시킬 수 있을까? 사실 심리적 동요란 신체적 동요와 다르지 않다. 우리는 감정을 심리적 경험이라고 이야기하지만, 사실은 심박동, 호흡, 근육긴장도, 소화기관 움직임 등 신체 생리학적 변화를 통한 신체적 경험이 감정이다. 그 신체적 경험을 심리적 단어로 개념화한 것이 감정이다. 그러므로 신체적 동요로부터 벗어나 신체적 안정을 찾게 되면 심리적으로도 안정되었다고 할 수 있다.

37세에 뇌졸중으로 쓰러진 신경해부학자가 있다. 손상된 좌뇌로 숫자와 언어를 다시 하나하나 배워나가면서 뇌의 회복력을 직접 체험한 그녀는 이후 뇌에 기반한 마음의 작동 원리에 관심을 갖게 된다. 바로 《나는 내가 죽었다고 생각했습니다》를 쓴 질 볼트 테일러 Jill Bolte Taylor이다. 그녀가 제안한 감정조절 개념으로 '90초 규칙'이라는 게 있다. 간단히 말해 감정이 유발될 때 신체적 반응과 관

련한 화학반응은 90초가 지나면 자연스럽게 가라앉는다
는 것이다. 아주 단순화하면 감정의 수명이 90초에 불과
하다는 것이다. 아마 경험적으로 동의하기 어려울 것이
다. 힘든 감정이 유발되면 그날은 물론 며칠 동안 그 감정
에서 헤어 나오지 못할 때가 많기 때문이다. 그러나 그녀
에 의하면 90초 이후에도 지속되는 감정은 그 감정에 대
한 생각이나 집착 때문이지, 원래 감정에 따른 반응이 아
니라는 것이다. 그녀는 초기반응이 지난 뒤에도 지속되는
감정 경험을 '감정루프emotional loop'에 갇혀 있다고 표현한
다. 핵심 감정은 우리를 유난히 감정루프에 오래 가둬둔
다. 꼬리에 꼬리를 물고 온갖 부정적인 생각이나 기억과
걱정에 사로잡히기 때문이다.

그녀의 이야기에 전적으로 동의하는 것은 아니지만
이 '90초'라는 상징적 시간설정은 감정조절 전략에 효과
적이다. 결국 감정을 조절한다는 것은 감정에 대해 생각
하는 게 아니다. 바꾸거나 제거하는 것은 더욱 더 아니다.
그냥 감정을 감정으로 경험하는 것에 가깝다. 이를 위해
우리는 90초 동안 감정에 대한 추가적인 이야기를 자꾸
만드는 게 아니라 의식을 몸으로 돌리는 것이 중요하다.

즉, 감정에 따른 신체감각에 주의를 기울이고 감정을 경험하는 것이다. 90초 동안 감정이 어떻게 몸의 신체생리학적 변화를 유발하고, 어떻게 몸을 통해 빠져나가는지를 그대로 관찰하는 것이다. 이를 위해 몸의 느낌을 관찰하며 신체감각 단어를 사용하여 라벨링 하는 것이 좋다. 예를 들어, 울분이 솟구쳤다면 몸의 어디에서 그 감정이 느껴지는지를 찾아보고 이렇게 묘사하는 것이다.

"나는 지금 머리에 열감이 느껴지고, 뒷목이 뻐근하고, 눈과 어깨에 힘이 들어가고, 심장이 빨리 뛰고 있어."

이러한 신체적 접근은 감정을 비판단적으로 경험하고 받아들임으로써 감정루프에 빠지는 것을 최소화하고 감정조절을 이끌어가는 데 도움이 된다.

이러한 신체적 접근을 호흡과 함께 결합하면 더욱 효과적이다. 만약 많이 불안한 상태라고 해보자. 우선 가만히 불안에 따른 신체생리학적 변화를 살펴본다. 심장의 박동이 빨라지고, 호흡이 얕아지거나 가슴이 답답하고, 손이나 눈이 떨리고, 어깨나 뒷목이 긴장되어 있음을 알아차릴 수 있다. 그 변화들을 혼잣말로 라벨링 해본다. 그리고 그 신체생리학적 변화가 가장 잘 느껴지는 신체 부위에 손을 얹는다. 그다음에는 호흡을 깊이 가져간다. 코로 숨을 들이마시고 입술을 오므려 천천히 숨을 내쉰다. 예를 들어, 심장의 두근거림을 많이 느낀다면 한 손을 심장 쪽에 대고 숨을 깊이 들이마시고 천천히 내쉬어 본다. 특히 날숨을 천천히 그리고 길게 내쉰다. 이는 자율신경계와 관련이 있다. 숨을 들이마실 때는 교감 신경이 항진되고 숨을 내쉴 때는 부교감 신경이 항진된다. 그렇기에 평상시에도 맥박은 일정하지 않다. 들숨 때 맥박이 빨라지고, 날숨 때 맥박이 느려지는 것이다. 그러므로 과각성 상태일 때에는 천천히 숨을 내쉬면서 부교감 신경을 좀 더 자극하는 것이 필요하다. 진정되는 것 같으면 이제 다른 부위로 옮겨 가보자. 감정은 안정적인 특성이 아니라 일시적인 상태이다. 그 감정과 싸우거나 억누르려고 하지 말고, 그 감정에 연결된 신체 부위에 다가가 온화함을 건네보자.

우리는 평생
위로의 대상이 필요하다

중학교 때 엄마와 사별한 화란 씨는 핵심 감정 워크숍에서 고통스러웠던 과거의 기억을 하나씩 들춰내기 시작했다. 그러나 시작부터 쉽지 않았다. 엄마라는 말을 듣거나 엄마 생각을 하기만 해도 눈물이 흘렀다. 돌아가신 직후에는 더 심했다. 베개를 적시며 울다가 잠이 드는 날이 더 많았다. 한동안은 해가 저물 무렵이 되면 숨쉬기가 어려울 만큼 가슴이 답답했다. 엄마가 돌아올 수 없다는 것을 알면서도 문소리가 나면 엄마가 와 있는 것 같아 밖에 달려 나가곤 했다. 오지도 않을 엄마를 기다리며 하염없이 버스 정류장 앞에 앉아 있다가 들어온 적은 또 얼마나 많았던가. 아빠도 엄마가 떠난 뒤로 많이 힘들었는지 집에 없을 때가 많았다. 같이 있는 날에도 위로가 되지 않는 것은 매한가지였다. 그저 담배를 뻑뻑 피면서 "네가 뭔 죄냐!"라며 깊은 한숨만 내쉬곤 했다. 아무에게도 위로받을 수 없는 시간이었다. 집에 있는 날에는 하루 종일 라디오를 끼고 살았다. 음악만이 그녀의 마음을 다독여주는 친구 같았다. 화란 씨는 그 중학교 1학년 때를 떠올리기만 해도 다시 숨이 가빠졌다. 그 기억들이 엄청난 무게로 자신을 짓눌렀다. 자신의 과거와 정면으로 마주할 용기가 나지 않았다. 그냥 도망치고 싶었다. 그러나 그녀에게 과거와 대면할 수 있도록 힘을 준 것은 다시 음악이었다. 특히 〈라흐마니노프 교향곡 2번〉이 크게 도움이 되었다. 이 곡은 교향곡 1번의 실패로 깊은 좌절과 우울에 빠져 있었던 라흐마니노프의 회복의 기록이기도 하다. 그래서일까? 그 곡을 들으면 요동치던 마음이 가라앉고, 잔뜩 웅크린 몸이 펴졌다. 특히 3악장을 들을 때는 마치 누군가 다가와 등을 토닥이며 이렇게 말해주는 듯했다.

"괜찮아. 두려워하지 마. 너는 이미 잘 견뎌왔어. 할 수 있는 만큼만 해도 돼. 느린 걸음이더라도 괜찮아. 너는 새로운 삶으로 나아갈 수 있어."

덕분에 그녀는 호흡을 고르고, 다시 자신의 상처와 한 걸음씩 대면할 수 있었다. 이렇게 핵심 감정의 치유 작업을 할 때는 수시로 일어나는 신체적, 심리적 동요를 조절하기 위해 보다 많은 자원을 확보해야 한다. 그 자원이 꼭 내부 자원일 필요는 없다. 외부 자원도 좋다. 자신을 진정시키고 위로해 주는 데 도움이 되는 것이라면 다 좋다. 무엇이 떠오르는가? 물론 처음에는 막연할 수 있다. 그러나 지난 시간들을 가만히 살펴보라. 힘든 시간들이 많지 않았는가? 그 힘든 시간을 어떻게 통과해 왔는가? 그때마다 신경안정제를 먹거나 상담을 받지는 않았을 것이다. 세월이 약이었던 것만도 아닐 것이다. 그 시간을 헤쳐나올 수 있도록 위로를 주고 힘이 되어주었던 대상이나 활동들이 있었을 것이다. 그 모든 게 회복의 자원이 될 수 있다. 우리는 자신의 지난 상처를 통해 무엇을 잃어버렸는지를 아는 것도 중요하지만 어떻게 살아남았는지를 동시에 살펴야 한다. 그리고 그 안에서 자신의 강점과 자원을 찾아내고 이를 회복과 성장의 동력으로 삼아야 한다.

그 대상은 요가나 명상, 글쓰기, 신앙, 운동, 취미활동 등 사람마다 다양하다. 그중에 그림, 음악, 영화와 같은 예술작품을 꼽는 이들도 많다. 예술은 우리에게 공감과 위로와 정화를 불러일으키기 때문이다. 예술은 우리의 아물지 않은 상처나 깊은 감정을 건드리지만 동시에 그 상처에 약을 발라 준다. 공간 또한 좋은 자원이다. 어떤 공간은 그 자체로 우리를 보호하고 위로를 건네준다.

당신의 어린 시절을 떠올려보라. 당신이 힘들 때마다 찾아갔던 어떤 공간이 있을 것이다. 장롱이나 다락방과 같은 집 안의 공간일 수도 있고, 놀이터, 옛집, 시장, 교회나 사찰, 극장, 만화방 등 집 밖의 공간일 수도 있고, 산이나 강, 바닷가와 같은 자연의 공간일 수도 있다. 이 공간들이야말로 당신을 위로하는 친구이자 당신을 지켜준 은밀한 아지트였다. 어떤 이에게는 차나 향초가 자원이 될 수도 있고, 어떤 이에게는 우연히 읽은 책의 한 문장이 힘과 위로의 자원이 될 수도 있다. 화란 씨의 경우에는 음악과 함께 대학에 들어가면서부터 신앙이 큰 힘이 되었다. 자라면서 그 어디에도 마음을 둘 곳이 없었던 그녀에게 우연히 성경 속 한 구절이 가슴에 들어왔다. 그 문구를 접하면서 오랜 마음의 슬픔과 불안을 다독일 수 있었다. 지금도 힘들 때마다 떠올린다.

두려워 말라, 내가 너와 함께함이니라.
Do not fear, I am with you.

삶은 문제와 고통의 연속이다. 핵심 감정이 없는 사람이라도 인간의 삶은 평생 흔들린다. 불완전한 인간은 평생 의지할 대상이 필요하다. 그 대상이 꼭 사람일 필요는 없다. 자연이나 신앙, 반려동물이나 예술, 혹은 우연히 만난 어떤 문장이나 시구 하나가 흔들리는 삶을 지탱시켜 줄 수도 있다. 이렇게 우리는 회복과 성장을 위해 정신적 자원을 적극적으로 탐색하고 발견하고 음미하고 강화해야 한다.

힘과 위로를 주는 나만의 대상

지금까지 힘든 일을 겪었을 때 자신에게 위로와 힘이 되어주었던 대상을 떠올려보자. 예를 들어, 음악이라고 하면 그냥 '음악'이라고 적지 말고 어떤 음악이 그런 역할을 했는지 음악가나 곡명 등을 구체적으로 적어본다. 공간도 마찬가지이다. 그냥 '산'이나 '숲'이라고 적지 말고 자신이 실제 힘들 때 찾아가서 위로가 되었던 특정 산이나 숲의 이름을 적어본다.

- 음악 :
  _____
- 문장(글) :
  _____

- 예술(음악과 글 제외)

___

- 신앙 :

___

- 공간 :

___

- 운동 :

___

- 취미활동 :

___

- 사람 :

___

- 기타 :

___

큰 결심은
큰 좌절을 빚는다

주변을 보면 다른 사람이 한 권의 책을 보는 동안 서너 권의 책을 보는 이들이 있다. 당연히 시간당 독서량이 어마어마하다. 아주 효율적으로 독서를 하는 것처럼 보인다. 그렇다면 책을 천천히 읽는 것은 비효율적인 것일까? 옛 선현들은 학문하는 데 가장 경계하는 자세로 '엽등躐等'을 꼽는다. 이 말은 한 단계씩 순서대로 나아가지 않고 몇 단계를 건너뛰고 빨리 나아가는 것을 말한다. 계단으로 치면 몇 계단을 한꺼번에 밟아 올라가는 것이다. 변화의 속도가 빠르고 경쟁이 심한 사회에서 한 계단씩 차근차근 밟아가는 것은 답답하고 어리석은 것처럼 보일 수 있다. 특히 주변 사람들이 앞서서 올라가고 있거나 뒤에서 성큼성큼 올라와서 앞질러 가기라도 하면 마음은 너무 쉽게 흔들린다. 한 방에 뭔가 크게 바뀔 것을 바라게 되며 할 수 있는 것 이상으로 애쓰게 된다.

핵심 감정에서 벗어나고자 하는 이들은 '학습된 무력감'을 지니고 있는 경우가 많다. 여러 번 자신의 상처에서 벗어나려고 해도 잘 안되니까 '나는 해도 안 돼!'라는 무력감이 생겨난 것이다. 더 큰 문제는 해도 잘 안되는 이유를 단순하게 '마음을 강하게 먹지 못해서'라고 생각한다. 그렇기에 이들은 놀랍게도 만성적인 무력감을 가지고 있는데도 불구하고 큰 결심을 한다. 마음을 단단히 먹으면 큰 변화가 뒤따른다고 생각하는 것이다. 하지만 마음을 단단하게 먹고 시작한 만큼 계획대로 실천하지 못하거나 원하는 결과가 나타나지 않으면 크게 좌절한다. 계획이나 기대대로 하지 못한 자신에게 크게 실망하는 것이다. 그리고 그 실망은 점점 절망으로 바뀐다. 더 강하게 결심을 하지만 더 큰 무기력에 빠지는 이유이다. 즉, 이들은 '결심-절망의 악순환'에 갇혀 점점 더 깊은 무기력으로 빠져든다.

생각해 보라. 당신이 오래 달리겠다고 아무리 크게 결심한다고 해서 오래 달릴 수는 없다. 오래 무기력한 상태에 있었던 당신이 열심히 살겠다고 큰 결심을 한다고 해서 열심히 살 수 있는 것은 아니다. 삶은 단번에 바뀌지 않는다. 핵심 감정의 치유 과정도 마찬가지이다. 가장 경계해야 할 것은 '무리한 계획과 성급한 시도'이다. 이들은 늘 자신이 할 수 있는 것 이상으로 무리한 계획을 세우고 성급하게 달려간다. 결국 오래 가지 못하고 주저앉는다. 그렇다면 우리에게 필요한 것은 무엇일까? 바로 점마漸磨이다. 이는 숫돌로 갈듯 차근차근 닦아간다는 의미이다. 한 계단씩 한 계단씩 올라가는 것이다. 시간이 더 걸리는 것처럼 보일지 모르지만 그렇게 해야 원하는 곳에 도달하고 특정한 경지에 이를 수 있다. 학문뿐 아니라 치유의 과정도 그렇다.

특히 핵심 감정의 치유는 더 그렇다. 핵심 감정은 처음에는 아주 이질적이었지만 시간이 지날수록 성격화된 감정이다. 자신의 정체성을 이루고 있다. 몸의 상처라고 한다면 염증이 주변의 조직을 파고 들어가 정상 조직과 비정상 조직의 구분이 어려워진 상태다. 깨끗하게 비정상 조직만 박리하기 어렵다는 이야기이다. 마음 같아서는 그냥 혹을 잘라내듯이 잘라버리면 시원할 것 같지만 그렇게 되지 않는다. 무엇보다 시간을 허락해야 한다. 덩어리로 문제를 해결하려고 하기보다는 이를 쪼개어 지금 할 수 있는 작은 것부터 해결해 나가는 자세가 필요하다. 그리고 넘어짐을 허락해야 한다. 치유의 과정은 앞으로만 나아가는 직선이 아니다. 많이 나아졌다 싶다가도 어떤 일로 인해 마음이 요동치고 제자리로 돌아갈 수 있다. 그러나 설사 제자리까지 밀렸다고 해도 나아간 곳까지 다시 돌아가는 것은 오래 걸리지 않는다. 그리고 다시 더 앞으로 나아갈 수 있다. 정말 회복하고 싶은가? 그렇다면 무엇보다 자신에게 충분한 시간과 연습을 허락하자. 실제 회복의 '복復' 자에는 그런 의미가 있다. 이 글자는 '彳(조금 걸을 척)'자와 '复(갈 복)'자로 되어 있다. 즉, 온전한 상태로 돌아오는 것은 조금씩 조금씩 이루어지는 것이다. 우리를 바꾸는 것은 큰 결심이 아니라 작은 연습을 이어가는 것임을 잊지 말자.

회복의 자원 확보하기

핵심 감정의 치유는 길고 힘든 여정이다. 우리는 이 여정을 단숨에 끝낼 수 없다. 그 조바심이야말로 회복의 가장 큰 걸림돌이다. 전진과 후퇴를 반복하면서 한 걸음 한 걸음씩 자기 속도로 나아가는 수밖에 없다. 그렇기에 우리는 그 여정을 이어가기 위한 에너지와 자원을 많이 확보해야 한다. 5장에서는 먼저 핵심 감정의 재경험에 필요한 자원을 다루었다.

첫째, 회복의 책임을 자신에게 있다고 받아들이는 것이야말로 가장 중요한 자원이다. 핵심 감정을 재경험하는 것은 고통을 자처하는 일이므로 스스로 회복의 주체가 되지 않으면 계속할 수 없고, 스스로 의미를 부여하지 않으면 감당하기 힘들다.

둘째, 고통 속에 있던 과거의 자신에 대한 연민의 마음이야말로 이 긴 여정의 동반자가 되어야 한다. 이 동반자가 없다면 이 여정을 이어갈 수 없다. 사랑하는 사람에 대한 연민의 마음을 이제 자신에게도 건네보자. 이를 위해 틈틈이 자기연민 명상을 해보자. 그리고 거울을 볼 때나 자기 전에 '내가 평안하기를', '내가 나를 돌볼 수 있기를'이라는 자기연민의 문구를 건네보는 것도 좋다.

셋째, 몸을 통해 동요하는 몸과 마음을 진정시키는 능력을 길러내는 것이다. 이는 아래에 한 번 더 정리하겠다.

넷째, 생애 전반을 거쳐 자신에게 위로와 힘이 되어주었던 대상과 활동을 정리해본다. 그리고 회복의 여정에서 힘들 때마다 그 자원을 적극 활용하여 에너지를 채운다.

• **몸을 통한 자기 안정화 기법**
고통스러운 기억이 떠오르거나 혹은 떠올릴 때 몸의 어느 부위에서 동요가 크게 일어나는지 찾아본다. 그리고 그 부위에 손을 얹는다. 그 부위를 통해 숨이 드나든다고 생각한다. 숨을 좀 더 깊이 들이마시고 천천히 내쉰다. 온화한 호흡이 그 부위에 스며들어 진정되는 느낌이 들 때까지 호흡에 집중한다. 그 부위가 만약 가슴이라면 '내 가슴이 안정되기를'이라고 이야기를 건네주면 더 좋다. 다른 부위라면 그 부위의 이름을 이야기를 하고 호흡에 집중한다.

다소 안정된 것 같으면 다시 그 감정을 몸 전체로 느낀다. 또 동요가 일어나면 어디에서 느껴지는지 그 부위를 찾아본다. 그리고 같은 방법으로 손을 얹고 호흡을 통해 진정시켜 본다. 꼭 한 번에 다 할 필요는 없다. 조금씩 조금씩 해도 된다. 이렇게 몸 전체를 통해서 핵심 감정을 경험하고 몸을 통해서 핵심 감정을 진정시키게 되면 감정에 대한 대처 능력은 점점 달라지기 시작한다. 힘든 감정을 오랫동안 견디고 그 감정 경험과 머무를 수 있는 감정수용 능력이 향상된다.

• 감정적 대피소 만들기

핵심 감정의 재경험에 본격적으로 들어가기 앞서서 미리 감정적 대피소 emotional shelter를 만들어 놓는 것도 좋다. 심상 작업 중에 힘들면 잠시 몸과 마음을 가다듬고 안정을 취할 수 있는 정신적 휴식 공간을 의미한다. 그러한 감정적 대피소는 어린 시절의 기억 중에서 아주 편안하거나 따뜻한 기억을 내적 심상으로 떠올려 보는 것이다. 예를 들어, 당신의 가장 편안한 기억은 어릴 때 엄마의 무릎을 베고 누워 있고, 엄마는 당신의 머리를 만져주면서 책을 읽어주었던 장면이라고 해보자. 그 기억 속으로 들어가는 것이다.

과거를 기억하는 것이 아니라 현재에서 그 장면을 재경험하는 것을 말한다. 이를 위해서는 생각이 아니라 감각으로 떠올리는 것이 필요하다. 즉, 지금 그 아이가 되었다고 생각하고 머리 뒤편에 닿는 엄마의 무릎, 나의 머리를 만져주는 엄마의 손길 그리고 내 귀에 들리는 엄마의 목소리를 현재형으로 떠올리는 것이다. 그리고 그 편안함과 따뜻함이 가장 잘 느껴지는 몸의 부위를 찾아본다. 얼굴에 부드러운 미소가 피어오른다면 얼굴에 손을 얹고 깊은 호흡을 통해 그 느낌을 기억해 둔다. 핵심 감정을 재경험하면서 힘들거나 지칠 때 그 편안함을 느꼈던 신체 부위에 손을 얹고 다시 그 느낌에 잠시 젖어본다.

핵심 감정 마주하기

06

"도망가지도 마라. 묻어두지도 마라. 뭔가에 매달려서 혹은 감정으로 가는 통로를 삼켜버림으로써 다른 현실이 나타날 것이라는 헛된 희망을 품지도 말고, 헛된 수고도 하지 마라. 손목을 긋지도 마라. 그저 그것을 마주 보고 처리하라. 당신이 살아가는 한 계속 찾아올 것이므로 고통스럽지만 당신은 계속 살아내야 한다. 그것은 진실로 삶을 만드는 일이다."

•

엘렌 베스, 로라 데이비스, 《아주 특별한 용기》 중에서

몸, 고통과 번영의 진원지

우리는 앞에서 핵심 감정은 암묵적 기억으로 머리가 아닌 몸에 저장되어 있다고 했다. 그것은 꼭 핵심 감정만 그러는 게 아니라 기본적으로 감정 자체가 몸에 기반하고 있기 때문이다. 감정은 심리적 경험 이전에 신체적 경험이다. 그렇기에 감정은 생각과 달리 막연한 것이 아니라 생생하다. 실제 감정의 표현 또한 신체적 경험에 바탕을 둔다. '간이 서늘하다', '피가 거꾸로 솟는다', '가슴이 찢어진다', '가슴이 두근거린다', '속이 뒤집힌다', '어깨가 떨어져 나간 듯하다', '온몸에 힘이 빠진다', '속이 부글거린다', '눈꼴시다' 등 우리는 감정을 몸으로 느끼고 몸의 언어로 표현한다. 앞에서 이야기한 슬픔, 분노, 불안, 즐거움의 기본 감정은 인지가 가미된 복합감정과 달리 피질하 감정subcortical emotion이기 때문에 더더욱 신체적이다. 그러므로 강렬한 기본 감정이 억눌려지면서 형성된 핵심 감정은 '신체화된 감정embodied emotion'이라고 할 수 있다. 핵심 감정이 건드려지면 몸부터 반응하는 이유이다. 얼굴이 빨개지거나 굳어지고, 가슴이 철렁 내려앉거나 조여들고, 온몸에 힘이 빠지거나 다리가 풀리고, 신경이 곤두서고 배가 뭉칠 수 있다. 이는 핵심 감정의 치유에 있어서도 아주 중요한 점이다. 핵심 감정을 재경험한다는 것은 기본적으로 억압된 신체감각을 재경험하는 것을 의미한다.

실제 핵심 감정의 재경험 과정에서 억눌린 감정이 신체감각의 형태로 올라오는 경우가 많다. 울분이라는 핵심 감정을 가지고 있는 민주 씨의 경우를 보자. 민주 씨는 자기만 남겨놓고 엄마 아빠가 남동생과 웃으며 치킨을 먹는 장면만 떠올려도 속이 부글부글 끓어오른다. 그것은 그냥 하는 관념적인 표현이 아니다. 정말 그런 느낌이 올라온다. 명치 아래에서 창자가 꿈틀거리고 꼬이는 느낌이 든다. 이는 그녀가 울분이라는 핵심 감정이 건드려질 때마다 자주 느끼는 신체감각이다. 이를 핵심 감정, 핵심 신념이라는 단어처럼 감정 도식을 이루는 '핵심 감각 core sense'이라고 말할 수 있다. 이 핵심 감각을 잘 알고 있으면 핵심 감정이 활성화되는 것을 빠르게 알아차릴 수 있다. 예를 들어, 수치심이라면 얼굴이 순식간에 굳어지는 느낌일 수도 있고, 무력감이라면 몸에 힘이 풀려 땅으로 꺼지는 느낌일 수도 있고, 근원적 불안이라면 머리가 하얗게 되거나 가슴이 조여드는 느낌일 수도 있고, 공허감이라면 가슴이 휑한 느낌일 수 있다. 그렇다고 각각의 핵심 감정마다 서로 구분되는 특징적인 신체감각을 가지고 있는 것은 아니다. 울분이라고 하더라도 사람마다 그 핵심 감각은 다를 수 있고, 다른 핵심 감정이라고 하더라도 그 신체감각이 비슷할 수도 있다. 이렇게 핵심 감정은 몸을 통해 올라오기에 현재처럼 느껴진다. 과거의 불안이었는데도 지금 몸이 불안으로 요동치기 때문에 현재의 불안으로 느낄 수밖에 없고, 과거의 무력감이었는데도 지금 몸의 힘이 빠져나가는 느낌이 들기 때문에 현재의 무력감처럼 느낄 수밖에 없다. 그러므로 과거의 힘든 기억이 자꾸 떠올라서 힘든 이들은 몸이 고통의 근원처럼 느껴질 수밖에 없다. 몸을 통해 외상이 재경험되기 때문에 자신의 몸을 저주하게 된다. 자해를 많이 하는 이유이다. 그렇게 보면 트라우마는 몸에서 펼쳐지는 끝나지 않는 전쟁과도 같다. 트라우마를 겪고 있는 이들의 몸은 마치 폭격이 이루어지고 포성이 울리는 전장과도 같다.

그러나 핵심 감정의 치유에서 몸은 고통과 상처의 진원지이면서 동시에 치유와 번영의 통로가 된다. 우리는 트라우마가 자신의 몸에 어떤 흔적을 남겨 놓았는지를 경험하고, 인식하고, 이해할 수 있다. 나아가 호흡, 자세, 움직임, 접촉과 같은 활동을 통해 심신의 방어를 풀어내고, 몸과 뇌의 연결을 새롭게 하며, 신체의 생리적 기능을 조절할 수 있다. 즉, 몸을 통해 고통을 느끼기도 하지만 몸을 통해 위로와 지지를 얻을 수 있다. 그러므로 우리는 몸을 치유의 통로로 적극 활용해야 한다. 몸으로 올라오는 감정을 회피하거나 억압하거나 싸우는 대신에 그냥 몸 전체로 감정을 느끼고, 몸으로 감정을 조절하고, 그 감정이 빠져나가는 것을 지켜볼 수 있는 능력을 길러야 한다. 자신의 몸을 통해 심리적 안정감을 느끼고, 몸의 의식적인 움직임을 통해 자기 속도와 자기 통제감을 되찾는 것이다. 이렇게 감정이 몸을 통해 안전하게 경험될 때 비로소 감정은 치유와 성장을 향한 에너지로 변형된다.

실제 몸을 중요한 치료의 기반으로 이용하는 다양한 기법이 있다. 그중에는 심리학자 유진 젠들린^{Eugene Gendlin}이 만든 '포커싱 치료'가 있다. 그는 '감각 느낌^{felt sense}'이라는 개념을 만들었다. 이 생소한 말은 어떤 상황이나 사람 혹은 사건에 대한 몸의 느낌을 말한다. 이 몸의 느낌은 감정 자체는 아니지만 말로 다 표현하기 힘든 진짜 감정과 의미를 그 안에 품고 있다고 할 수 있다. 젠들린에 의하면 성공적인 상담은 이 감각 느낌의 변화가 유발된다고 말한다. 상처의 핵심은 신체화된 감정이며 그렇기에 그 고유의 감각 느낌을 가지고 있다. 그러므로 내면에 주의를 기울여 이 감각 느낌을 알아차리고, 충분히 경험하고 대화를 하면 이 감각 느낌은 변화해 감각의 전환이 일어난다고 본다. 전율이나 떨림으로 감정적 에너지가 방출될 수도 있고, 뜨거움과 차가움 사이의 온도 변화로 감지될 수도 있고, 단단함과 부드러움 사이의 감촉의 변화일 수도 있다. 우리가 몸에 주의를 기울여야 하는 이유이다.

신체감각은 감정의 통로가 된다

핵심 감정의 치유에 있어서 중요한 것은 인지적 수준에서의 이해와 통찰이 아니라 감정적 수준에서의 이해와 통찰이다. 감정이 상처의 원인이라면 치유 또한 감정이 초점이 된다. 그러므로 우리는 회복을 위해 억압된 감정에 다가가야 한다. 하지만 이는 생각보다 쉽지 않다. 관련된 기억을 떠올리기만 해도 과각성이나 저각성 상태에 쉽게 빠지는 경우가 있다. 오래전 기억임에도 마치 지금 바로 앞에서 펼쳐지는 것처럼 그 당시에 겪었던 감정이 솟구치는 경우가 있다. 이는 너무나 생생하게 느껴지기에 바로 흥분하거나 반대로 얼음 반응이 일어날 수도 있다. 그러나 더 흔한 문제는 핵심 감정과 관련된 기억을 떠올려 보라고 해도 잘 떠올리지 못하는 경우이다. 아무 기억이 나지 않는다고 하는 이들도 있지만 너무 희미하게 느껴지거나 기억은 나는데 별다른 감정이 느껴지지 않는다고 이야기하는 사람들이 많다. 심지어 자신이 괴롭힘을 당하거나 맞고 있는 모습을 떠올리더라도 무덤덤하다고 이야기하는 이들도 있다. 이런 경우에는 상담가도 핵심 감정 치유 작업에 난항을 겪게 되지만 본인도 무척 답답할 수밖에 없다. 이러한 무감각은 그 자체로 심리적 외상의 가장 대표적인 증상이면서 동시에 아주 만성화된 방어라고 할 수 있다. 오랜 시간 동안 감정을 차단하면서 감정을 지각하고 경험하는 능력이 아주 퇴화한 것이다. 그렇다면 이렇게 힘든 기억을 떠올려도 별다른 감정을 잘 느낄 수 없다면 어떻게 해야 할까?

두 가지 방법이 있다. 첫째는 핵심 감정과 관련된 기억을 떠올릴 때 과거가 아닌 현재로 떠올려 보는 것이다. 예를 들어, 초등학교 5학년 때의 일이라고 해보자. 우리가 흔히 떠올리는 기억 방식은 스크린 속에 초등학교 5학년 시절의 내가 있고, 현재의 나는 객석에 앉아 그 장면을 보는 식이다. 이렇게 '과거의 나'와 '현재의 나'가 분리되어 있는 경우를 외적 심상이라고 이야기한다. 그에 비해 '현재의 나'와 '과거의 나'가 분리되지 않고 직접 스크린 속으로 들어가서 그 일이 지금 눈앞에서 펼쳐지는 것처럼 떠올리는 경우를 내적 심상이라고 한다. 어떤 심상이 더 강렬할까? 그렇다. 내적 심상이 현재처럼 경험할 수 있기에 훨씬 강렬하다. 신체화된 핵심 감정이 더 잘 떠오른다. 만약 고통스러운 기억이 너무 생생하게 떠올라서 힘들다면 반대로 외적 심상으로 전환할 수 있다. 즉, 스크린에서 '지금의 나'가 빠져나와 객석에 앉아 과거의 장면을 바라보는 것이다. 핵심 감정의 치유에서는 이렇게 내적 심상과 외적 심상을 오가면서 각성 정도를 조절하는 게 필요하다. 다만 혼자 하기 어렵다면 전문가의 도움을 받는 게 좋다.

두 번째 방식은 감정적 경험을 위해 신체적으로 접

근하는 것이다. 감정인식에 어려움이 있다면 '지금 그 일을 떠올릴 때 어떤 감정이 느껴지는가?'라고 질문하기보다는 '지금 그 일을 떠올릴 때 몸의 어디에서 어떤 반응이 일어나고 있는가?'라고 질문하는 게 나을 수 있다. 그 역시 막연하다면 그 기억을 떠올려 보고 가만히 가슴과 배 그리고 머리와 목 부분에 주의를 기울여 본다. 먼저 호흡이 어떤지부터 살펴본다. 호흡이 자연스럽게 잘 쉬어지는지 혹은 짧아지거나 걸리는지 알아차려 본다. 이어 심장 주변의 느낌에 주의를 기울여 본다. 심장이 두근거리거나 조여드는 느낌이 있는지, 박동이 빨라지는지 살펴본다. 그리고 이어 복부에서는 어떤 느낌이 드는지 살펴본다. 어떤 이들은 복부가 뭉치는 느낌이 들거나 꿀렁거리거나 혹은 꼬이는 느낌이 든다고 이야기하는 경우도 있다. 마지막으로 머리와 얼굴 그리고 목의 부위에 주의를 기울여 본다. 목이 메는 느낌이 드는지, 목과 어깨의 긴장이 어떤지, 얼굴의 열감은 어떤지, 떨림이 느껴지는 곳이 있는지 등을 살펴본다. 앞에서 이야기한 것처럼 핵심 감정이라도 사람에 따라 그 신체감각이 다르니 스스로 몸에 주의를 기울이고 자신의 언어로 묘사해 보는 것이 필요하다. 물론 처음에는 그 또한 어려울 수 있다. 그러나 핵심 감정은 강렬한 감정이기 때문에 가만히 주의를 기울여 보면 그 기억에 따른 몸의 변화를 알아차릴 수 있다. 이를 위해서는 평소에도 감정에 따른 신체감각에 주의를 기울여 볼 필요가 있다. 만약 여러분이 화가 난다면 몸 어디에서 화가 가장 잘 느껴지는지 살펴보라. 얼굴의 열감인가? 심장의 두근거림인가? 주먹이나 어깨의 긴장인가? 혹은 눈이 찌푸려지고 어금니에 힘이 들어가 있는가? 당신이 감정에 따른 신체감각의 변화를 인식하고 표현할 수 있다면 놀랍게도 감정은 변화하기 시작한다. 감정으로 들어가는 통로가 감각이 될 수 있는 것이다. 트라우마 치유의 세계적인 전문가 베셀 반 데어 콜크Bessel van der Kolk는 도서 《몸은 기억한다》에서 신체적인 자기인식의 중요성을 이렇게 이야기하고 있다.

> 트라우마 희생자들은 자기 몸의 감각에 익숙해지고 주의를 기울이지 않는 한 회복될 수 없다. 깜짝 놀란 상태로 산다는 건 늘 경계 태세에 있는 몸으로 살아간다는 걸 의미한다. 변하기 위해서는 감각과 신체가 주변 세상과 상호작용하는 방식을 인식할 수 있어야 한다. '신체적인 자기인식'은 폭군처럼 제멋대로 구는 과거를 홀

려보내는 첫걸음이다.

아래 감각 어휘 목록을 보면서 자신의 감정에 따른 신체적 느낌을 묘사해 보자.

신체 감각 목록

뭉친/굳은	저리는/떨리는/오싹거리는	부푸는/늘어나는/길어지는
가벼운/상쾌한	몸서리치는/곤두서는/팽팽한	수축하는/좁아지는/짧아지는
무거운/뻣뻣한/묵직한	찌릿거리는/따끔거리는	답답한/숨가쁜/숨막히는
뜨거운/열나는/화끈거리는	어지러운/울렁거리는	쑤시는/찌르는
시원한/서늘한/시린/추운	두근거리는/긴장되는	꺼지는/가라앉는/스며드는
충만한/꽉 찬	짜릿한/흥분되는	막히는/걸리는/얹히는
비어있는/텅 빈/휑한	단단한/딱딱한/빡빡한	조여드는/쥐어짜는/뭉치는
흐르는/일렁이는/출렁이는	메마른/푸석거리는	열리는/풀리는/뚫리는
부드러운/말랑거리는	축축한/눅눅한/끈적이는	둔한/멍한/얼얼한
포근한/따뜻한/녹아내리는	늘어지는/노곤한/졸리는	들썩거리는/안절부절못하는
개운한	처지는/기운이 빠지는	비틀린/뒤엉키는
깨어나는/활력있는/또렷한	가려운	흔들리는

몸으로 감정을 경험하라

핵심 감정이 해소되려면 무엇보다 '억눌린 감정을 다시 경험하고 처리하는 것'이 중요하다. 그 해소의 과정은 4단계로 진행된다. 1단계는 핵심 감정과 관련된 기억을 정리하고, 2단계는 이 핵심 감정을 몸으로 경험하고, 3단계는 심상을 통해 핵심 감정을 재경험하고, 4단계는 핵심 감정에 갇혀 있는 충동을 처리하는 과정이다. 단계별로 자세히 살펴보도록 하자.

핵심 감정 해소하기 4단계 과정

1단계 핵심 감정과 관련된 기억 정리하기	단계적 접근을 위해서 핵심 감정과 관련된 기억을 강도별로 정리해 본다.
2단계 몸으로 핵심 감정 경험하기	힘든 감정을 경험하고 견뎌내는 능력을 길러내기 위함이다. 인지과정을 거치지 않고 단순히 신체감각을 통해 감정을 경험한다.
3단계 심상을 통해 핵심 감정 경험하기	심상을 통해 자기연민의 마음을 가진 건강한 어른 자아와 고통 속에 있는 아이 자아와 만난다. 그 상처를 위로하고 애도하고 이해한다.
4단계 핵심 감정에 갇혀 있는 충동 처리하기	그 당시에 행동하거나 표현되었어야 했지만 그럴 수 없어 갇혀 버린 충동을 적절한 방법으로 표현하는 과정이다.

우선 1단계는 핵심 감정과 관련된 기억을 강도별로 정리하는 것이다. 어린 시절 심리적 고통 속에 혼자 있었던 때를 간단히 떠올려 본다. 그 기억 속으로 들어가지 않고 몇 살 때 어떤 일이 있었는지 정도만 노트나 핸드폰에 정리하면 된다. 그 기억들을 1~10점 정도로 구분해서 정리해 본다. 낮은 단계에서 높은 단계로 점진적으로 접근하기 위해서이다. 워크숍에 참여했던 경진 씨의 예를 들어보자. 경진 씨는 버림받음에 대한 두려움과 원초적 수치심이라는 핵심 감정을 가지고 있다. 이와 관련된 느낌을 주었던 사건들이 있다. 이를 나열하고 이렇게 점수를 매겼다.

- 5세경: 낮에 자다가 눈을 떴는데 아무도 없어 마구 울었다. 한참 뒤에 엄마가 들어왔다. (5점)
- 7세경: 외할머니집에 갔다가 올라오는데 내가 늑장을 부리자 엄마가 "그러면 넌 할머니랑 살아. 우리 먼저 갈게"라고 하고 현관문을 닫고 나가버렸다. 그리고 겁을 주기 위해 먼저 차로 출발했다가 돌아왔다. 엄마는 장난이었을지 몰라도 나는 눈앞이 캄캄해질 만큼 놀랐다. (8점)

- 초등 3학년: 엄마, 아빠 사이가 나빠지면서 자주 다퉜다. 싸움이 크게 벌어진 날은 엄마가 집을 나갔다. 그런 날이면 가슴이 무너져 내렸다. 학교가 끝나면 오늘은 꼭 엄마가 와 있기를 기도하면서 집에 가곤 했다. (9점)
- 초등 6학년: 엄마, 아빠 사이가 더 나빠져서 이혼을 했다. 엄마도 일을 해야 해서 3개월가량 외할머니 집에서 살게 되었다. 엄마가 할머니 말 잘 듣고 있으라고 하고 울면서 떠났다. 그때 몇 개월 동안 엄마가 나를 데리러 오지 않아서 결국 엄마 없는 아이로 살게 될까 봐 너무 무서웠다. (9점)
- 고등학교 2학년: 교회에서 나를 예뻐해 주는 오빠가 있었는데 사실은 나보다 다른 친구를 더 좋아한다는 것을 알게 되었다. 어느 날 두 사람이 팔짱 끼고 걸어가는 것을 보고 버림받은 느낌이 들어 가슴이 미어졌다. (7점)

이어 2단계는 핵심 감정을 몸으로 경험해 보는 단계이다. 이는 힘든 감정을 경험하고 견뎌내는 능력을 길러내기 위함이다. 오랜 시간 억압된 고통스러운 기억을 끄집어내어 몸으로 경험하는 것은 일상적인 감정을 몸으로 경험하는 것과는 전혀 다른 차원이다. 시작조차 어려울 수 있다. 특히 강하게 억압된 감정일수록 강렬한 신체 생리학적 변화가 올라와 반사적으로 회피하기 쉽다. 이러한 신체적인 반응도 걸림돌이 될 수 있지만, 심리적인 회피 반응도 계속해서 일어난다. 핵심 감정의 재경험이 위험하고, 해롭고, 부질없고 감당할 수 없을 것 같다는 생각이 떠오르는 것이다. 이때 중요한 것은 그런 생각에 끌려갈 필요도 없지만 굳이 싸울 필요도 없다는 것이다.

이 과정에서는 주의를 몸으로 돌리는 것이 핵심이다. 몸으로 할 수 있는 만큼 감정을 경험하는 것이다. 어떤 생각이 자꾸 떠오르면 그저 알아차리고 다시 신체감각에 주의를 기울이는 것이다. 이를 위해서는 '내 몸 어디에서 그 감정이 올라오고 있는가?'라는 질문이 필요하다. 그 질문과 함께 몸 어디에서 핵심 감정이 올라오는지 신체감각적으로 트래킹하면 된다. 위에서 아래로 내려와도 되고 아래에서 위로 올라가도 된다.

이때 과각성이나 저각성에 빠지지 않는지 관찰하면서 몸을 통해 각성 상태를 조절하는 것이 필수이다. 강도가 낮은 기억은 신체감각적으로 잘 떠올려지지 않을 수 있고 강도가 높은 기억은 과각성과 저각성에 빠질 수 있으므로 적절한 강도의 기억을 떠올리는 게 좋다. 적정 각성을 유지하기 위해 몸을 통한 자기 안정화 기법과 감정적 대피소를 잘 활용하는 게 필요하다.

그런데 만약 과각성이나 저각성에 빠지면 어떻게 할까? 한번 더 정리해 보자. 우선 몸의 어느 부위에서 과각성과 저각성의 신호가 잘 느껴지는지 찾아본다. 찾았다면 그 부위에 손을 얹는다. 그리고 그 부위를 통해 숨이 드나든다고 생각해 본다. 이제 숨을 좀 더 깊이 들이마시고 천천히 내쉰다. 온화한 호흡이 그 부위에 스며든다고 상상해 본다. 그리고 그 부위가 진정되는 느낌이 들 때까지 호흡에 집중한다. 그 부위가 가슴이라면 '내 가슴이 안정되기를'이라고 이야기를 건네주면 더 좋다. 다소 안정이 되는 것 같으면 다시 그 장면을 떠올리면서 감정을 몸 전체로 느낀다. 또 조절이 잘 안되는 느낌이 들면 다시 그 부위를 찾아본다. 그리고 같은 방법으로 손을 얹고 호흡을 통해 진정시켜 본다. 이를 한 번에 다 할 필요는 없다. 진정이 안 되면 중간에 멈춰도 된다. 중요한 것은 조금씩 조금씩 할 수 있는 만큼만 하면 된다.

이렇게 몸을 통해서 핵심 감정을 경험하고, 몸을 통해서 핵심 감정을 진정시킬 줄 알게 되면 감정에 대한 대처 능력은 점점 달라지기 시작한다. 힘든 감정을 오랫동안 견디고 그 감정 경험과 머무를 수 있는 감정수용 능력이 눈에 띄게 향상된다. 큰 저항 없이 몸을 통해 올라오는 감정을 몸으로 느끼고 그 감정이 심신의 동요를 일으키다가 다시 약화되며 빠져나가는 것을 지켜볼 수 있다. 마치 종소리가 울리고 그 소리가 커지다가 잦아지면서 사라지는 것에 주의를 기울이는 것과 같다. 2단계에서는 생각하고 이해할 필요가 없다. 그저 몸을 통해 경험하면 된다. 생각이 떠오르면 이렇게 이야기하고 다시 몸에 주의를 기울이면 된다.

"그냥 감정에 따른 몸의 느낌 속에 좀 더 머물러 보자. 그 느낌이 어떻게 변화하는지 살펴보자."

이제는 너를 홀로 두지 않으리

1단계와 2단계를 어느 정도 거쳤다면 이제 3단계로 나아가야 할 때이다. 3단계는 본격적인 심상 작업Imagery Work을 통해 과거 자신이 겪었던 억압된 슬픔, 분노, 불안 등 더 깊이 핵심 감정을 경험하고, 이해하고, 애도하는 과정이다. 이는 자기연민의 마음을 가진 '건강한 어른 자아'가 적극 참여하는 과정이다. 사실 상담 상황에서도 바로 이 단계로 들어갈 수 없다. 무엇보다 자원을 확보하고 치료적 신뢰를 형성한 다음 어느 정도의 안전감이 느껴진 뒤에 들어간다. 이때 내담자와 상담자는 치유적 동맹therapeutic alliance을 맺었다고 이야기한다. 즉, 신뢰를 바탕으로 서로 협력하여 치유를 위해 함께 나아가는 파트너십을 맺은 것이다. 이는 아주 중요하다. 핵심 감정이라는 게 '고통 속에 혼자 있을 때' 만들어진 것이기 때문이다. 그렇기에 그 치유에 있어서는 그 고통을 이해하고 지지하고 안내해 주는 누군가가 있어야 한다. 그렇다면 혼자 핵심 감정의 재경험을 할 때는 어떻게 해야 하는가? 그 또한 다르지 않다. 그 고통 속에 아이를 다시 혼자 두면 안 된다. 앞에서 몸을 통해 안정감을 되찾는 경험도 중요하지만, 빠트릴 수 없는 것은 '건강한 어른 자아'가 함께하는 것이다. 즉, 상처받은 아이 자아가 내담자라면 건강한 어른 자아가 치유자가 되는 것이다. 상처받은 아이 자아와 건강한 어른 자아가 치유적 동맹을 맺는 것이다.

어떤 이들은 이를 잘 받아들이지 못한다. 미숙한 아이 자아만 있다고 느끼는 것이다. 그러나 우리의 마음은 하나가 아니다. 모든 사람은 건강한 부분도 있고, 건강하지 못한 부분도 있고, 아이의 마음 상태도 있고, 어른의 마음 상태도 있는 법이다. 다소 인위적이고 어색하게 느껴질 수 있지만 건강한 어른 자아의 상태가 되어 과거 고통 속에 있는 아이 자아를 만난다고 상상해 보자. 건강한 어른 자아의 핵심은 '자기연민의 마음'에 있다. 즉, 고통 속에 있는 자신을 안타깝게 여기고, 이해하려고 하고, 그 고통과 함께해주고 싶어 하는 마음을 말한다. 이는 없는 것을 만드는 것이 아니다. 당신은 사랑하는 사람이 고통 속에 있는 것을 보면 너무나 자연스럽게 안타깝고, 이해해 주고 싶고, 그 고통을 덜어주기 위해 무엇이라도 해주고 싶은 마음이 들 것이다. 그것이 바로 연민의 마음이다. 그 연민의 마음을 자신한테 보내주면 된다. 과거 고통 속에 있는 그 아이에게 말이다.

이 작업 또한 단계적으로 접근해야 한다. 덜 힘든 기

억부터 그 상처받은 아이를 만나는 것이다. 일단 눈을 감고 숨을 고른 다음에 그 장면을 떠올려 보자. 아이의 모습이 보인다면 몇 살 때인지, 어디인지, 아이는 무엇을 하고 있는지, 어떤 일이 있었는지, 아이가 힘들다는 것을 어떻게 알 수 있는지 등 구체적으로 떠올려 본다. 이때 떠오른 기억에 대해 지나치게 사실 관계를 따질 필요가 없다. 심상에 담긴 감정이 중요한 것이지, 심상의 정확성이 중요한 게 아니다. 예를 들어, 부모가 나를 집 밖으로 쫓아냈는데 그게 사실인지 아닌지 자꾸 헷갈린다고 해보자. 그렇다면 사실과 상관없이 부모에게 쫓겨난 느낌은 감정적 진실이라고 보는 것이다.

심상 작업 중에서 가장 조심해야 할 것은 섣불리 아이에게 위로의 말과 행동을 건네는 것이다. 많은 이들이 안타까움과 혹은 오랜 시간 외면했던 데 따른 미안함 때문에 자꾸 때 이른 위로와 사과를 건네기 쉽다. 그러나 이 심상 작업은 우선 그 고통스러운 감정을 충분히 재경험하고 그 아이의 마음을 이해해 주는 것에 있다. 빨리 벗어나는 게 아니다. 그 조바심이 재경험을 방해한다. 그 아이에게 필요한 것은 섣부른 위로가 아니라 뒤늦게나마 그 아이가 겪은 일에 대해 따뜻한 관심을 가지고 귀 기울여주는 것이다. 때로는 아무 이야기 없이 그냥 옆에 있어주기만 해도 된다. 아이의 경계심이 늦춰지면 궁금함을 가지고 물어보고 들어주면 된다. '언제부터 이렇게 있었어?', '도대체 너에게 무슨 일이 있었던 거야?', '지금 마음이 어때?', '내가 네 옆에 있어도 될까?' 당신의 내면에 웅크리고 있는 그 아이에게는 관심을 가지고 그때 당시의 슬픔과 분노와 공포를 가만히 물어보고, 들어주고, 옆에 있어 줄 어른이 필요한 것이다.

심상을 통해 핵심 감정을 재경험하기

1. 심상 작업에서 중요한 것은 감정을 재경험하고 이해하는 것이다.
2. 핵심 감정과 관련된 기억 중에서 강도가 낮은 것부터 떠올려 본다.
3. 처음부터 혹은 중간에 강한 신체 생리적 동요가 올라올 수 있다. 적정 각성의 수준을 벗어난다 싶으면 몸을 통한 자기안정화 기법을 하거나 감정적 대피소에 쉬면서 잠시 몸과 마음을 안정시킨다. 어느 정도 안정이 되면 다시 심상 작업을 떠올려도 좋고 그냥 멈춰도 된다. 할 수 있는 만큼 하면 된다.

4. 심상과 관련된 기억의 사실 관계를 너무 따질 필요는 없다. 확인할 방법도 마땅치 않을 때가 많지만 중요한 것은 기억의 사실 여부가 아니라 그 기억에 담긴 감정과 몸의 느낌이다.
5. 심상을 통해 기억 속으로 들어갈 때는 과거의 나(아이 자아)와 현재의 나(어른 자아)를 분리한다. 그리고 구체적인 상황이나 특정 공간 속에서 힘들어하고 있는 과거의 자신을 떠올린다. 그 고통을 겪고 있는 과거의 나에게 천천히 다가간다. 다만 섣불리 과거의 나에게 위로의 말과 행동을 건네지 않는다. 처음에는 그냥 바라만 보고 옆에 있어 주어도 된다. 만약 자기연민의 마음이 잘 느껴지지 않는다면 221쪽 자기연민 명상을 좀 더 연습해 보기를 권한다.
6. 과거의 내가 지금의 나를 거부하지 않는다면 어떤 이야기를 해주기 전에 궁금함을 담아 물어봐 주고 들어준다. 지금 어떤 상황인지, 무슨 일이 일어났는지, 지금 마음이 어떤지 등을 물어본다.
7. 특히 핵심 감정을 이루는 당시의 슬픔과 분노와 불안을 하나하나 물어봐 주고 들어준다. 그 대화 중에 몸의 반응을 잘 살핀다. 과거에 내가 겪었을 그 감정이 지금의 나의 몸을 통해 흘러나오는 느낌이 든다면 더 좋다.
8. 과거의 나에게 지금의 내가 어떤 말과 행동을 해주

기를 바라는지 물어보고 과거의 내가 원하는 것을 건넨다.
9. 특별히 원하는 게 없다면 과거의 나를 가만히 바라본다. 그리고 그 눈을 본다고 생각하면서 "네가 고통에서 벗어나 편안하기를!"이라고 여러 번 이야기를 건넨다. 다정하고 따뜻한 목소리로 전한다.
10. 심상 작업의 내용과 느낀 점을 글로 기록한다.

그 많던 분노는 어디로 갔을까?

마지막 4단계는 핵심 감정 속에 행동화되지 못하고 갇혀버린 충동을 처리하는 과정이다. 그 당시에 표현되어야 했지만 제대로 표현되지 못했던 말과 행동을 뒤늦게 표현해 보는 것이다. 이 작업까지 이루어지면 이제 힘든 기억은 우리 뒤로 밀려난다. 그리고 다시 그와 같은 일이 발생한다고 하더라도 견뎌낼 수 있을 것 같은 느낌이 든다.

주의해야 할 것은 4단계를 들어가기 전에 3단계 심상작업을 충분히 거쳐야 한다는 점이다. 핵심 감정을 충분히 재경험하고, 이해하고, 애도하는 과정을 거치지 않으면 제대로 해소가 되지 않는다. 그런데 핵심 감정을 재경험한다는 것은 꼭 그 감정만을 경험하는 것은 아니다. 예를 들어 근본적 불안이나 무력감이 핵심 감정이라고 해서 꼭 불안이나 무력감만을 경험해야 하는 것은 아니다. 사실 핵심 감정은 단 하나라기보다 핵심 감정군이라고 이야기할 만큼 여러 감정이 뒤엉켜 있는 경우가 많다. 특히 핵심 감정에는 그 정도를 달리할 뿐 슬픔, 분노, 불안 등의 기본 감정이 모두 내포되어 있다고 해도 무방하다. 그러므로 핵심 감정의 재경험에는 이러한 기본 감정을 충분히 경험하는 것이 필요하다. 4단계로 성급히 넘어가기 전에 핵심 감정에 내포된 슬픔, 불안, 분노의 감정 중에서 잘 다루어지지 못한 감정이 무엇인지 살펴보자. 흔히 분노는 깊숙이 억압되어 있어 잘 경험하지 못하는 경우가 많다. 특히 부동화 반응이 일어날 정도로 두려움에 압도되었다면 분노의 감정이 잘 느껴지지 않을 수도 있다. 그렇기에 분노의 감정이 제대로 경험되지 못하고 있다면 이를 경험할 수 있도록 주의를 기울여줄 필요가 있다.

앞에서 전화벨 소리만 들으면 깜짝 놀란다는 경호

씨는 잘못한 것도 없는데 혼날 것 같은 느낌이 앞선다. 상사 앞에서는 말할 것도 없다. 필요 이상으로 눈치를 보고 해야 할 말도 잘 못한다. 물론 상사를 불편해하는 사람들은 많다. 하지만 그는 불편한 것을 넘어 고양이 앞에 선 쥐처럼 겁에 질려 있다. 그가 이렇게 매사에 불안한 것은 중학교 때의 학교폭력 때문만은 아니다. 어린 시절에 아버지에게도 폭언을 들은 적이 많았다. 아버지는 경호 씨가 마음에 들지 않으면 "바보같이 건방지게, 네까짓 게" 등의 폭언을 많이 했다. 물론 그 앞에서는 꼼짝없이 당하기만 했다. 그렇다고 그의 마음속에 분하고 억울한 마음이 없었을 리 없다. 모든 상처에는 분노의 감정이 내포되어 있다. 분노는 인간뿐 아니라 감정을 가진 동물들의 가장 기본적인 감정이다. 자신의 욕구가 좌절되거나 위협과 침해를 받는 경우에 반사적으로 생겨난다. 이는 아무리 나이가 어린 유아라고 하더라도 예외는 없다. 다만 힘이 없고 언어가 발달하지 못했기에 어른의 분노 표현과는 사뭇 다를 뿐이다. 미약하지만 울고, 깨물고 꼬집고 할퀴는 등 유아 나름의 분노 표현 방식이 있다. 그러나 아동기 상처를 가지고 있는 이들에게 분노는 잘 인식되지 못한다. 슬픔이나 공포 등의 강렬한 감정에 의해 감추어지는 경우도 많지만 의지해야 하는 대상에게 느끼는 분노는 위험하고 난처하기 때문이다. 계속 억압될 수밖에 없다. 그렇게 억압된 분노는 탈출구를 잃고 결국 자신에게 향할 수밖에 없다. 억압된 분노가 클수록 자기불화와 자기혐오도 심해진다. 그러므로 그 해결되지 못한 분노는 인지되고, 재경험되고, 표현되어져야 한다. 이를 위해 워크숍이나 상담에서는 과거의 분노를 마주하고 재경험하고 표현하도록 돕는다. 예를 들어, 상처를 준 사람이 부모라고 한다면 심상 속에서 과거의 부모를 마주하게 한 다음, 하고 싶은 이야기를 해보게끔 한다. 물론 여러 가지 이유로 쉽게 응하지 못하는 이들이 많다. 그렇기에 무엇보다 안전감을 먼저 느끼도록 하는 것이 필요하고 이러한 분노 작업의 필요성을 이해시키는 것이 먼저이다.

그렇다면 왜 굳이 상처를 준 사람들을 떠올리며 심상 속에서 분노를 표현하게 할까? 가장 중요한 세 가지 이유가 있다. 첫째, 힘을 되찾기 위함이다. 분노는 건강하고 적응적인 감정이다. 물론 파괴적으로 작동할 때도 있지만 기본적으로 자신을 지키고 잘못된 것을 바로잡는 자기보호의 에너지이다. 분노가 만성적으로 억제되어 있다면 자신을 지킬 수도 없고 나아가 자신의 삶을 살아갈 수도 없다. 그러므로 분노를 경험하는 것은 기본적으로 복수를 위해서가 아니라 자신을 지킬 수 있는 힘이 자신에게 있음을 체험하게 되는 것이다. 둘째, 내면화된 가해자의 목소리를 분리시키기 위함이다. 상처를 준 가해자의 논리와 목소리는 내면화되어 부정적인 자기평가로 이어진다. '이 바보!', '너는 맞을 짓을 했어!', '너는 나쁜 아이야'와 같은 가해자의 목소리는 그대로 내면화되어 자신의 목소리로 자리 잡고 있는 경우가 많다. 그러므로 상처받은 이들은 자신 안에 내면화되어 있는 가해자의 목소리를 분리시켜야 한다. 셋째, 분노를 경험하고 말로 표현하는 것은 감정조절과 자기표현의 중요한 훈련이 된다. 분노의 감정을 그대로 표출시키는 것이 아니라 자신이 원하는 것을 떠올려 보고 이를 당당하고 차분하게 표현하는 것은 피해자 정체성에서 벗어나 생존자 정체성으로 전환해 가는 중요한 발판이 된다.

이를 위해 힘들더라도 상처받은 당시의 분노의 감정을 다루어야 한다. 만약 당신의 아버지가 어린 당신에게 작은 실수에도 비난과 욕설을 가했다고 해보자. 그렇다면 지금의 나는 그 시절로 돌아가 아버지와 마주한다면 어떤 마음이 들 것인가? 뭐라고 하고 싶은가? 경호 씨는 아버지로부터 폭언을 듣던 장면을 떠올리며 자신의 분노를 경험하기 시작했다. 그리고 그 분노 속에 자신이 표현하고 싶었던 것이 무엇인지를 살펴보았다. 그는 말로 잘 표현하기 힘들 것 같아 먼저 글로 썼다. 그리고 심상을 통해 앞에 아버지가 있다고 가정하고 이렇게 이야기를 했다.

"아버지! 당신은 작은 실수만 해도 어린 나에게 멍청이, 바보라며 욕을 했어요. 그 성난 눈빛과 욕설을 들을 때마다 내 마음이 어땠는지 한 번이라도 생각해 본 적이 있어요? 아버지는 저에게 그런 말을 해서는 안 되었어요. 사랑으로 감싸주지는 못할망정 욕하지는 말았어야죠. 아버지가 나를 욕한 것은 내가 바보, 멍청이라서가 아니라 아이를 제대로 사랑하는 법을 배우지 못한 당신의 문제였어요."

많은 사람은 과거의 상처를 다시 느끼는 것을 주저한다. 힘만 들 뿐 그 고통을 끄집어내는 것이 무슨 소용이 있느냐고 생각한다. 하지만 그것은 새로운 현실을 만들어가는 치유의 작업이다. 안전함이 느껴지는 가운데 과거의 표현되지 못했던 분노와 관련된 감정을 경험하게 되면 그 당시에 하고 싶었던 이야기를 할 수 있게 된다. 그리고 이는 간접경험이었다고 하더라도 힘든 기억을 대체할 수 있는 새로운 기억으로 자리 잡을 수 있게 된다. 단, 이 분노 감정에 대한 작업은 기본적으로 분노가 억압된 사람을 대상으로 한다. 평소 분노 조절을 잘 못해서 공격적이거나 파괴적으로 반응하는 이들이라면 유의해야 한다. 이들은 오히려 분노보다는 억압된 슬픔이나 불안과 관련된 감정을 충분히 다루는 게 더 좋다. 다만, 다룰 필요가 있다면 바로 분노를 표현하는 것에 초점을 두기보다 분노에 대한 이해와 조절에 먼저 초점을 두어야 한다.

그 감정 속의
충동을 느껴보세요

상담가: 중학교 때 뒷자리에서 괴롭혔던 그 동급생을 떠올릴 때 어떤 느낌이 드나요? 호흡을 살피면서 지금 어떤 느낌이 드는지, 그리고 몸의 감각에 변화되는 게

있는지 살펴보시겠어요?

경호: (가슴을 가리키며) 가슴이 답답하고 숨이 잘 안 쉬어지는 느낌이 드는데요. 그리고 뒤통수가 쭈뼛거려요.

상담가: 그 동급생을 떠올리는 것만으로도 심한 불편감이 느껴지는군요. 그 느낌에 좀 더 머물러 볼까요? 가슴이 답답하고 숨이 잘 안 쉬어지는 느낌 그리고 뒤통수가 쭈뼛거리는 그 느낌에 말이에요. 눈을 감아볼 수 있겠어요? 뭐가 떠오르나요?

경호: 그 동급생이 옷을 잡아당기고 주먹으로 뒤통수를 때렸어요. 나는 잔뜩 겁을 먹었어요. 나는 아무것도 할 수가 없어요. 떠올리는 것만으로도 두려워요. (실제 그의 오른손이 떨리고 잔뜩 움츠러들었다)

상담가: 지금도 그 긴장이 전해지네요. 오른손이 떨리고 있고 어깨가 올라가고 호흡이 얕아지고 얼굴 표정이 굳어졌어요. 자, 심호흡을 천천히 해볼까요? 특히 내쉬는 숨을 좀 더 길게 내쉬어 보세요. 그리고 할 수 있다면 좀 더 그 두려운 느낌에 머물러 보면 좋겠습니다. 또

어떤 느낌이 올라오나요?

경호: (손을 저으며) 하지 말라고, 저리 가라고 밀쳐내고 싶은 충동도 느껴지네요. 그러나 입 밖으로는 아무 소리도 낼 수 없어요. 말이 떨어지지 않아요.

중학교 때 뒷자리의 동급생에게 괴롭힘을 당했던 경호 씨와의 상담 내용이다. 심상 작업을 끝내고 그에게 몸에서 어떤 느낌이 드냐고 물었다. 손목과 팔뚝 사이의 팔에 떨림과 긴장이 느껴진다고 했다. 그 긴장과 떨림이 무엇을 의미하는지 물었다. 그는 그때 밀쳐내고 싶었던 충동이 담겨 있는 것 같다고 했다. 그리고 "이제 그만 좀 괴롭혀!"라고 소리치고 싶다고 했다. 나는 그에게 상담실 벽을 붙잡고 힘껏 밀쳐보라고 했다. 그리고 그때 하고 싶었던 그 이야기를 소리 내어 이야기해 보라고 했다. 경호 씨는 얼굴이 붉어질 정도로 온몸으로 벽을 밀었다. 그리고 소리질렀다.

"야! 이제 그만 좀 괴롭혀!"

감정은 지금 우리에게 무엇이 필요하고 어떻게 행동

해야 하는지를 알려준다. 아니, 알려준다기보다는 이끈다고 보는 게 맞다. 감정에는 이 상황에서 우리가 어떻게 반응하거나 행동할지에 대한 '즉각적인 신체적 충동'이 담겨 있다. 이는 문명 이전에는 인간의 생존에 절대적으로 도움이 되었다. 위험 속에 살아 남으려면 즉각적인 반응과 대처가 필요했기 때문이다. 하지만 문명을 이루고 살아가게 되면서 즉각적인 감정표현은 문제가 되는 경우가 많았다. 사회문화적으로 숱한 감정규범이 만들어지고 감정을 통제하게 된 것이다. 이러한 감정적 통제는 기본적으로 많은 에너지가 필요하다. 끊임없이 내적 긴장을 유발하고 에너지 누수를 초래한다. 게다가 강렬한 감정일수록 강렬한 충동이 담겨 있기에 억압된 충동은 심신의 에너지를 교란시킨다. 풀리지 않는 핵심 감정이 있으면 자신의 삶을 살아갈 수 없는 이유이다. 이는 반대로 핵심 감정을 자각하고 이를 표현하면 그 독성이 빠지고 자신의 삶을 살아갈 수 있다고 할 수 있다.

4단계에서는 자신의 핵심 감정 속에 내포된 그 충동을 느껴보고 표현해 본다. 당사자가 눈앞에 없더라도 상관없다. 그 당시 표현되지 못하고 억압되어 있는 그 충동을 드러내는 것만으로도 마음이 한결 편해질 수 있다. 이를 위해 심상 속으로 들어가 고통 속에 있었던 나를 만나보자. 그리고 그에게 이렇게 물어보자.

"지금 어떤 충동이 들어? 어떻게 하고 싶어? 뭐라고 하고 싶어? 그때는 그렇게 할 수 없었다는 것을 알아. 그래서 더 힘들었을 거야. 자, 이제 나와 함께 하나하나 표현해 보자."

핵심 감정을
글로 표현해보자

당신의 분노와 피해와 슬픔을 회피한 채로는, 진실을 하나도 얻을 수 없다. 당신의 분노와 피해와 슬픔이 바로 진실에 이르는 길이다. 그 속으로 들어가 한참 동안 그곳을 살펴볼 때, 단지 심호흡만 하다가 마침내 그것을 받아들일 때, 바로 그때 자기의 고유한 목소리로 말할 수 있게 되고, 현재의 순간에 머무를 수 있다.

- 앤 라모트, 《쓰기의 감각》 중에서

정신병리를 만드는 것은 고통 그 자체가 아니라 고통에 대한 회피와 억압의 결과이다. 그러므로 치유는 그 반대이다. 그렇다면 회피와 억압의 반대는 무엇일까? 바로 대면과 표현이다. 모든 치유 작업은 그 형식과 방법을 달리할 뿐 자신이 회피했던 상처를 대면하고 그 처리되지 못한 경험을 느끼고 표현하는 데 맞춰져 있다. 가장 대표적인 것은 언어를 매개로 이루어지는 상담이다. 하지만 대화 치료만이 유일한 방법은 아니다. 그 대면과 표현의 방식은 심상이 될 수도 있고, 춤이 될 수도 있고, 그림이나 음악이 될 수 있다.

지금까지는 심상을 위주로 핵심 감정을 마주하는 것을 다뤘는데 심상이 잘 떠오르지 않는 사람은 어떻게 하면 좋을까? 우리가 핵심 감정을 언어로 표현할 때 대화 말고 또 다른 방법이 있다. 바로 '글'이다. 글쓰기야말로 동서고금을 막론하고 자기치유에 이르는 가장 대표적인 방법이다. 우리 안의 상처는 오랜 시간 억압되었더라도 여전히 경험되고 표현되고 이해받기를 원한다. 그렇기에 상처받은 이들은 자신의 고통을 들어주고 이해해 줄 그 누군가를 간절히 원한다. 그렇지만 계속해서 그 이야기를 들어줄 대상을 만난다는 것은 또 얼마나 어려운 일인가! 벌써 여러 번 그 한계를 경험했다면 우리는 이제 다른 방법을 찾아야 한다. 자신이 기꺼이 대화의 상대가 되어주는 것이다.

앞에서 이야기한 자기연민의 마음이 있다면 상처를 글로 쓰는 것 또한 대화 치료가 된다. 그렇다면 어떤 내용을 글로 쓰는가? 그렇다. 상처가 된 핵심적인 장면들을 떠올리며 글로 쓰면 된다. 그때 '현재의 나'와 '과거의 나'가 만난다. 현재의 나는 과거의 나의 어떠한 이야기도 들어주려고 한다. 자신의 가장 못난 모습이나 아픈 부분을 기꺼이 이해하려고 한다. 우리는 치유적 글쓰기를 통해 상처받은 내면 아이를 만날 뿐 아니라 그 아이의 이야기를 들어주고 이해하려고 하는 건강한 어른 자아를 발달시키게 된다. 자신조차 외면했던 그 아이의 상처를 껴안으면서 삶은 하나로 통합되어 간다.

특히 글을 쓰다가 몸에서 어떤 느낌이 올라온다면 그에 주목할 필요가 있다. 해소되지 못하고 갇혀 버린 감정과 충동이 경험되고 있는 것이기 때문이다. 그렇게 보면 치유적 글쓰기는 손이 아니라 온몸으로 쓰는 글이다.

문법이나 맞춤법은 전혀 중요하지 않다. 치유 글쓰기는 누구에게 보여주는 글이 아니기 때문이다. 자신에게 진술하면 된다. 상담을 할 때 미리 준비한 내용을 논리에 맞게 이야기하는 것이 아니라 흐름에 따라 떠오르는 대로 이야기하는 것처럼 치유적 글쓰기 또한 똑같다. 그냥 떠오르는 대로 쓰는 게 좋다. 우리는 이 글쓰기 작업을 통해서 상처 입은 자신을 보듬을 수 있다. 어린 나에게 어떤 일이 일어났고 그 일이 어떤 영향을 미쳤는지를 새삼 알게 된다. 나라는 사람이 잘못된 게 아니라 나에게 나쁜 일이 있었던 것이었음을 비로소 구분할 수 있게 된다. 충분히 경험하면 핵심 감정의 독기가 빠진다. 충분히 표현하면 기억의 파편들과 조각난 삶이 하나로 통합된다. 즉, 치유적 글쓰기는 단지 사건의 나열이 아니다. 그 모든 경험이 모여 지금의 자신이 되었음이 선명하게 드러나면서 삶의 통일성과 새로운 정체성이 구축된다. 그리고 어느 순간 치유적 글쓰기는 표현을 넘어 창조로 넘어가게 된다. 상처의 속박에서 벗어나 자신이 살고 싶은 새로운 삶의 이야기를 쓰게 된다. 여기에서는 두 편의 글을 소개하고자 한다. 먼저 '배신감'과 '거절감'이라는 핵심 감정을 가지고 있는 준형 씨의 핵심 감정 글쓰기 일부이다. 그중에서도 가장 중요한 사건을 떠올리며 쓴 글이다.

어릴 때 엄마와 아빠는 자주 싸웠다. 그런 날이면 나는 방으로 쫓겨 들어갔다. 쉽게 잠들지 못하고 무슨 일이 일어나지 않는지 귀를 곤두세운 채 방에 있었다. 엄마는 싸움이 끝나면 내 방에 와서 옆에 누웠다. 그럴 때면 나는 자는 척을 했지만 엄마가 흐느껴 우는 소리를 듣는 게 너무 괴로웠다. 초등학교 5학년쯤이었을까? 그날도 엄마와 아빠가 크게 다퉜다. 그런데 소리가 조용해졌는데도 그날따라 엄마는 방으로 오지 않았다. 무슨 일인가 싶어 화장실에 가는 척하다가 안방 문을 살며시 열어보았다. 이럴 수가! 엄마와 아빠가 언제 싸우기라도 했냐는 듯 끌어안고 있었다. 이상했다. 엄마는 그런 나를 보고 "지금 몇 시인데 안 자고 뭐 해!" 가서 빨리 자!"라고 쫓아내듯 내보냈다. 그리고 방문을 '쾅' 닫았다. 그 순간 내 가슴에 커다란 철문이 덜컹 내려앉았다. 이 글을 쓰는 중에도 가슴 한쪽이 내려앉는다. 답답해진다. 주먹을 모아 가슴을 친다. 묘했다. 뭐라고 말로 표현할 수 없었다. 분명한 것은 엄마와 나 사이에 커다란 벽이 생겼다는 것이다. 엄마는 나를 가장 사랑하는 줄 알았는데 그게 아니었다. 엄마가 원하는 사람은 내가 아니라 아빠였다. 뭔가 이용당한 느낌이 들었다. 이후로 엄마를 잘 믿지 못했다. 나를 배신할 사람 같았다. 이 감정은 성인이 되어서도 줄곧 따라다녔다. 특히 연애 때 영향을 많이 미쳤다. 조금만 섭섭하게 해도 거절당한 것 같고 자꾸 나를 배신할 것만 같았다.

나는 내 마음 전체를 뒤덮고 있는 이 감정에서 벗어나고 싶다. 그때의 나는 어렸기에 내가 느낀 감정이 무엇인지도 몰랐다. 이제는 방치했던 그 감정을 만나보고 싶다.

두 번째 글은 버림받음에 대한 두려움과 원초적 수치심이라는 핵심 감정을 가지고 있는 경진 씨의 치유 글쓰기이다. 개별적인 사건에 대해서도 글쓰기를 했지만, 이 글은 지금의 내가 과거의 나에게 하고 싶은 이야기를 편지글처럼 적은 글이다.

'화장실에 갈 때마다 두루마리 휴지 다섯 칸을 정확히 세어 엄마에게 허락을 맡던 어린 너에게,
늦은 밤 아빠 엄마의 고함과 비명이 울려 퍼질 때마다

이불 속에서 덜덜 떨고 있던 너에게,

아이들이랑 놀고 싶었지만 공부하라는 엄마의 말에 울면서 문제집을 풀던 너에게,

엄마 지갑의 동전을 몰래 꺼내 오뎅 하나 사 먹다가 엄마를 보고 화들짝 놀라 오뎅을 내팽개치고 줄행랑을 쳤던 너에게,

울고 매달려 보았지만 너를 두고 떠나는 엄마의 뒷모습을 보며 울다가 까무러쳤던 너에게,

아무도 없는 집에 와서 하염없이 창밖을 보며 엄마를 기다리다 잠들었던 너에게,

고열로 정신을 잃을 것 같은 데도 아무에게도 아프다고 이야기하지 못했던 너에게,

외할머니랑 사는 동안 부모 없는 고아가 된 것 같아 절망에 빠져있던 너에게,

친구들이 안 좋게 볼까 봐 부모와 같이 사는 것처럼 거짓말했던 너에게.'

안녕, 너와 함께 지낸 지 38년 만에 이렇게 이야기를 건네. 돌아보면 힘들 때마다 너의 곁에는 아무도 없었어. 위로와 사랑을 건네주어야 할 가족이 건넨 것은 절망과

상처뿐이었어. 너는 아무리 힘들어도 참고 버티는 것밖에 없다고 생각하며 살았지. 그렇게 참고 참다가 불안과 미움과 슬픔이 끓어 넘쳐 오를 때면 너는 어떻게 할 수가 없어 너의 몸에 하나씩 작은 상처를 내기도 했어. 그렇게라도 해야 살 것 같았으니까. 한 번도 제대로 위로받은 적이 없어서 자신을 어떻게 위로하는지 몰랐으니까. 그런 네가 너도 이상하게 느꼈을 거야. 자꾸 너를 '나쁜 사람', '이상한 사람'이라고 손가락질하며 어른이 되었어.

그러나 몸은 어른이 되었지만, 어린 시절의 너는 그대로 내 안에 있었어. 언제부터인지 네가 보이기 시작했어. 여전히 힘들어한다는 것을 알았지만 나는 아무것도 해줄 수 없었어. 그냥 모른척하거나 왜 자꾸 힘들게 하냐며 소리칠 수밖에 없었어. 그러나 이제는 더 이상 그러고 싶지 않아. 고통 속에 혼자 있었던 너의 곁에 함께 있어 주고 싶어. 왜 지금이냐고? 한번은 여섯 살 딸아이가 나에게 이렇게 묻더라.

"엄마, 천국은 있어? 나쁜 짓을 해도 천국에 갈 수 있어?"

"왜? 천국에 못 갈까 봐 걱정돼?"
"응, 난 나쁜 생각도 많이 하고 엄마를 힘들게 할 때도 있으니까 나는 나쁜 사람이잖아."

아이의 그 말을 듣고 정신이 번쩍 들었어. 겁이 덜컥 났어. 스스로 나쁜 아이라고 생각하는 여섯 살 아이가 꼭 예전의 나를 닮은 것만 같아서 마음이 아팠어. 나의 상처가 그대로 아이의 상처가 되는 것 같아 두려웠어. 그날은 어떻게 그런 말을 했는지 몰라. 나는 딸에게 처음으로 이렇게 말해줬어.
"누구나 다 나쁜 생각을 할 때도 있고, 가끔은 누군가를 미워할 수도 있어. 엄마도 가끔 그래. 그런데 네가 그런 마음을 떠올린다고 해도 넌 엄마에게 세상에서 가장 소중하고 예쁜 사람이야."

진심이었어. 너무 늦었지만 너에게도 그렇게 이야기해 주고 싶어.

'혼날 일도 많고 놀랄 일도 많고 버거운 일이 많아서 늘 가슴 졸이며 살았던 너에게,

꽉 닫은 냄비가 들썩거리듯 네 안에 슬픔이, 불안이 흘러넘칠 때마다 어쩔 줄 몰라 했던 너에게,
사람들이 너를 싫어할까 봐 눈치를 보며 상대에게 맞춰주던 너에게,
네가 사랑받을 만한 사람이란 걸 알지 못해 다른 사람의 인정에만 매달렸던 너에게,
여전히 자신을 나쁘고 이상한 사람이라고 생각하는 너에게.'

이제는 이렇게 말해주고 싶어.
"넌 세상에서 가장 소중하고 귀한 사람이야."
네가 이 말을 듣고 손사래 칠 때마다, 작은 문제에도 삶이 버거워 주저앉고 싶을 때마다, 자신의 부족함 때문에 아무도 없는 곳으로 혼자 숨어버리고 싶을 때마다 몇 번씩 얘기해 줄게.
"넌 세상에서 가장 소중하고 귀한 사람이야."

핵심 감정 해소하기

6장에서는 본격적으로 핵심 감정을 마주하고 이를 해소하는 과정을 다뤘다. 이를 위해서는 무엇보다 자기연민의 마음을 가진 건강한 어른 자아가 필요하다. 그 어른 자아가 고통 속에 있는 아이 자아와 치료적 동맹을 맺어야 이 험난한 과정을 넘어갈 수 있다. 이 과정은 크게 4단계로 나뉘어 있다. 이는 꼭 직선적으로 앞으로만 가야 하는 것이 아니라 필요하면 뒤로 갔다가 다시 앞으로 나아갈 수 있다. 핵심 감정과 관련된 기억을 떠올리더라도 별다른 신체생리학적 동요가 일어나지 않을 때까지 반복하는 게 필요하다.

1단계: 1단계는 먼저 핵심 감정과 관련된 기억을 나열해 보고 그 강도별로 정리하는 작업이다. 당신의 핵심 감정은 무엇인가? 그리고 그 핵심 감정을 만든 중요한 사건과 경험은 무엇인가?

2단계: 2단계는 몸으로 핵심 감정을 경험하는 것이다. 인지과정을 거치지 않고 단순히 신체감각을 통해 감정을 경험해 본다. 핵심 감정이 잘 느껴지는 신체 부위에 주의를 기울이고 그 느낌이 어떻게 변화되어 가는지 살펴본다. 과각성이나 저각성에 빠질 것 같으면 몸을 통해 진정시키고 조절해 본다. 그리고 다시 또 신체감각을 통해 핵심 감정을 경험해 본다. 그 경험되는 몸의 부위를 넓히면서 충분히 경험한다. 이는 감정이 발생하고 전개되고 종료되는 전 과정을 가만히 지켜볼 수 있는 힘이 된다.

3단계: 3단계는 심상을 통해 핵심 감정을 경험하는 것이다. 이때 심상을 통해 두 자아가 만난다. 자기연민의 마음을 가진 건강한 어른 자아와 고통 속에 있는 아이 자아가 만나는 것이다. 건강한 어른 자아는 그 상처를 위로하고 애도하고 이해할 수 있도록 안내자의 역할을 한다.

4단계: 4단계는 심상을 통해 핵심 감정에 갇혀 있는 충동을 표현하고 처리하는 것이다. 그 당시에 행동하거나 표현하고 싶었지만 그럴 수 없어서 갇혀 버린 그 충동을 적절한 방법으로 표현해 내는 것이다.

4단계까지 어느 정도 작업을 했다면 그 전체적 과정을 치유적 글쓰기로 정리를 해보면 좋다. 애도와 이해의 과정이 더욱 촉진되고 그 모든 경험이 모여 지금의 자신이 되었음을 받아들이게 된다. 그리고 놀랍게도 그 받아들이는 만큼 변화가 일어난다. 양면을 바라보게 되면서 삶이 통합되고 새로운 정체성이 구축되고, 새로운 삶으로 나아가고 싶은 마음이 올라오게 된다.

알아차림 그리고 다르게 반응하기

07

"깨달아도 고통은 끝나지 않습니다. 그래서 깨달음의 과정을 반복함으로써 깨달음을 더욱 굳건히 하는 과정이 필요합니다. 이것을 훈습熏習이라고 합니다. 핵심 감정이 반복해서 올라오고 그 감정에 따라 생각과 행동이 습관대로 흘러가려고 할 때마다 '아, 이것이 내 마음의 습관이구나!'라고 반복해서 깨닫는 것이 바로 훈습입니다."

김녹두, 《감정의 성장》 중에서

메타인지에 기반한
핵심 감정 알아차림

프로이트가 무의식을 이야기하기 이전에는 인간은 이성에 의해서 생각하고 판단하고 행동하는 합리적 존재였다. 그러나 프로이트는 정신을 의식consciousness, 전의식preconsciousness 그리고 무의식unconsciousness으로 나누었고, 그중에서도 무의식의 영향력을 가장 크게 보았다. 의식은 말 그대로 뇌와 감각 기관을 통해서 현재 지각되고 인식되는 생각, 감정, 감각 등 모든 정신작용을 포함한다. 그에 비해 전의식은 과거에 인식되었던 기억이나 경험 중에서 현재에는 잘 의식되지 않지만 집중하고 노력하면 곧 떠올릴 수 있는 내용들이다. 의식과 무의식의 사이에 존재하는 중간 지대라고 볼 수 있다. 그에 비해 프로이트가 말하는 무의식은 현실에서 용납되지 않는 욕망이나 생각, 콤플렉스, 트라우마, 억압된 기억 등으로 채워져 있는 정신 영역이다. 바로 의식화할 수 없는 영역이다.

그렇다면 우리가 알고 있는 마음챙김mindfulness은 세 가지 정신 영역 중에 어디에 포함될까? 막상 어디에 포함시키기 어렵다. 마음챙김 상태의 가장 큰 특징은 의식의 일부로 기능하고 있는 게 아니라 의식에서 한 걸음 물러나 의식을 관찰하고 있기 때문이다. 즉, 마음을 관찰하는 '또 하나의 마음'이 작동하고 있는 상태이다. 그렇다면 관찰의 주체가 되는 의식과 관찰의 대상이 되는 의식을 서로 같은 상태라고 할 수 있을까? 성질도 다르고 기능도 다르다. 그렇기에 마음챙김은 일종의 '상위의식meta-conciousness'이라고 할 수 있다. 이 상위의식이 있기에 인간은 자신의 생각, 감정, 판단 등에 그대로 동일시되거나 끌려가지 않을 수 있다. 왜 그런 마음이 올라왔는지를 한걸음 뒤로 물러나 관찰하고 알아차리고 조절할 수 있게 된다. 상대방이 이해되지 않는 행동을 한다고 하더라도 바로 무시하거나 대응하기보다는 '왜 그렇게 행동할까?'라고 다각도로 살펴볼 수 있다. 즉, 상위의식으로 인해 우리는 쉽게 판단하지 않고, 감정과 동일시되지 않으며, 보다 유연하고 지혜롭게 행동할 수 있다. 그러므로 인간이 인간다울 수 있는 것은 바로 상위의식 때문이라고 해도 과언이 아니다.

    이 상위의식을 길러내는 연습이 바로 마음챙김 훈련이다. 그것은 생각이나 감정 등 의식을 바꾸는 것이 아니다. 예를 들어 내일 중요한 발표를 앞두고 '발표를 망쳐서 망신당하면 어떡하지?'라는 걱정에 사로잡혀 있다고 해보자. 이때 '걱정 마. 이 주제만큼은 나보다 잘 아는 사람이 없어. 걱정하는 그런 일은 일어나지 않을 거야'라고 하는 것은 마음챙김이 아니다. 자신의 생각을 바꾸는 것이 아니라 '발표를 망치지 않을까 걱정하고 있구나'라고 자신의 걱정을 거리를 두고 바라보는 것이 마음챙김이다.

이 책에서는 상위의식이라는 표현이 일반적이지 않기 때문에 좀 더 대중적인 용어인 '메타인지'로 표현한다. 메타인지란 '자신의 인지과정에 대하여 한 차원 높은 시각에서 관찰하고 인식하고 조절하는 정신작용'을 말한다. 큰 범주에서 보면 상위의식과 비슷한 용어라고 볼 수 있다.

이 이야기를 길게 하는 이유는 핵심 감정은 강한 심리 도식을 만들어 왜곡된 지각과 비적응적인 자동 반응을 유발하기 때문에 이를 잘 알아차리는 것이 무엇보다 필요하기 때문이다. 핵심 감정을 재경험하는 것만으로 핵심 감정 치유가 마무리될 수 없는 이유이다. 핵심 감정을 해소한다고 해서 핵심 감정이 제거되는 것은 아니다. 그 독성은 약해졌지만 한동안 영향력은 계속된다. 그러므로 우리는 핵심 감정이 우리의 삶과 관계에서 어떻게 자극되고, 어떻게 작동하고, 어떻게 반응하는지를 잘 알아차려야 한다. 알아차림이 깊어지면 변화는 저절로 뒤따른다.

그렇기에 핵심 감정의 치유에 있어 두 개의 축이 필요하다. 한 축을 '자기연민에 기반한 핵심 감정 재경험'이라고 한다면 또 한 축은 '메타인지에 바탕을 둔 핵심 감정 알아차림'이라고 할 수 있다. 이는 서로가 서로의 과정을 촉진하며 핵심 감정의 치유에 속도를 부여할 수 있게 된다.

두뇌 회로 환승하기

"당신은 원시인인가? 현대인인가?"
"당신은 동물인가? 사람인가?"

두 가지 질문에 대한 당신의 대답은 무엇인가? 이분법에 빠지지 말자. 우리는 원시인이면서 현대인이다. 우리의 뇌에는 원시적인 뇌의 체계와 현대적인 뇌의 체계가 공존한다. 그 말은 우리는 동물이면서 사람이라는 것을 의미한다. 그렇기에 우리는 어떤 상황에서는 본능에 따라 행동할 수도 있고, 어떤 상황에서는 이성에 따라 행동할 수도 있다. 감정의 형성과 반응 역시 마찬가지이다. 미국의 신경과학자 조셉 르두Joseph E. LeDoux는 감정의 생성에 있어 두 가지 경로가 있음을 이야기했다.

1. 낮은 경로Low Road: 내외의 감각 정보가 큰 위협으로 감지되어 시상에서 바로 편도체를 통해 자동적인 긴급 반응을 하는 경우.

2. 높은 경로High Road: 내외의 감각 정보가 시상에서 피질을 통해 편도체를 거쳐 의식적인 느린 반응이 유발되는 경우.

즉, 낮은 경로는 생존을 위해 동물의 뇌(단순화시켜 말하면 뇌의 피질하 구조) 수준에서 빠르게 자동 반응하는 것을 말한다. 건물에 불이 나면 일단 도망치거나 차가 갑자기 끼어들면 순간적으로 클랙슨을 누르는 것과 같다. 이는 철저하게 생존 지향적이다. 그에 비해 높은 경로는 피질을 거쳐 보다 의식적으로 반응하는 것을 말한다. 화재

경보기가 울렸는데 연기가 보이지 않는다면 불이 난 것인지 아니면 연습이나 경보기가 오작동한 것인지 등을 좀 더 관찰하고 반응하는 식이다. 생존적 위협이 높았던 수렵채집 생활의 시대에는 낮은 경로가 중요했다. 그에 비해 생존적 위협은 낮아지고 복잡한 사회생활을 하는 이 시대에는 무엇보다 의식적인 반응이 중요하다. 그러나 현대 사회를 살아간다고 해서 낮은 경로가 덜 활성화되는 것은 아니다. 경쟁이 치열한 사회일수록 낮은 경로는 여전히 잘 활성화된다. 특히 아동기 부정적 경험이 많거나 트라우마를 겪은 이들은 작은 단서나 자극에도 이를 생존적 위협으로 받아들이고 낮은 경로가 바로 활성화되어 자동 반응으로 이어지기 십상이다. 함부로 판단하고, 감정조절이 잘 안되고, 거친 반응이 많은 이유이다.

대개 핵심 감정은 낮은 경로로 흐른다. 자동 반응 시스템이다. 도망치거나 바로 얼어붙거나 소리를 지르거나 싸우는 등 즉각적인 감정반응이 유발된다. 그러므로 감정조절 능력을 길러내거나 좀 더 신중한 반응을 하려면 빠른 경로를 느린 경로로 전환하는 것이 필요하다. 나는 이를 감정회로의 '경로 환승 Road Transfer'이라고 표현한다. 낮은 경로로 감정이 흐르는 것을 감지하고 이를 높은 경로로 바꿔 타는 것이다. 즉, 감정의 뇌(변연계)를 이성의 뇌(대뇌피질)와 연결시키는 것이다.

이는 두 단계로 이루어진다. 먼저 낮은 경로에서 내려야 한다. 그리고 높은 경로로 올라타는 것이다. 그럼, 어떻게 낮은 경로에서 하차할 것인가? 버스에서 딴 생각을 하느라 내려야 할 곳임을 뒤늦게 알아차렸다면 "잠깐만요. 내립니다!"라고 외치고 하차하듯 나의 뇌에게 이야기해야 한다. 즉, 낮은 경로로 자동 반응하고 있음을 느끼는 순간 이렇게 외쳐야 한다. "멈춰!"라고 말이다. 그리고 낮은 경로에서 내려야 한다. 그럼, 높은 경로로 환승하기 위해서는 어떻게 해야 할까? 생각해 보라. 우리는 어떻게 감정의 뇌와 이성의 뇌를 서로 연결시킬 수 있을까?

감정인식을 위한 자기 대화

미국의 심리학자 존 메이어John D. Mayer 등은 1988년 발행된 〈감정의 경험과 메타 경험The Experience and Meta-Experience of

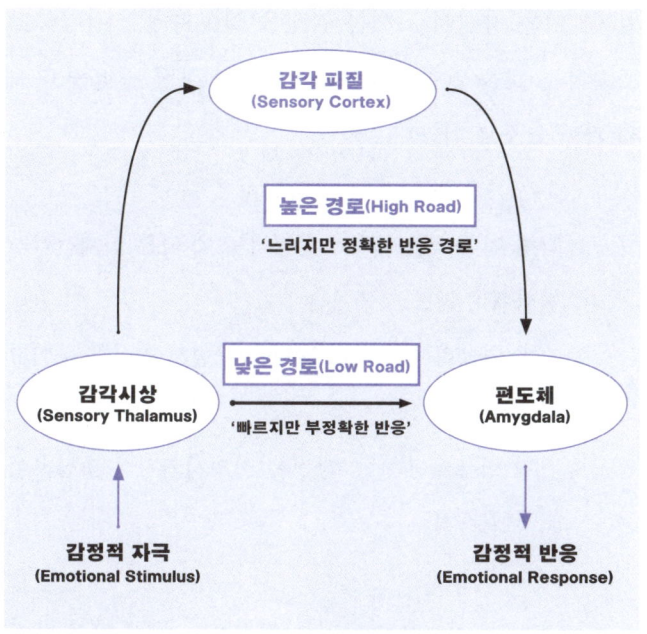

조셉 르두(Joseph E. LeDoux, 2002)의 감정 처리 모델

Mood〉이라는 논문에서 감정 경험을 두 가지로 구분한다. '기분을 직접적으로 경험하는 것mood experience'과 '상위 기분 경험meta-mood experience'이 바로 그것이다. (여기에서 말하는 기분mood은 감정emotion이라고 해도 무방하기에 이후 감정이라고 표기한다.)

다소 모호하게 들리는 '상위 감정 경험'은 무엇을 말

할까? 이는 자신이 느끼는 감정을 알아차리고 점검하고 조절하는 것을 말한다. 저자들은 상위 감정 경험을 다시 세 가지 요소로 나눈다.

1. 감정 인식mood awareness: 감정과 그에 따른 신체감각의 변화에 주의를 기울이는 것.
2. 감정 명료화mood clarity: 감정을 구별하고 이름 붙이고 명료하게 인식하는 것.
3. 감정 회복mood repair: 감정을 진정시키거나 조절하여 회복하는 것.

감정적 회복탄력성이 높은 이들은 이러한 상위 감정 경험이 잘 발달되어 있다. 감정이 올라오더라도 이성의 뇌와 감정의 뇌의 연결이 잘 끊어지지 않고, 끊어졌다고 하더라도 곧 다시 연결된다. 이들은 자신의 감정과 잘 융합되지 않는다. 한 걸음 물러나 감정을 살펴볼 수 있다는 뜻이다. 그렇기에 감정을 경험하면서도 동시에 감정을 살펴볼 수 있고 진정시킬 수도 있다. 그에 비해 감정적 회복탄력성이 낮은 이들은 상위 감정 경험이 잘 발달하지 못했기에 그냥 감정 자체와 동일시되어 감정에 과몰입하고 감정을 사실로 받아들이고 감정에 따라 행동하고 만다. 그렇다면 이러한 상위 감정 경험을 발달시키려면 무엇이 중요할까? 바로 자기 대화가 필요하다.

자기 대화는 혼잣말과 다르다. 대화는 나와 다른 상대가 있을 때 가능하다. 그렇다면 자기 대화는 도대체 누구와 이야기하는 것일까? 우리의 자아를 거칠게 구분하면 두 파트가 있다. 어떤 상황에서 무언가를 느끼고 판단하고 행동하는 '경험 자아'가 있고, 그에 비해 이러한 자신의 느낌, 판단, 행동을 살펴보는 또 다른 자아인 '관찰 자아'가 있다. 이 관찰 자아가 앞에서 이야기한 상위의식에 해당된다. 마음챙김도 이러한 관찰 자아를 길러내기 위한 좋은 방법이지만 또 하나의 방법이 바로 자기 대화이다.

자기 대화는 자아의 이질적인 두 부분인 '경험 자아와 관찰 자아와의 대화'를 말한다. 이를 위해서는 관찰 자아가 경험 자아에게 질문하는 것이 필요하다. 예를 들어 관찰 자아가 당신이 지금 머리카락을 쥐어뜯고 있다는 것을 인식했다고 해보자. 그렇다면 그런 행동을 하는 자신에게 이렇게 물어봄으로써 자기 대화를 시작하는 것이다.

'너 지금 머리카락을 계속 쥐어뜯고 있어. 알고 있어?'
'응. 뭔가 마음이 안정이 안 되네.'
'그래? 마음이 어떤데? 무슨 일이 있어?'
'불안한가 봐. 남자 친구가 3일째 아무 연락이 없어서. 나랑 헤어지려고 그런가?'
'불안할 만도 하겠네. 그런데 그렇게 생각할 만한 이유가 있어?'
'글쎄! 그냥 느낌이 그래. 요즘 소홀한 것 같았거든.'
'다른 이유나 그럴 만한 다른 상황은 없을까? 무슨 일이 있는 것은 아닌지 걱정되거나 궁금하지는 않아?'

물론 이렇게 길게 하지 않아도 된다. '왜 이런 감정이 들까?', '내가 왜 이렇게 행동하고 있지?', '그렇게 판단하는 게 맞는 걸까?' 등 자신의 느낌, 행동, 판단에 대해 짧은 질문을 던지는 것도 자기 대화라고 할 수 있다. 이러한 자기 대화는 알아차림의 힘을 길러주며 자기이해, 자기조절, 자기돌봄 그리고 자기변화로 우리를 이끈다.

자, 그렇다면 상위 감정 경험을 기르기 위해서는 어떤 자기 대화가 필요할까? 다음의 세 가지 질문을 통해 상위 감정 경험의 능력을 길러보자. 이는 당연히 핵심 감정에만 해당되는 것이 아니라 모든 감정에 해당된다.

1. '지금 몸의 어디에서 이 감정이 느껴지지?'
2. '지금 이 감정을 뭐라고 부를 수 있지?'
3. '이 감정이 나에게 말해주려고 하는 것은 무엇이지?'

이 과정에서 우리는 자연스럽게 낮은 경로에서 높은 경로로 환승하게 된다. 감정을 인식하기 위해 질문을 던지고 감정에 주의를 기울이는 것 자체가 바로 감정의 뇌와 이성의 뇌를 연결시키는 것이기 때문이다. 그 자체로도 감정이 조절된다.

알아차림은 점점 빨라지고 깊어진다

사람들은 문제를 알면 달라져야 한다고 이야기를 한다. 하지만 알아도 바뀌기 어려운 경우도 많다. 무엇보다 정확히 알지 못하기 때문이다. 단지 문제를 인식하는 것을 넘어 그 문제가 어떻게 생겨났고, 어떻게 강화되었고, 어떤 상황에서 잘 나타나는지 구체적으로 알아야 한다. 그런데 정확히 안다고 해도 바로 바뀌는 것은 아니다. 모든 변화는 시간을 필요로 한다. 특히 오래된 문제일수록 그 해결을 위해서는 많은 시간이 필요하다. 오랜 시간에 걸쳐 습관화된 문제일수록 그 뿌리가 깊고 강렬한 자동 반응이 나타난다. 이 자동 반응을 억제하고 다른 반응을 이끌어 내려면 많은 시행착오를 거쳐야 하고 시간이 소요된다. 핵심 감정을 치유하는 것은 더 말할 나위가 없다. 핵심 감정은 외상적 경험으로 만들어진 것이다. 그렇기에 강력한 충격으로 인해 상위 뇌와 하위 뇌가 단절된 상태에서 그 경험은 몸에 저장되어 있고 강력한 자동 반응으로 이어져 있다. 그리고 앞에서 이야기한 것처럼 정체성을 이루고 있기에 저항도 크다. 그러므로 당신의 변화가 더디다면 그것은 당신이 바뀔 수 없다는 의미라기보다는 변화에 좀 더 많은 시간이 필요하다는 것을 의미한다.

내가 사는 아파트 커뮤니티 센터의 화장실에는 자동으로 분사되는 기계식 방향제가 있다. 소변기가 있는 벽 위쪽에 설치되어 있다. 한 번씩 소변을 볼 때 방향제가

'치익~!' 하며 분사가 된다. 제법 소리가 커서 놀란다. 문제는 그렇게 놀란 적이 한두 번이 아닌데도 또 당하는 것이다. 그러나 비슷한 일이 반복되자 언제부터인가는 화장실에 들어갈 때 방향제가 있다는 사실을 먼저 떠올리게 된다. 용변을 보는 중에 방향제가 분사될 수 있음을 의식하는 것이다. 물론 예상했더라도 조금씩 놀랄 때도 있다. 그러나 분명한 것은 인식할수록 그리고 시간이 지날수록 놀라지 않는다는 점이다.

핵심 감정의 치유도 마찬가지이다. 앞에서 이야기한 경호 씨는 학교폭력의 경험 때문에 지금도 누군가 뒤에 있으면 뒷목이 서늘해진다. 누군가 자신을 공격하지 않을까 하는 불안이 올라오는 것이다. 그렇기에 버스도 제일 뒤쪽에 타고, 지하철에서도 한쪽에 붙어 있는다. 물론 그렇게 해서 불안을 줄일 수는 있다. 하지만 알아차림이 깊어지면 굳이 그렇게 행동하지 않을 수도 있다. 과거와 현재가 뒤엉킨 상태에서 과거와 현재를 구분해 내는 것이다. 《불안을 관리하면 인생이 관리된다》의 저자 미셸 블룸은 이를 '이중 알아차림 dual awareness'이라고 표현한다. 두 개의 장소와 시간을 동시에 의식적으로 알아차리는 것을 말한다. 다시 말해 우리 몸이 과거의 경험을 간직하고 있으며 그 암묵 기억이 작동하는 중이라는 사실을 인식하는 동시에, 지금 발 딛고 있는 현실에서 벌어지고 있는 것을 구분해서 알아차리는 것을 말한다. 즉, 현재를 통해 떠오르는 과거를 알아차리되, 현재는 과거가 아니라는 사실을 분명하게 인식하는 것이다.

이를 위해 공격당할 것 같은 느낌이 들 때 그 느낌에 그대로 끌려가기보다는 일단 주변 상황을 살펴보는 것이다. 그리고 자신이 공격받을 상황이 아니라면 지금 느끼는 이 긴장은 과거의 것임을 자각하고 현재는 안전하다는 것을 확인하는 것이 필요하다. 몸으로 경험하는 나와 의식적으로 관찰하는 나를 이중으로 알아차림으로써 현실을 바라보는 것이다. 이는 좌뇌와 우뇌를 협력시켜 통합적으로 바라보는 것이며, 세상을 과거의 기억으로 바라보았던 낡은 시각을 바꾸는 것이다. 이러한 이중 알아차림을 혼잣말로 이렇게 해보면 좋다.

'나는 지금 뒷목이 서늘해서 공격받는 느낌이 들지만, 주위를 둘러보니 지금 이곳은 안전하다는 생각이 든다.'

핵심 감정은 이렇게 시간의 뒤엉킴 속에 존재한다.

요즘 상황에 맞지 않게 과도한 감정을 느낄 때가 있는가? 너무 예민하게 감정적으로 반응하는 일이 있는가? 그렇다면 과거와 현재를 나누어 살펴보는 것이 필요하다. 다른 사람은 그렇게 느끼지 않을 수 있는 상황인데 누군가에게 무시당하는 것 같아 화가 크게 난다면 과거의 무시당한 느낌과 현재의 무시당한 느낌을 나누어서 살펴보는 것이다. 과거 무시당한 중요한 경험이 처리되지 있았다면 현재의 무시당한 느낌은 현재의 감정만은 아닐 수 있기 때문이다. 어떤 경우에는 현재 사건은 불쾌한 일일 뿐 무시당한 느낌은 모두 과거의 감정일 수도 있다. 물론 많은 경우는 섞여 있다고 볼 수 있다. 그렇기에 우리는 상황에 맞지 않는 과도한 감정이 올라오면 과거의 감정과 현재의 감정을 나누어볼 필요가 있다.

지금의 감정을 100이라고 한다면 과거의 감정과 현재의 감정은 몇 대 몇 정도로 나뉘게 될까? 과거의 해결되지 못한 감정을 재경험하고, 과거의 기억과 현재의 상태가 어떻게 연결되는지를 인식하고, 과거와 현재를 나누어본다면 우리는 조금씩 과거의 기억으로부터 벗어날 수 있다. 이중 알아차림 연습을 통해 경호 씨는 자신의 뒤에 있는 모든 사람을 잠재적인 가해자라고 느끼는 현재의 뇌의 지도에서 벗어나 보다 분화되고 정교한 지도를 만들어갈 수 있었다.

나의 마음을 부분으로 이해하기

앞에서 배신감이라는 핵심 감정을 글로 썼던 준형 씨의 경우는 아내와의 이혼을 불쑥불쑥 떠올린다. 아내가 자신을 거부했다는 느낌이 들 때이다. 그렇다고 강한 거절감을 느끼게 하는 일이 아주 대단한 것은 아니다. 자신이 묻는 말에 퉁명스럽게 이야기하거나 피곤해서 잠자리가 하기 싫다고 이야기하거나 장난을 받아주지 않으면 거부당하는 느낌이 강하게 든다. 자신을 싫어한다고 느껴서 바로 표정이 싹 바뀐다. 그리고 말을 하지 않는다. 이 역시 어릴 때부터 이어져 온 감정표현 습관이다. 즉, 화가 나면 말을 하지 않는 것으로 화를 표현하는 것이다. 그러나 마음속에는 아내가 먼저 자신에게 다가와 자신을 달래주기를 바란다. 겉으로는 그런 내색을 전혀 안 하지만 속으로는 아내를 계속 기다리고 있는 것이다. 그러다가 아내가 먼저 손을 내밀면 못 이기는 척 다시 이전처럼 대화를 하고, 별일 없는 것처럼 지낸다. 그런데 아내가 먼저 손을 내밀지 않으면 어떻게 될까?

상담가: 말은 안 하지만 계속 아내에게 신경을 쓰고 있군요. 그런데 아내가 먼저 손을 내밀지 않으면 어떤가요?

준형 씨: 거부당했다는 느낌이 더 크게 일어나요. 화나고 불안해서 아무 일도 손에 잡히지 않아요. 아내가 나를 거부한 게 아니라고 해도 그런 느낌에 휩싸여요. 어떻게 할 줄을 모르겠어요.

그에게 '거절감'과 '배신감'은 아주 익숙하고 뿌리 깊은 감정이다. 결혼 전에도 장기적인 연애를 하는 게 어려웠다. 작은 거절에도 거부당했다는 느낌이 확 올라와서 입을 닫아버렸기 때문이다. 머리로는 거부당한 게 아니라고 이야기하지만, 그의 가슴은 마치 추운 벌판에 혼자 버려진 느낌이다. 그런 때는 어떤 이야기도 하고 싶지 않고, 이야기를 하려고 해도 입이 잘 떨어지지 않는다. 그렇다면 그렇게 거부당했다는 느낌에 시달리는 아이 같은 마음이 그의 마음의 전부일까? 우리의 마음속에는 누구나 잘 자라지 못한 부분이 있다. 특히 아동기 부정적 경험이 많다면 마음의 상처가 마음의 중심을 차지해서 마치 마음의 전체처럼 느껴지기 쉽다. 그러나 그 마음의 상처 역시 '부분Part'일 뿐이다. 우리는 잘 자라지 못하거나 상처 난 마음을 자기 자신의 전체로 두지 않고 부분으로 구분하는 작업이 필요하다. 상처 난 부위를 부분으로 놓을 때 상처받지 않은 다른 부분이 기능할 수 있기 때문이다. 그럴 때 비로소 상처받지 않은 부분이 상처 난 부분에게 무슨 일이 있었는지 말을 걸어주고 위로해 줄 수 있기 때문이다. 이를 위해 상담 시간에 종종 이렇게 접근한다.

상담가: 그렇군요. 당신의 마음속에 존재 자체가 거절당했다는 뿌리 깊은 느낌이 있네요. 그 느낌을 이 책상 위에 꺼내 올려놓는다고 상상해 볼 수 있을까요? 그리고 가장 차분하고 호기심 많은 당신의 상태에서 그 느낌을 바라볼 수 있을까요? 무엇이 어떻게 보이나요?

내담자들은 그 느낌을 여러 가지로 형상화한다. 자

신의 어린 시절 모습을 직접 떠올리기도 하고, 다른 생명체나 무생물에 빗대어 떠올리기도 한다. 어떤 모습으로 떠올리든 그 부분을 자세히 바라보라고 이야기한다. 그리고 그 특성을 묘사하게 한다. 크기, 모양, 빛깔, 촉감, 명암, 움직임 등을 묻는다. 마치 핵심 감정을 그림으로 그리는 작업과도 비슷하다. 다만 보다 역동적이다. 그 느낌을 묘사하고 나면 그 느낌이 한 인격체처럼 말을 할 수 있다고 가정한다. 그리고 그 감정과 대화를 시도하게 한다. 그 과정에서 많은 알아차림이 일어난다. 이렇게 현재의 자기와 상처받은 부분 사이를 떨어뜨려 놓는 것만으로도 마음은 다소 진정되고 자기관찰이 일어나기 시작한다.

마음은 아주 복합적이고 다면적이다. 종종 상반된 두 마음이 공존한다. 이를테면 한 대상에 대해 사랑과 미움을 동시에 느낄 수도 있다. 자신을 비난하는 마음과 자신이 잘되기를 바라는 마음이 얼마든지 공존할 수 있다. 무언가를 하고 싶어 하면서도 동시에 피하고 싶을 수도 있다. 그렇다면 어떤 마음이 내 마음일까? 둘 중의 어느 하나가 자신의 마음이 아니라 그 상반된 두 마음이 모두 나의 마음이다. 준형 씨도 그렇다. 아내에게 거절당했다고 느끼는 아이 같은 마음도 있지만 또 아내만큼 자신을 잘 이해해 준 사람도 없다고 느끼는 마음도 있다. 아내와 이혼하고 싶은 마음도 있지만 또 자신의 상처를 치유해서 보다 건강한 관계를 만들어가고 싶은 마음도 있다. 물론 마음의 크기가 차이가 있을 수는 있다. 중요한 것은 어떤 마음도 전체가 아니라 부분이라는 사실이다.

'나'는 부분part이 아니다. 그 부분을 통합한 전체whole가 나이다. 그러나 치통에 시달리면 다른 건강한 부위는 전혀 신경이 쓰이지 않고 아픈 치아에만 온 신경이 쓰이는 것처럼 우리에게 불편과 고통을 주는 마음이 느껴지면 우리는 그 마음을 마치 자신의 전체처럼 여기기 쉽다. 특히 고통이 클수록 그렇다. 그렇기에 핵심 감정을 지닌 이들은 자신을 핵심 감정 그 자체라고 느끼는 경우가 많다. 자신의 존재 전체를 수치스럽다고 느끼고, 자신을 슬픔 덩어리 혹은 공허감 덩어리라고 느낄 수 있다. 그렇지만 그 또한 부분이다. 그러므로 우리가 마음을 알아차릴 때는 이를 부분으로 인식하는 것이 필요하다. 상담이나 워크숍에서는 핵심 감정과 관련된 부정적 느낌에 대해 '나의 한 부분이~'를 붙여서 혼잣말을 하도록 한다. 그 자체가 관찰과 알아차림의 마음을 기르는 연습이다. 당연히

한 번으로는 되지 않는다. 보통은 열 번 정도씩 이야기하거나 쓰면서 이야기하도록 권한다.

"내 (마음의) 한 부분이 그녀가 나를 거부했다고 느끼고 있구나."

핵심 감정의 알아차림

버림받음에 대한 두려움과 원초적 수치심이라는 핵심감정을 가지고 있는 경진 씨는 남들에게 맞춰주느라 인간관계가 힘들 때가 많다. 어디를 가든 누구를 만나든 상대의 시선이나 표정을 자꾸 살핀다. 자신을 보는 상대의 표정이 밝지 않으면 괜히 마음이 불편해진다. 뭔가 표정이 밝지 않은 이유가 자기 때문인 것처럼 느껴진다. 그렇기에 자기도 모르게 상대의 기분을 좋게 해주려고 반응하게 된다. 자동적인 반응이다. 먼저 말을 건네고 잘 들어주려고 하고 최대한 상대를 편안하게 해준다. 자신도 모르게 고개를 끄덕거리고 맞장구를 잘 친다. 심지어는 자신이 잘 먹지 못하는 음식인데도 상대가 좋아한다는 이유로 상대에게 맞춰줄 때도 있다. 이렇게 타인을 배려하는 인간관계로 인해서 학창 시절까지는 참 인기가 많았다. 그러나 시간이 지날수록 점점 힘들어지고 있다. 자신은 제쳐두고 상대에게 맞추기 때문이다. 그렇다면 그 해법은 간단하지 않을까? 그냥 남들에게 덜 신경 쓰고, 덜 맞춰주면 되지 않을까? 그런데 경진씨에게는 이것이 잘되지 않는다.

핵심 감정과 이를 둘러싼 감정 도식이 강력하게 자리 잡고 있기 때문이다. 흔히 남들에게 맞춰주는 사람이 원하는 것은 무엇일까? 그렇다. 상대가 자신을 좋아해 주기를 바라는 것이다. 그렇기에 상대의 이야기를 잘 들어주고 상대의 기분을 살피고 기분 좋게 해주려고 한다. 그런데 상대의 애정을 바라는 욕구가 전부일까? 그 욕구만이라면 조금은 덜어낼 수 있다. 그런데 이들의 욕구 아래에는 근원적 불안이 있다. 즉, '상대에게 맞춰주지 않으면 상대가 자신을 싫어하거나 관계가 나빠질 것이며, 결국 자신을 떠날 것'이라는 파국을 예상하는 것이다. 생각해 보자. 과연 상대에게 덜 맞춰주고 자신의 마음을 좀 더 솔직하게 이야기한다면 과연 상대가 떠날까? 잠시 실망할 수는 있다. 하지만 대부분의 관계는 손상되지 않으며 손상된다고 하더라도 일시적일 뿐 얼마든지 회복될 수 있다.

그렇다면 왜 이들은 이러한 파국을 예상할까? 그 불안은 과연 성인이 되어 만들어졌을까? 이들의 마음속에는 '버림받음의 두려움 혹은 버림받을지 모른다는 두려움'이라는 핵심 감정이 자리 잡고 있기 때문이다. 유아동기에 실제로 부모와 이별을 겪었거나 반복된 거절과 버려질지 모른다는 위협 속에 자란 경우가 많다. 경진 씨의 어머니는 그녀가 어릴 때 능청을 부리거나 떼를 쓰거나 말을 듣지 않으면 입버릇처럼 "자꾸 그러면 너만 놓고 간다!"라는 말을 반복했다. 실제 울고 있는 그녀를 떼 놓고 동생만 데리고 나간 적도 있다. 한번은 버릇을 단단히 고친다고 운전 중에 그녀를 길가에 내려놓고 간 일도 있었다고 했다. 실제 길에 있는 시간은 몇 분 되지 않았지만, 그녀의 기억에는 너무나 강렬하게 각인되어 있다.

게다가 부모의 잦은 다툼으로 인해 초등학교 6학년 때 부모가 이혼하면서 엄마와 떨어져 외할머니 집에 몇 개월 있게 되었다. 어쩔 수 없는 상황이었지만 경진 씨는 버림받았다고 느꼈다. 이후 버림받음의 두려움은 더욱 커졌다. 그녀는 가만히 있으면 안 되고 상대에게 보탬이 되거나 맞춰주지 않으면 살아남을 수 없다는 것을 몸으로 터득한 것이다. 이는 성인의 인간관계에 고스란히 이어진다. 상대가 원하지 않는데 상대에게 필요 이상 맞춰주고 무언가를 자꾸 해주려고 하는 것이다. 그렇게 해야 관계가 유지된다고 믿기 때문이다.

경진 씨는 이제 자신의 핵심 감정이 무엇인지 안다. 그리고 어떤 어린 시절의 경험으로 그러한 핵심 감정이 자리 잡게 되었는지도 이해하고 있다. 핵심 감정을 유발하는 방아쇠trigger도 잘 파악하고 있다. 가장 흔한 트리거는 '상대가 무표정하거나 침묵할 때'이다. 그럴 때마다 핵심 감정이 쉽게 자극된다. 그리고 핵심 감정이 유발되면 가슴이 조여드는 감각이 바로 나타난다. 핵심 감각이다. 그와 함께 '나랑 같이 있는 게 싫은가?', '내가 뭘 불편하게 했나?'와 같은 생각이 자동으로 떠오른다.

그렇다면 고정적인 반응은 무엇일까? 그렇다. 상대에게 자꾸 말을 걸고 맞춰주려고 하는 것이다. 이렇게 자신의 핵심 감정과 그에 따른 반응패턴을 알아가면서 그녀는 점점 과거와 현재를 분리해 가고 있다. 지금 만나는 상대는 과거의 매서운 엄마가 아니고, 지금 자신은 버려질까 봐 두려워하는 과거의 꼬마가 아니라는 사실이다. 이렇게 알아차림의 힘이 커지면서 그녀는 상대에게 점점 덜 맞춰주고 있다. 상대가 무표정하거나 말이 없더라도 그 이유를 자신에게서 찾지 않는다. 그냥 상대의 성향이라고 먼저 생각한다. 그렇기에 자신이 이 침묵을 먼저 깨야 하거나 상대를 기분 좋게 해줘야 한다는 생각에서도 벗어나게 되었다. 당신은 어떤가? 당신이 만약 상대에게 좀 덜 맞춰준다면 어떻게 될까? 알아차림이 잘 일어나면 그 감정에 뒤덮이지 않고 그 감정을 전체가 아니라 부분으로 볼 수 있고, 과거와 현재를 구분할 수 있게 되고, 한 걸음 물러나 그 감정과 반응을 이해하고 조절할 수 있게 된다. 이를 위해 우리는 핵심 감정 관찰일지를 작성해 보면 좋다.

핵심 감정
관찰일지 쓰기

자, 이제 핵심 감정 관찰일지를 써보자. 먼저 노트를 하나 마련한다. 그리고 핵심 감정을 알아차렸을 때마다 기록을 해본다. 그렇다면 무엇을 관찰하고, 어떻게 기록하면 좋을까? 관찰일지에 들어갈 내용은 크게 다섯 가지이다.

첫째, 핵심 감정을 잘 건드리는 트리거(방아쇠)를 구체적으로 파악하는 것이다. 트리거를 파악하면 미리 핵심 감정이 올라올 수 있음을 예측할 수 있고, 준비할 수 있다. 흔히 핵심 감정은 아주 강렬하기에 사람들은 그 원인을 외부에서 찾으려고 한다. 지하철에서 불안 발작이 일어났다면 지하철 안이 위험하게 느껴지고, 이성 친구와 헤어져서 '혼자 버려진 느낌'이 들었다면 지금의 이별이 원인이라고 생각하기 쉽다. 하지만 핵심 감정이 올라오는 지금의 상황과 경험은 사실 원인이 아니라 '트리거'이다. 자극이 방아쇠 역할을 한 것일 뿐, 총알은 아동·청소년기에 형성된 핵심 감정이다. 따라서 핵심 감정을 건드리는 트리거는 목록으로 정리해 놓을 필요가 있다. 다음은 원초적 수치심을 갖고 있는 은주 씨가 정리한 트리거 목록이다.

- 식당이나 길거리에서 혼자 음식 먹고 있는 것을 누가 봤을 때
- 사람들 앞에서 지적받거나 질책을 들을 때

- 남들이 아는 것을 나는 모를 때
- 나는 그 사람을 기억하는데 상대는 나를 기억하지 못할 때
- 어떤 모임에서 잠시 대화할 상대가 없어 혼자 뻘쭘하게 있을 때
- 다른 사람 앞에서 긴장하는 모습이 드러났을 때
- 남들은 잘하는데 나만 잘 못한다고 느낄 때

둘째, 트리거를 통해 올라온 이차 감정과 핵심 감정을 적는다. 핵심 감정은 여러 개일 수 있기 때문에 일자에 따라 핵심 감정이 다를 수도 있다. 그리고 핵심 감정을 알아차리기 전에 이를 방어하기 위한 이차 감정이 표면으로 올라올 수 있다. 이차 감정을 알아차렸다면 이차 감정과 핵심 감정을 각각 구분해 본다. 물론 이차 감정을 느끼지 못했다면 바로 핵심 감정만 기록한다.

셋째, 핵심 감정에 따른 부정적인 사고와 신념을 파악한다. 혹은 핵심 감정과 관련된 엄격한 기준이나 규칙을 적어도 된다.

넷째, 핵심 감정에 따른 신체감각을 알아차린다. 핵심 감정은 신체 기반의 감정이므로 몸으로 바로 올라온다. 반

복적인 지각을 통해 핵심 감정에 따른 핵심 감각이 무엇인지 알고 있으면 좋다. 핵심 감각을 통해 핵심 감정이 유발되었음을 바로 알아차릴 수 있고 대처할 수 있기 때문이다. 이 또한 다양하다. 무력감이라면 다리에 힘이 빠지는 느낌일 수 있고, 수치심이라면 얼굴이 굳어지는 느낌일 수 있고, 울분이라면 장이 꼬이는 느낌일 수도 있다.

다섯째, 반응 패턴을 알아차리는 것이다. 외상적 기억은 신경계에 고착된 반응 체계를 만들어 신경계의 탄력성을 떨어뜨린다. 즉, 사소한 자극에 의해 핵심 감정이 자극되면 바로 고정된 반응이 유발된다. 침묵일 수도 있고, 약간 얼어붙어 버릴 수도 있고, 상대 탓을 하고 소리를 지를 수도 있고, 밖에 안 나가고 방에만 있을 수도 있다. 그 반응이 아이 때와 달라졌다면 어떤 차이가 있는지도 살펴본다.

이렇게 핵심 감정 관찰일지를 써 내려가면 많은 알아차림이 일어나게 된다. 그리고 점점 알아차림이 빨라지고 깊어진다. 처음에는 핵심 감정에 따른 고착된 감정반응까지 다 지나간 다음에 알아차리기 쉽지만, 시간이 갈수록 점점 간격이 짧아진다. 연습이 잘되면 나중에는 핵심 감정이 올라오자마자 알아차릴 수 있고 다르게 반응할 수 있다. 그리고 더 시간이 지나면 그 강도가 약해지다가 나중에는 트리거가 유발되었음에도 별다른 핵심 감정이 올라오지 않을 수도 있다. 예를 들어 남들이 아는 것을 자기 혼자 몰랐을 때 예전에는 수치심에 얼굴이 화끈거리는 등 몸으로 바로 올라왔다고 해보자. 알아차림이 깊어지면 똑같은 상황에서도 수치심 없이 이렇게 반응할 수 있다.

'모를 수도 있지!', '모르면 좀 어때!'

수치심이라는 핵심 감정을 가지고 있는 은주 씨의 소감을 소개한다.

"나는 놀랐다. 핵심 감정 관찰일지를 쓰면서 내가 초라하다는 느낌이 사실은 원 부모와의 관계에서 사랑받지 못한 느낌에 뿌리를 두고 있음을 발견했다. 세상에! 지금까지 내가 사로잡혀 있었던 초라하다는 느낌이 사실은 내가 있으나 마나 한 존재처럼 느꼈던 유년기의 느낌에 단단히 뿌리를 내리고 있었던 것이다. 그리고 식당에서 혼자 밥 먹을 때 아는 사람을 마주치는 것과 같이 사실 별일이 아님에도 수시로 수치심 발작에 시달리는 것을 알아차릴 수 있었다. 이렇게 핵심 감정 관찰일지를 쓰면서 나의 마음은 점점 달라지기 시작했다. 저절로 진정이 되고 차분해졌다. 그리고 무엇보다 내 안에 있는 나에 대한 안쓰러움으로 눈물이 올라왔다. 그 안타까운 마음으로 나를 더 진정시킬 수 있다. 그러면 오늘 하루를 살아갈 힘이 생겨난다. 나는 나를 점점 이해하고 있다. 이러한 이해는 나에 대해 한층 더 연민의 마음을 깊게 한다. 이제서야 그 아이가 그럴 수밖에 없었다는 것을 이해한다."

핵심 감정 관찰일지 작성 예

0월 0일	
핵심 감정/이차 감정	수치심 (그냥 속도가 빠르다고 한 것뿐인데 내 존재가 거부당한 느낌)
트리거	발표할 때 상사가 '왜 이렇게 말이 빨라'라고 했을 때
부정적 사고와 신념	나는 제대로 하는 게 없어.
핵심 감각	표정과 몸이 바로 굳음
감정반응	잠시 얼어붙어 아무말도 못했다.

0월 0일

핵심 감정/ 이차 감정	수치심/당황스러움 (당황스러움 아래에는 나를 싫어할 것 같은 두려움이 느껴졌고, 그 아래에는 나는 보잘것없다는 수치심이 깔려 있음을 알아차림)
트리거	동료가 '무슨 책 읽나?'고 물었을 때 (철학책 읽고 있었음)
부정적 사고와 신념	사실대로 이야기하면 고상한 척한다고 생각할 거야.
핵심 감각	움찔거림에 이어 표정이 굳음
감정반응	별거 아니라고 우물쭈물 말했다.

0월 0일

핵심 감정/ 이차 감정	수치심/ 화 (순간 나를 사랑하지 않는 것 같아 화가 났지만 나는 사랑 받을 자격이 없다는 수치심이 깔려 있음을 알아차림)
트리거	남편이 주말에 1박 2일로 친구들과 놀러 간다고 말했을 때
부정적 사고와 신념	이 사람은 나를 사랑하지 않아.
핵심 감각	얼굴에 열감이 느껴졌다가 다리에 힘이 빠짐
감정반응	그냥 방문을 닫고 누워 있다가 술을 마셨다.

0월 0일

핵심 감정/ 이차 감정	혼날 것 같은 불안/ 짜증 (만지지도 않은 내게 물어봐서 짜증이 났지만, 그 아래에는 나를 몰아붙이고 혼낼 것 같은 불안이 있었음)
트리거	남편이 돋보기 없어졌다고, 손댔냐고 물었을 때
부정적 사고와 신념	나한테 뒤집어 씌우려나!
핵심 감각	눈살을 찌푸렸다가 가슴이 조여옴
감정반응	그냥 '못 봤어'라고 하지 않고, '그걸 왜 나한테 물어?'라고 쏘아붙였다.

건강한 감정표현 연습하기

핵심 감정은 자동적이고 반사적인 감정반응 양식을 지니고 있다. 이는 아주 오랜 시간 동안 습관화되어 있다. 무시당하는 느낌이 들면 쏴붙이거나, 거절감이 느껴지면 계속 말을 하지 않고 있거나, 수치심이 올라오면 자리를 떠나버리는 등 고정된 반응 양식이 있다. 이는 앞에서 이야기한 것처럼 아동·청소년기 감정반응에 그대로 머물러 있는 상태라고 할 수 있다. 혜은 씨도 마찬가지이다. 그녀는 가까운 사람에게 마음이 상하면 그냥 집에 가버린다. 남편과 외출을 할 때도 기분이 상하면 그냥 혼자 집에 들어간다. 그리고 말을 하지 않는다. 그렇게 며칠 혼자 말없이 지내다가 남편이 계속 말을 붙여주거나 사과를 하면 다시 대화를 이어간다. 그러나 왜 마음이 상했는지 무엇을 원하는지 상대에게 전달을 하지는 않는다. 이러한 일들은 연애 후반부터 결혼 생활 내내 반복되고 있다. 남편 또한 겉으로는 사과를 하지만 계속 상처가 쌓여 가고 있다.

우리 주변을 보면 반복되는 패턴이나 문양을 어렵지 않게 찾아볼 수 있다. 벽지나 타일과 같은 인공물에도 패턴은 잘 나타나지만, 나뭇잎과 같은 자연 곳곳에도 패턴이 있다. 그리고 이 패턴은 우리 정신적 구조에도 존재한다. 혜은 씨는 가까운 사람들이 자신의 말에 호응하지 않을 때 말문을 닫고 한동안 혼자 있는다. 이 역시 그녀의 감정반응 패턴이다. 삶은 이러한 패턴들로 이루어져 있다. 그렇기에 우리는 비슷하게 느끼고 익숙하게 반응한다. 그 패턴이 갈등과 불행과 실패로 귀결되는 것임에도 이를 벗어나기 어려울 때가 많다. 그러므로 우리는 자신의 삶에서 반복되는 부정적 패턴을 순간 알아차리고 그대로 끌려가는 대신에 새롭게 반응할 수 있어야 한다. 핵심 감정에 따른 자동 반응을 멈추고 전과는 다르게 반응하고 표현하는 게 필요하다. 이를 위한 과정은 처음부터 바로 가능한 게 아니라 시행착오를 통해 의식적인 반응을 점차 강화하는 것이 필요하다.

새로운 의식적 반응에서 중요한 것은 핵심 감정을 그대로 표현하는 것이 아니라 그 상황에 따른 감정으로 표현하는 것이다. 사실 과거의 핵심 감정을 배제하면 혜은 씨가 남편과의 관계에서 느끼는 감정은 거절감이 아니라 서운함에 가깝다. 그렇다면 이 서운한 감정을 표현하는 것이 필요하다. 이때 중요한 것은 "네가 ~해서 나는 서운했어"라고 감정을 표현하는 것도 좋지만 더 나아가 "나는 당신이 이렇게 해준다면 참 좋겠어"라고 욕구를 표현하는 것까지 나아가면 좋다. 물론 이런 대화를 해본 적이 없다면 실제 말로 표현되기까지 많은 연습이 필요하다. 이를 위해 어떻게 표현할지 상상하거나 글로 써보면 좋다.

예를 들어, 혜은 씨는 남편과 비 오는 날에 대중교통을 이용하여 외출을 해서 짜증이 났다. 혜은 씨가 투덜거리자 남편은 달래주려는 마음으로 "왜 또 그래?"라고 이야기를 건넸다. 그러나 혜은 씨는 그 말을 듣자마자 바로 마음이 상했다. 바로 "뭐가 또 그렇다는 거야!"라며 혼자 집에 돌아오고 말았다. 집에 올 때까지는 화가 풀리지 않았다. 자신을 비난하고 공격한 것 같아서 분통이 터졌다. 그러나 이내 화 아래에는 자신의 핵심 감정이라고 할 수 있는 강한 거절감이 자리 잡고 있음을 알아차렸다. 핵심 감정과 이차 감정을 알아차린 것이다. 그녀는 그것이 과거의 감정인지 현재의 감정인지를 구분해 보았다. 남편이 따뜻하게 짜증을 받아주지 못하는 것은 사실이지만 그렇다고 자신을 거절한 것은 아니었다. 이는 과거의 해소되지 못한 핵심 감정으로 인해 증폭된 감정이었음을 알아차렸다. 그렇다면 실제 이 상황에 적절한 감정은 무엇일지 다시 생각해 본다. 그렇다. 서운함이다. 그렇다면 마지막으로 이 감정을 어떻게 표현했더라면 좋았을지 생각해 본다. 이를 위해 그 상황에서 자신이 듣고 싶은 이야기가 무엇이었는지를 떠올려 본다. 그녀는 남편이 따뜻한 목소리로 "힘들어?"라고 이야기해 주기를 바랐다. 그렇다면 이렇게 이야기하는 게 좋았을 것 같다. 그 말을 적어본다.

"자기야! 내가 짜증이 나 있을 때는 당신이 좀 도와주면 좋겠어. '왜 또 그래?'라고 하지 말고 '힘들어?'라고 이야기를 해줬다면 잘 갔다 왔을 것 같아."

이것이 현재 감정에 대한 적절한 표현이다. 물론 쉽지 않다. 수많은 연습이 필요한 일이다. 그 즉석에서 이렇게 표현할 수 있는 사람은 거의 없다. 중요한 것은 즉석에서 못했다고 체념할 게 아니라 시간이 지나서 표현하는 것부터 시작하는 것이다. 상대에게 바로 하지 않아도 된다. 그냥 혼자서 그 상황을 떠올려 보고 혼잣말로 해보거나 글로 표현하면 된다. 이렇게 자신의 감정을 헤아리고 욕구를 표현하는 것만으로 내면의 상태에 변화가 찾아온다.

핵심 감정의 알아차림

핵심 감정은 강렬하기 때문에 그 감정에 융합되기 쉽다. 그렇기에 그 감정과 '나'를 동일시하기 쉽고, 그 감정을 지금 발생한 것으로 생각하기 쉽고, 그 감정에 따라 행동하기 쉽다. 그렇다면 우리는 어떻게 핵심 감정을 잘 알아차리고, 자동적인 반응이 아니라 의식적인 반응으로 나아갈 수 있을까?

첫째, 알아차리기 위해서는 거리를 확보하는 것이 필요하다. 이를 위해 '~구나'를 붙여 여러 번 이야기를 해본다. 예를 들어, 아무것도 하지 못할 것 같은 무력감에 휩싸였다면 '나는 무력해'가 아니라 '내가 무력하다고 느끼는구나'라고 감정에 거리를 두는 것이다.

둘째, 알아차리기 위해서는 대화가 필요하다. 경험하는 자아와 관찰하는 자아와의 대화는 알아차림을 촉진한다. 이를 위해 '지금 어떤 감정을 느끼고 있지?', '왜 이런 감정이 들까?' 등 자기대화를 시도한다.

셋째, 알아차리기 위해서는 과거와 현재를 구분하는 것이 필요하다. 지금 느끼는 감정에는 과거의 감정과 현재의 감정이 섞여 있다는 것을 구분하는 것이다. 예를 들어, 지금 느끼는 고립감이 100이라고 하면 그중 현재 상황에 의해 유발되는 고립감과 과거 핵심 감정에 의해 유발된 고립감을 나누어보는 것이다. 이를테면 '현재 감정은 30, 과거 감정은 70'과 같은 식으로 말이다.

넷째, 알아차리기 위해서는 마음을 전체가 아닌 부분으로 인식하는 것이 필요하다. 핵심 감정은 강렬하기 때문에 그것이 마음의 전부인 것처럼 느껴진다. 하지만 그것은 일부이다. 이를 위해 '나의 한 부분이 ~느껴'라고 표현을 바꿔보자. 무력감이 느껴진다면 '나는 무력해', '나는 아무것도 할 수가 없어'가 아니라 '나의 한 부분이 무력감을 느끼는구나!'라고 알아차리는 것이다.

다섯째, 알아차리기 위해서는 핵심 감정 관찰일지를 쓰는 것이 필요하다. 이를 위해 일시, 트리거, 핵심 감정과 이차 감정, 부정적 사고와 신념, 핵심 감각, 감정반응 등을 기록해 본다. 기록하면 기록할수록 알아차림은 깊어지고, 나아가 새로운 의식적 반응이 늘어나며 나중에는 트리거에도 핵심 감정이 올라오지 않을 수 있다.

핵심 감정 관찰일지 작성해 보기

월   일

핵심 감정/ 이차 감정	
트리거	
부정적 사고와 신념	
핵심 감각	
감정반응	

월   일

핵심 감정/ 이차 감정	
트리거	
부정적 사고와 신념	
핵심 감각	
감정반응	

	월 일
핵심 감정/ 이차 감정	
트리거	
부정적 사고와 신념	
핵심 감각	
감정반응	

	월 일
핵심 감정/ 이차 감정	
트리거	
부정적 사고와 신념	
핵심 감각	
감정반응	

새로운 감정, 새로운 삶으로

08

"감정적 혼란은 끝났다. 폭풍은 지나갔다. 바람은 사그라들었다. 하늘은 맑고 공기는 신선하다. 호흡은 깊고 느리다. 인생은 좋다."

•

다이애나 포사 등의 《감정의 치유력》 중에서

핵심 감정을 방어하느라
내 인생을 살지 못했다

"'난 보잘것없어'라는 느낌은 내 영혼의 가장 깊은 곳에 문신처럼 새겨진 것 같다. 살아오는 내내 나라는 사람 자체가 초라하고 보잘것없다고 느껴왔다. 죽을 때까지 벗어날 수 없을 것만 같아 두려웠다. 그 괴로운 느낌에서 잠시 벗어날 수 있는 것은 '인정'이었다. 내가 잘해서 인정받으면 아주 잠깐은 사랑받고 행복해지는 것 같았다. 그렇기에 별것 아닌 일이라도 나를 닦달하면서까지 잘하려고 애를 썼다. 그러나 내 기준에 미치지 못하거나 인정을 받지 못하면 더 깊은 나락으로 떨어졌다. 그럴 때면 내 안에서는 나에 대한 비난이 쏟아졌다. 이제 와서 돌아보니 그 모든 게 수치심이라는 핵심 감정이 만들어 낸 세계였다."

앞에서 이야기한 팀장 연희 씨의 이야기이다. 연희 씨처럼 수치심이라는 핵심 감정이 형성되면 자신을 보잘것없는 사람으로 스스로 취급하게 된다. 하지만 그것을 인정하고 살아갈 수 없기에 상처 입은 이들은 어떻게든 상처를 꽁꽁 감추고 싶어 한다. 이들은 상처를 감추는 것을 넘어 괜찮게 보이려고 애를 쓴다. 예를 들어, 속으로는 상대방에게 너무 화가 났는데 무표정하게 보이려는 것을 넘어 겉으로는 생글생글 웃고 있는 것과 같다. 이는 아주 많은 에너지가 소모된다. 감정을 억누르는 데 필요한 에너지뿐만이 아니라 감정을 연출하는 데 추가적인 에너지가 필요하기 때문이다.

연희 씨는 초라한 느낌을 감추는 것을 넘어 괜찮은 사람처럼 보이느라 평생 노력해 왔다. 과연 그녀는 점점 괜찮은 사람이 되었을까? 수치심에서 벗어나고자 필사적인 노력을 해왔지만, 그녀는 점점 수치심에 갇히고 말았다. 자기사랑이 아닌 자기혐오에 바탕을 둔 노력은 오래 지속될 수도 없고, 점점 이상과 현실의 불일치를 조장할 뿐이었다. 그녀는 지난 삶을 돌아보며 이렇게 이야기한다.

"돌아보면 내 인생이란 수치심을 은폐하고 대항하느라 모든 에너지를 쏟아부은 여정인 것 같다. 문제는 애를 쓰면 애를 쓸수록 수치심의 늪에 더욱 빠져들어 가는데도 어쩔 도리가 없었다. 어느덧 수치심은 덤불처럼 무성하게 자라나 내 마음을 덮어버렸다. 늘 긴장 속에서 헐떡이며 살았다. 한 번도 나에게 괜찮다고 말해 준 적이 없고 한 번도 편히 쉰 적이 없었다. 그렇게 애쓰다가 여러 번 고꾸라졌다. 내 삶에서 무언가 반복되는 느낌이 있었는데 잘 알 수 없었다. 정작 내 삶을 살아갈 수 없었다."

그렇다. 핵심 감정에 갇힌 이들은 그 상처를 감추는 데 에너지를 다 쓰게 된다. 자신의 인생을 살아갈 수 없다. 핵심 감정을 감추고 방어하는 데 모든 에너지를 다 쏟아붓게 된다. 핵심 감정의 치유 작업이 필요한 이유이다. 비록 시간이 걸리지만 억눌렀던 핵심 감정을 대면하고, 재경험하고, 이해하게 되면 핵심 감정은 점점 부드러워진다. 왜 그러한 핵심 감정이 마음의 중심을 차지하게 되었는지 지난 시간을 이해하고 애도의 과정을 거치게 되면 자신에 대한 느낌이 달라진다. '보잘것없는 사람'이라는 그 느낌이 원래 그런 사람이어서가 아니라 상처의 흔적임을 받아들이게 되면서 이를 감추고 누르는 데 썼던 에너지들도 풀려나기 시작한다. 이제 상처를 방어하는 데 쏟아부었던 그 에너지들은 어떻게 될까?

"목에 걸린 가시가 빠진 것처럼 단단한 마음의 매듭이 풀린 것 같다. 이제 새로운 여정을 시작하는 기분이 든다. 마치 오랜 시간 원했던 긴 여행을 떠나는 사람처럼 한 걸음씩 한 걸음씩 내 인생을 살아가고자 한다. 내가 나를 돌보고 지지하는 동반자가 되어 새로운 길 위에 나선다."

핵심 감정의 치유는 단지 억압된 정서를 재경험하고 해소하는 것으로 끝나지 않는다. 새로운 감정을 경험하고 새로운 에너지를 만나 새로운 삶으로 나아가는 것으로 이어진다. 감정은 그 자체로 가장 강렬한 정신적 에너지이다. 상처를 억압하고 방어했던 데 쓰였던 에너지가 풀려나면 진실한 감정이 열리고 활력으로 이어진다. 자신의 상처를 감추기 위해 쓰였던 삶의 에너지들이 풀려나면서 자신의 욕구에 귀 기울이며 새로운 삶을 살아가는 에너지로 활용된다.

수많은
되새김이 지나가면

"도대체 이 고통이 언제 끝날까요?"
"도대체 언제 회복이 될까요?"

상담이나 워크숍에서 많이 듣는 질문이다. 딱 잘라서 대답할 수는 없다. 회복에 이르는 기간과 속도와 그 과정은 사람마다 다양하다. 특히 어린 나이에 가정이나 학교 등 속박된 환경 안에서 반복적으로 부정적 경험을 겪은 이들은 더 많은 시간이 소요된다. 그 상처는 정체성을 이루고 성격이 되었기 때문이다. 그렇다면 회복의 기준은 무엇인가? 트라우마 연구의 세계적 거장 주디스 허먼Judith Herman은 《트라우마》에서 회복의 기준을 이렇게 이야기한다.

일상에서 즐거움을 느끼는 능력이 회복되고, 대인관계에 완전히 참여할 수 있게 되었다면 이는 완결의 좋은 지표라고 볼 수 있다.

주디스 허먼은 '즐거움을 느끼는 능력의 회복'과 '대인관계의 참여'를 중요하게 꼽았다. 그중에는 회복이나 참여라는 단어만으로는 그 변화의 폭을 설명할 수 없는 이들도 많다. 골이 깊은 만큼 봉우리가 더 솟아오르는 것처럼 고통이 깊은 만큼 큰 성장을 이루어낸 사람들이다. 그것이 바로 인간 정신의 경이로움이다. 그렇게 본다면 회복탄력성의 본질은 회복이 아니라 성장이다. '역경과 상처를 통해 자신의 능력을 더욱 풍부화시키는 능력'이 바로 회복탄력성의 본질인 것이다. 생존적 위협으로 각인된 상처로 인해 오히려 삶을 깊이 축복할 수 있음을 배우게 되고, 지울 수 없는 얼룩과 그늘이 누군가의 아픔에 대한 공감과 연대로 이어지게 된다. 끊임없이 솟구치던 원망과 복수 환상 그리고 자신과의 전투가 종결되고 내면의 평화가 깃들기 시작한다. 그 순간, 내면에 웅크리고 있던 호기심과 장난기 많은 어린아이가 세상의 빛을 향해 걸어 나오게 된다. 실제 그녀가 치료했던 아동기 학대 생존자는 완결의 느낌을 같은 책에서 이렇게 표현했다.

한 명의 꼬마가 있었다. 그 오랜 시간 동안 꼬마는 지하실에 숨어 있었다. 전쟁은 끝났고, 뛰어놀기 위해 지하실을 벗어난 나의 꼬마는 햇볕 아래 눈이 부시다. 꼬마가 노는 법을 잊지 않았다니 나는 놀랍고 감사할 뿐이다.

그렇다고 해서 더 이상 힘든 기억이 떠오르지 않는다는 것은 아니다. 엄밀히 말해 상처의 종결은 없다. 고데기에 데인 흉터처럼 외상은 영혼 깊이 흉터를 남긴다. 끝난 듯 싶어도 끝이 아니다. 결혼, 이혼, 질병, 사별, 퇴직 등 또 다른 인생의 중요한 단계에서 상처는 복병처럼 우리를 습격한다. 핵심 감정을 연상시키는 어떤 자극에 대해서는 여전히 예민할 수 있다. 하지만 옅어진다. 독이 빠진다. 피하지 않고 기꺼이 경험할 수 있게 된다. 때로는 웃으며 '또 왔구나!'라고 반겨줄 수도 있다. 인식하고 이해하고 다독이고 상황에 맞게 표현할 수도 있다. 숙달된 솜씨로 핵심 감정을 다룰 수 있게 된다. 그것이 중요하다. 그렇게 되면 더 이상 핵심 감정은 핵심 감정이 아니다. 내면의 중심이 아니고 마음의 바탕을 채우지도 않는다. 그냥 방 안 한곳에 놓여 있는 안 쓰는 덤벨처럼 구석에 놓인 감정이다. 그러므로 핵심 감정이 올라오더라도 당황하지 않는다. 과거와 현재를 구분하고, 사실과 느낌을 분별하고, 감정으로부터 한 걸음 물러나 거리와 시야를 확보

할 수 있다. 어떤 핫 버튼이 눌러졌는지, 그로 인한 자동적인 사고가 무엇인지 그리고 그에 따른 자동 반응이 무엇인지를 하나하나 알아차리게 된다.

만약 기대했던 일이 뜻대로 되지 않아 눈물이 쏟아지고, 세상이 나를 향해 등을 돌린 느낌이 들었다고 해보자. 또다시 '세상에 나 혼자 있는 느낌'이라는 핵심 감정이 올라올 수 있다. 그렇지만 당신의 마음에는 그 감정을 기꺼이 경험하고 함께하고자 하는 연민의 마음이 있다. 그리고 그 옆에는 그 감정을 관찰하는 알아차림의 마음이 있다. 그렇기에 '괜찮아. 좀 더 그 감정에 머물러도 돼!'라고 스스로 허락해 줄 수 있다.

감정을 경험하고 관찰하면 감정이 점점 옅어지거나 변화되는 것을 느낄 수 있다. 그 감정에 부드러운 호흡과 따뜻한 토닥임을 건네주면 그 감정은 고요해지기 시작한다. 과거와 달리 신속하게 위로하고 추스르며 다시 앞으로 나아갈 수 있다. 시간이 지날수록 관련 기억이 떠오르더라도 예전만큼 선명하지 않고 울먹거리지 않고 몸서리쳐지지 않는다. 그런 일이 나에게 있었지만 지난 일이라고 이야기할 수 있다. 자신이 처음부터 잘못되었다는 믿음이 진실이 아니라 상처의 흔적임을 알아차릴 수 있다.

이제 자신을 보다 관대하게 받아들일 수 있고, 비극적인 시나리오에서 벗어나 삶을 다시 새롭게 써 내려가고자 하는 일에 적극 참여하게 된다.

그렇다면 핵심 감정이 줄곧 차지해왔던 그 자리는 이제 어떻게 될까? 새로운 감정이 그 중심을 채운다. 평온함, 안도감, 다행감, 감사, 자부심, 호기심, 감동과 같은 삶에 생기를 주는 감정들이 자리 잡기 시작한다. 이렇게 핵심 감정이 해소되고 난 후에 새롭게 느껴지는 감정을 '전환감정transitional emotion'이라고 한다. 이 전환 감정이야말로 핵심 감정이 잘 치유되었다는 중요한 신호이며, 새로운 삶으로 안내하는 동력이 된다.

> ### 핵심 감정으로부터 회복되었다는 신호
>
> ① 핵심 감정을 회피하지 않고 기꺼이 머물러 경험할 수 있다.
> ② 핵심 감정을 자극하는 핫 버튼과 반응 패턴을 구체적으로 인지하고 있다.
> ③ 어떤 환경에서 어떤 경험들로 인해 핵심 감정이 만

들어졌는지 이를 일관된 이야기로 서술할 수 있다.
④ 핵심 감정에 융합되지 않고 한 걸음 물러나 과거의 감정과 현재의 감정을 구분할 수 있다.
⑤ 감정이 분화되어 예전에는 느끼지 못한 새로운 감정을 경험하게 된다. 예를 들면 평온함, 안도감, 다행감, 감사, 자부심, 감동, 신비로움과 같은 전환 감정을 느낄 수 있다.
⑥ 자신의 좋은 면과 좋지 않은 면을 통합하고 나란히 볼 수 있다.
⑦ 사람이 진솔해지고 자신뿐 아니라 타인을 수용하게 된다.
⑧ 타인의 시선이나 평가에서 벗어나 내면의 욕구에 귀를 기울이고 자신의 미래를 설계하고 만들어 간다.

이제 불쾌한 감정을 기꺼이 경험할 수 있다

'돌봄'과 '치유' 사이에는 중요한 차이가 있다. 치유란 문제를 해결하는 방법을 알 때, 우리가 애써 시도하는 것을 말한다. 한편 돌봄이란 치유하려는 온갖 노력이 실패했을 때도 여전히 해볼 수 있는 것을 가리킨다.

- 크리스토퍼 거머, 《셀프 컴패션》 중에서

운동을 하면 몸이 변화한다. 근육이 성장하고 체력이 향상된다. 하지만 일정 시간이 지나면 동일한 운동을 해도 운동 효과는 줄어들기 마련이다. 운동에 대한 흥미가 떨어지는 이유이다. 바로 운동 내성 exercise tolerance 때문이다. 마치 동일한 양의 술을 반복해서 마시면 나중에는 술로 인한 기분 상승의 효과가 점점 줄어드는 것과 마찬가지이다. 이는 우리의 몸이 자극에 적응하면서 동일한 정도의 강도에는 반응도가 떨어지는 것을 의미한다. 이러한 '내성'은 중독의 중요한 특징이다. 그렇기에 우리는 일반적으로 내성을 부정적으로 생각하고 경계한다. 하지만 내성은 양면성이 있다. 원래 내성이라는 말은 '환경 조건의 변화에 견딜 수 있는 생물의 성질'을 의미한다. 추운 곳에 살면 추위를 견뎌낼 수 있는 능력이 길러지는 것처럼 말이다.

부정적 내성뿐 아니라 긍정적 내성도 존재한다. 예를 들어, 달리기를 할 경우 뛰면 뛸수록 조금씩이나마 심폐 지구력이 늘어나는 것을 느끼게 된다. 무거운 것을 들면 들수록 무거운 것을 들 수 있는 힘이 점점 커진다. 이렇듯 운동을 하면 몸의 힘듦을 견뎌내는 내성이 길러지면서 조금씩 운동부하를 늘려가게 된다. 이는 단순히 참고 견딘다는 표현으로는 뭔가 부족하다. 불편을 참고 견디는 힘이라기보다는 불편을 기꺼이 받아들이고 경험하고자 하는 힘이 커진다. 그것이 인내와 수용의 차이이다. 이는 운동뿐 아니라 감정 또한 마찬가지이다. 감정의 회복탄력성의 핵심은 바로 '감정 내성Emotional Tolerance'에 있다. 무슨 뜻일까? 이는 감정에 점점 둔해지는 것을 말하는 게 아니다. 그렇다고 단순히 감정을 참아내는 것을 말하는 것도 아니다. 많은 이들은 감정의 통제를 감정의 조절로 착각한다. 그렇기에 힘든 감정을 자꾸 차단하고 회피하려고 한다. 심지어는 힘든 감정이 올라오는 중에도 끊임없이 '그래도 배울 게 있어'라며 자신의 감정에 반하는 생각을 떠올리며 감정을 억누르기도 한다. 하지만 감정 내성의 본질은 힘든 감정을 억누르는 게 아니라 '힘든 감정을 기꺼이 경험하는 능력'을 의미한다. 즉, 감정수용력을 말한다.

핵심 감정은 오랜 시간 동안 사라지지 않는다. 치유가 되어간다는 것은 그 핵심 감정에 압도당하지 않고 이를 마주하고 경험할 수 있는 능력이 커졌다는 것을 의미한다. 그것이 바로 감정조절을 잘하고 있는 상태이다. 우리는 이러한 감정수용력을 길러내기 위해서 몸으로 감정을 경험하는 연습을 해왔다. 어떤가? 이제는 감정을 피하기보다는 기꺼이 감정을 경험할 때가 있는가? 감정이 발생하고, 커지고, 사라지는 것을 가만히 지켜본 적이 있는가? 이러한 감정수용력은 단순히 길러내야 한다는 결심만으로는 되지 않는다. 무작정 힘든 감정을 겪는다고 해서 길러지는 것도 아니다. 중요한 것은 그 감정을 경험하는 것이 자신의 회복과 성장에 중요한 것임을 자각하고 기꺼이 받아들일 때 이루어진다. 즉, 마지못해 견디는 것이 아니라 기꺼이 받아들일 때 감정수용력이 길러진다.

한 20년 전의 일이다. 처음으로 위내시경 검사를 받았다. 식도 안으로 굵은 내시경 케이블이 들어가는 순간 그 불편한 이물감 때문에 온몸이 긴장되었다. 내시경을 뽑아 버리고 싶었다. 의사는 그런 나를 보고도 힘 빼라는 이야기만 하고 계속 내시경을 집어넣었다. 몸은 더 긴장되었다. 검사는 쉽게 진행되지 못했고, 고통만 지속되었다. 그때 문득 이런 생각이 들었다. '이 불편함은 나의 건강을 위해서 잠시 겪는 것일 뿐이야!' 그러자 신기하게도 몸에 힘이 조금씩 빠지더니 내시경이 위장 안으로 미끄러지듯 들어갔다. 한층 불편감이 덜했다. 그 경험 때문에 그 뒤로도 수면 내시경을 하지 않고 일반 내시경을 하고 있다. 물론 지금도 불편하다. 하지만 그 불편함은 능히 감당할 수 있는 범위 안에 있다.

우리는 누구나 불편하고 고통스러운 것을 피하려고 한다. 아주 자연스러운 일이다. 그러나 처음에는 힘들어서 피했지만, 나중에는 계속 피해왔기 때문에 더 힘들어진다. 가장 대표적인 게 바로 감정이다. 불쾌한 감정을 무작정 피하려고만 하면 나중에는 작은 불편한 감정도 피할 수밖에 없다. 감정이 주는 신호와 에너지를 다 놓치게 된다. 그에 비해 감정을 기꺼이 경험하려고 하면 감정을 경험하고 이해하고 표현하는 능력은 점점 향상된다. 그리고 그 감정을 새로운 삶의 에너지로 활용하게 된다.

감정의 회복,
컬러풀한 내 감정

오딜롱 르동Odilon Redon, 1840~1916이라는 프랑스의 상징주의 화가가 있다. 그의 초반 작품들을 보면 하나같이 어둡고 섬찟하고 기괴하다. 가장 대표적인 작품이 1882년도 작품 〈선인장 인간Cactus Man〉이다. 이 그림에는 화분에 한 남자의 머리가 담겨 있다. 목과 얼굴 그리고 머리에는 선인장처럼 날카로운 가시가 돋아나 있다. 만질 수도 없고 다가가는 것도 쉽지 않다. 크지만 초점을 잃어버린 눈, 무표정한 얼굴을 보면 그가 어떤 심정인지를 쉽게 짐작할 수가 없다. 그림만으로도 뭔가 작가의 삶이 심상치 않았음을 느끼게 된다. 그의 그림들은 주로 목탄으로 그려졌다. 거의 20여 년 동안 목탄을 사용하여 그림을 그렸기에 흑백의 작품들이 많다. 그는 왜 색을 쓰지 않았을까? '검은색'은 그의 유년기에 채색된 핵심 감정과 맞닿아 있다. 그는 태어난 지 며칠 되지 않아 부모와 떨어져 열한 살 때까지 외삼촌 집에서 자랐다. 반면에 그의 형은 계속 부모와 살았다. 그는 버림받은 느낌을 떨쳐낼 수 없었던 것 같다. 그에게 유년기의 삶은 누구도 믿을 수 없고, 그 누구에게도 기댈 수 없고, 그 어떤 말로도 표현할 수 없는 암흑의 시간이었을 수 있다. 그렇기에 화분 안의 무표정해 보이는 얼굴은 보면 볼수록 깊이를 알 수 없는 슬픔이 느껴진다.

앞에서 이야기한 것처럼 유년기에 부모와 헤어진 아이들은 애착 욕구가 뿌리 뽑힌다. 즉, 이들은 사람을 불신하고, 감정을 위험한 것으로 여기고, 타인과 심리적으로 단절된 채 자기 안에 갇히게 된다. 전형적인 회피형 불안정 애착유형이다. 이들은 어른이 되어서도 마음을 잘 열지 못하고 관계에서 늘 자기를 방어하기 위해 급급하다. 온몸에 가시가 돋힌 선인장처럼 말이다. 물론 그렇다고 평생 그렇게 살아가야 하는 것은 아니다. 초기와 달리 최근의 애착 이론에 의하면 애착유형은 고정되어 있지 않고 가변성이 있다고 본다. 애착 손상은 복구될 수 있고, 유년기 관계 양식은 재구성될 수 있는 것이다. 르동 또한 마찬가지이다. 초기 무채색의 그림들은 그의 생애 후반으로 갈수록 찬란한 색채와 다양한 서정성의 그림으로 변화되어 간다. 그는 후기에 화려한 꽃 그림을 많이 그렸는데 이전의 목탄화와 비교하면 같은 화가의 작품이라고는 믿기 힘들다. 도대체 그의 삶에 무슨 일이 있었을까? 마흔 살이 넘어 카미유 팔트Camille Falte라는 여인을 만나게 되면서이다. 그녀는 그에게 색color을 선물해 준다. 감정을 선물해 준 것이다. 감정은 그의 삶에 색깔과 의미와 가치를 부여함으로써 생동감과 활력을 주었다. 그는 자신을 보호하기 위해 날 세웠던 가시를 떨구게 된다. 더 이상 동물의 먹이가 되지 않을 만큼 키가 자라난 가시나무가 가시를 떨궈내는 것과 같다. 나 홀로 있던 선인장 화분 대신 꽃병에 담긴 찬란한 꽃들을 보면 삶의 신비와 사랑의 경이로움이 느껴진다.

이러한 핵심 감정의 치유와 회복은 르동처럼 꼭 제2의 애착 대상을 만나야만 가능한 것은 아니다. 심층적인 독서, 치유 글쓰기, 상담, 워크숍 등을 통해서도 얼마든지 가능하다. 특히 핵심 감정을 가진 이들이 함께 모여서 진행하는 워크숍은 그 속도가 빠르다. 상호연결감 속에서 더 안정감을 느끼며 진행할 수 있고, 한 사람의 변화로 연쇄반응이 촉발되기 때문이다. 그 과정에서 함께 눈물을 흘릴 때도 많다. 내가 울 때 누군가 함께 울어주는 것만큼 큰 지지가 있을까? 내가 나의 고통에 대해 안타까움을 느끼며 눈물을 흘리는 것만큼 큰 위로가 있을까? 그 눈물들은 가슴속으로 흘러 들어가 핵심 감정을 녹인다. 이렇게 연민과 공감의 눈물이 흐르고 나면 감정은 점점 자유로워진다. 감정에 대한 경험과 표현이 늘어날 뿐 아니라 과거에는 잘 느끼지 못했던 새로운 감정들을 느끼게 되고 감정은 더욱 분화되어 간다. 이것은 아주 중요한 신호이다. 감정은 인간의 전유물이 아니기에 동물에게도 당연히 감정이 있다. 그러나 감정의 분화도는 다르다. 파충류는 감정이라기보다는 '유불쾌'와 같은 감각 수준이고, 사회적 포유류들은 즐거움, 슬픔, 분노, 공포의 네 가지 기본 감정이 있다고 볼 수 있다.

인간은 어떨까? 인간은 동물에게 없는 인간만의 감정을 가지고 있다. 그러나 이는 출생 때부터 나타나는 것은 아니다. 출생 시에는 파충류처럼 유쾌와 불쾌만을 구분하는 원시적 감정을 보이면서 점차 포유류의 감정 그리고 더 나아가 인간적인 감정들까지 분화되어 간다. 즉, 인간은 인간으로 태어나는 것이 아니라 감정의 분화와 발달을 통해 끊임없이 인간으로 되어가는 것이다. 이를 거칠게 분류하면 다음과 같다.

1단계: 유쾌와 불쾌 등 미분화된 원시적 감정.

2단계: 즐거움, 슬픔, 분노, 공포 등 포유류가 가지고 있는 생존을 위한 기본 감정.

3단계: 질투, 미움, 외로움, 소외감, 연민 등 사회적 감정

4단계: 부끄러움, 죄책감, 정의감, 자부심 등 자의식 및 도덕적 감정

5단계: 기쁨, 행복, 희망, 용기 등 자기실현적 감정

6단계: 신비감, 경외감, 일체감, 인류애, 생명애 등 공동체 및 영적 감정

이렇게 감정은 점점 발달하고 분화된다. 미분화된 유불쾌의 감각에서 영적인 감정까지 계속 발달하게 된다. 어떻게 보면 한 인간의 발달에는 생명 진화의 약 40억 년의 역사가 모두 담겨 있다고 해도 과언이 아니다. 놀랍지 않는가! 우리의 삶을 통해 40억년 진화의 역사가 펼쳐지고 있다고 생각해 보라. 그렇다면 모든 인간이 다 이렇게 감정이 분화되는 것일까? 감정의 헤아림을 통해 안정 애착이 형성되고, 또래와 사회적 집단 안에서 원활한 상호작용이 계속 이루어질 때 가능하다. 여러 가지 이유로 제

대로 감정분화가 이루어지지 못하는 이들 또한 많다. 심한 경우 불쾌와 유쾌로만 구분되는 원시적 감정에 머물러 있는 사람도 있다. 이렇게 감정 발달을 가로막는 대표적인 원인이 바로 핵심 감정이다. 그러므로 핵심 감정의 차원에서 치유가 일어나면 전반적인 감정에 대한 억압이 해제되면서 감정은 보다 자유로워질 수 있다. 얼마든지 늦게라도 감정의 분화와 성장이 일어나는 것이다.

자신의 본질과 깊이 연결된 상태

핵심 감정이 치유되면 감정의 변형이 일어난다. 그리고 감정의 변형은 곧 자기의 변형으로 이어진다. 자기감이 달라지는 것이다. 부정적 자기감이 사라지면서 무엇보다 자신에 대한 인정과 수용이 일어난다. 그것은 꼭 무언가를 성취하거나 잘했기 때문에 일어나는 것은 아니다. 완벽을 지향했던 핵심 감정의 방어에서 벗어나 있는 그대로의 자신을 받아들일 수 있기 때문이다. '완전完全'은 말 그대로 모든 것이 다 갖추어진 상태를 말한다. 작은 부족함이나 흠을 허락하지 않는다. 그러므로 완전함을 추구하는 사람은 결국 자기를 받아들일 수 없다. 그에 비해 '온전穩全'은 '본바탕 그대로 고스란히'라는 의미이다. 한마디로 있는 그대로의 상태를 말한다. 핵심 감정이 치유되면 모든 감정을 기꺼이 경험하려고 하는 것처럼 자신에 대해서도 부족한 것은 부족한 대로 받아들이고 좋은 점은 좋은 점대로 인정할 수 있게 된다.

감정의 세계가 온전해지면 자기와의 관계도 온전해진다. 그 순간 내적 평화가 찾아온다. 불쾌한 감정이 사라져서 마음의 평화가 찾아오는 것이 아니라 유불쾌의 감정들이 한 울타리에서 공존할 수 있기 때문에 마음의 평화가 찾아온다. 친한 사람을 대하듯 자신을 대할 수 있다. 즉, 예전에 싫어했던 자신의 모습을 여전히 간직하고 있다고 해도 자신을 받아들일 수 있게 된다. 단점이 있다는 이유로 더 이상 자신을 부정하지도 않고 굳이 그 단점을 기를 쓰고 감추려고 하지 않는다. 그 단점이 드러난다고 하더라도 큰일 나는 치명적인 단점이 아니라 인간적인 단점이라고 느끼기 때문이다. '좋은 면이든 나쁜 면이든, 잘하는 면이든 못하는 면이든 모두 나'라는 마음이 생겨난다. 자기 화해가 이루어지면 점점 더 깊은 자기와 만나게 된다. 주변 사람들의 욕망이나 사회적 욕망이 내면화된 목소리가 아니라 가장 깊은 곳의 자기 목소리를 듣게 된다. 그리고 가장 깊은 곳의 욕구가 마음의 중심을 차지한다. 이렇게 감정이 살아나면 기쁨과 행복을 추구하게 된다. 자신의 고유한 결이 살아난다. 자신에게 맞는 삶의 방향과 목적의식이 세워진다. 그리고 그 목적의식에서 두려움을 상쇄할 수 있는 용기가 만들어진다. 감정은 삶에 색깔뿐만이 아니라 의미와 가치를 부여하기 때문이다.

감정의 수용이 자기의 수용 그리고 삶의 수용으로 확장된다. 수용은 체념도 아니고 합리화도 아니다. 자신을 인정하고 받아들일 때 우리는 더 이상 자신의 과거와 환경을 원망하지 않는다. 현실을 부정하거나 회피하지 않는다. 그렇다면 의식의 초점은 어디를 향할까? '이제 무엇을 할 것인가?'로 나아가게 된다. 자신의 자원을 바탕으로 자신의 강점을 발휘하여 목적의식을 가지고 앞으로 나아가고자 한다. 이렇게 핵심 감정이 치유되면 내면의 상태가 달라진다. 회피와 방어가 약해지고 경험에 대해 개방적이다. 감정을 담아내는 그릇이 커짐으로써 유쾌한 감정뿐 아니라 불쾌한 감정을 담아내고 조절한다. 무엇보다 자신의 감정과 욕구를 경험하고 이해하게 되며 이를 좀 더 편안하게 표현하게 된다. 자신의 마음만 헤아리는 것이 아니라 상대의 마음 또한 헤아리게 된다. 자신의 행복뿐 아니라 상대의 행복에도 관심을 갖게 된다. 스스로 진실해지면서 관계는 더욱 깊어진다. 이렇게 상처 난 감정의 치유를 통해 자신의 본질과 깊이 연결된 마음의 상태를 다이애나 포사는 '핵심 상태core state'라고 불렀다. 그리고 도서 《속성경험적 역동심리치료 AEDP》에서 에서 이렇게 설명한다.

> 핵심 상태는 자신의 경험에 대한 자신의 정서적 유능성을 반영하면서 자기 내부에서 감정적으로 품어주는 환경이다. 핵심 상태는 손쉬운 집중, 편안함과 여유, 주관적인 명료성, 수수함, 공평한 진실 그리고 종종 놀라운 표현력으로 특징지어진다. 감정 경험은 고조되고, 분명하며, 선언적이다. 감각이 강화되고 이미지가 생생하며 말에는 압박이 없고 자연스럽게 흐른다. 관계 맺기는 명확하고 쉽게 접촉하는 것이 특징이다. 핵심 상태는 높은 개방성, 자기조율 그리고 깊은 치료 작업이 일

어날 수 있는 타인 수용성의 상태이다.

나는 그녀의 표현에 공감한다. 핵심 감정의 치유가 일어난 이들은 이러한 상태에 도달한다. 가장 깊은 곳의 자기와 연결된다. 그렇기에 나 역시 핵심 상태라는 말을 사용하고 싶다. 하지만 이 책에서는 핵심 감정을 독성 감정이라고 정의하고 있기에 혼란을 줄이기 위해 '진실된 상태authentic state'라는 말로 대체하고자 한다. 핵심 감정이 치유가 되면 진실된 상태로 존재하는 순간이 찾아온다. 진짜 자기를 찾게 되고, 진짜 자신의 목소리를 내게 되고, 진짜 인생을 살게 된다.

삶을 새롭게 빚어내기

생존자는 더 이상 과거의 외상에 종속되어 있다고 느끼지 않는다. 자기의 주인은 자기 자신이다. 자신이 과거에 어떤 사람이었는지를 이해하고 외상 사건이 자신에게 무엇을 저질렀는지를 이해한다. 이제 남은 과제는 내가 되고 싶은 사람이 되는 데 있다. 이 과정에서 외상이 일어나기 전, 외상 경험 그리고 회복하는 기간 중에서 '가장 가치 있었던 자신의 측면'을 이끌어 낸다. 이 모든 요소를 통합하면서 그(녀)는 새로운 자기, 이상적이고도 현실적인 자기를 창조해낸다.

— 주디스 허먼, 《트라우마》 중에서

아동·청소년기 부정적 경험은 단지 사건으로 남아 있지 않는다. 자신이 누구인지에 대한 그리고 어떤 삶을 살아갈지에 대한 이야기를 만들게 된다. 예를 들면 '나는 처음부터 잘못됐어', '내 삶은 불행할 거야'라는 이야기가 만들어진다. 이 이야기는 아이의 인생을 단단하게 속박한다. 물론 전 생애에 걸쳐 그 이야기에서 벗어나려고 발버둥을 친다. 자신이 괜찮은 사람임을 입증해 보이고 행복한 삶을 살아가기 위해 혼신의 노력을 다한다. 그러나 치유가 일어나지 않는 한 초기 경험에 의해 쓰여진 이야기에서 한 발짝도 벗어나지 못하는 경우가 대부분이다. 대학교수가 되고 대기업 임원이 되고 유명 연예인이 되어도 원초적 수치심에서 벗어나지 못하는 경우는 허다하다. 아무리 많은 성취를 이루고 인기를 누리고 있음에도 불구하고 그 모든 것이 가짜이고 자신은 처음부터 잘못된 존재라는 느낌에 계속 허우적거리며 살아간다. 그러나 이 모든 게 아동기 부정적 경험에서 비롯된 핵심 감정으로 빚어진 것임을 깨닫게 되면 그 지긋지긋한 이야기에서 풀려나기 시작한다. 더 이상 과거에 붙잡혀 있지 않게 된다. 자신의 경험에 새로운 의미를 부여하고, 강점과 자원에 주목하여 가장 가치 있는 측면을 드러냄으로써 새로운 이야기를 만들어가고자 한다. 물론 그 새로운 이야기는 여러 난관에 빠지게 된다. 온갖 저항이 막아서고 두려움이 뒤따른다. 하지만 자신의 삶을 살아가고자 하는 소망이 크다면 결국 이를 넘어서고 새로운 삶을 맞이하게 된다.

이제 자신의 상처를 애도한 이들 앞에는 '삶을 다시 빚어내는 과제'가 놓여 있다. 용기를 내어 상처와 마주했던 것처럼 이제 용기를 내어 자신이 살지 못한 삶을 살아가야 하는 과제가 놓여 있다. 그것이야말로 진정한 자기돌봄이다. 이들은 다시 한번 홀로 있게 된다. 자신의 삶을 새롭게 빚어내기 위해서 자기대면과 자기창조의 시간을 갖는다. 그 홀로 있음은 과거의 견딜 수 없었던 홀로 있음과는 근본적으로 다르다. 자신을 벗 삼아 자기 세계를 만들어가는 창조의 시간이다. 일종의 수도자의 삶과 닮아 있다. 고독한 수행을 이어가는 수도자처럼 창조의 수련을 이어가는 것이다. 그것은 무에서 유를 만드는 것이 아니다. 우리 안에는 새로운 삶을 빚어낼 수 있는 재료가 있으며, 우리 안에는 누구나 '장인craftman'이나 '수도자monk'의 원형을 가지고 있기 때문이다. 종교학자 레이몬 파니카는 이러한 성향이 특정 종교인에게만 국한된 것이 아님을 이야기했다.

모든 사람이 수도원에 들어갈 수 있거나 들어가야 하는 것은 아니지만, 누구나 자기 안에 수도자의 원형을 지니고 있으며, 그것을 돌보고 가꾸어야 한다. 수도자적 삶은 인간 본질을 구성하는 하나의 소립자, 하나의 차원이다.

우리가 새로운 삶을 빚고자 할 때 우리 안의 수도자 원형은 그 모습을 드러낸다. 우리는 홀로 있음을 두려워하지 않고 기꺼이 홀로 있게 된다. 그것은 외로움과 공허함이 아닌 자신을 벗 삼고 자신을 새롭게 잉태하는 풍요로움이다. 과거가 현재에 영향을 미치듯 현재도 과거에 영향을 미친다. 현재에 따라 과거가 달리 보이는 것이다. 삶을 새롭게 빚어가는 이들은 과거를 바라보며 다시 한 번 과거의 자신에게 진심 어린 감사를 보내게 된다. 두려움과 저주의 대상이었던 과거의 상처가 새로운 삶을 창조하는 재료와 동력이 되고 있음을 깨닫게 되기 때문이다. 마치 동화 속의 이야기처럼 개구리가 왕자로 변하고, 무서운 용이 아름다운 공주로 변신하는 것과 같다.

이야기는 단지 우리에게 '일어난 일'을 말하지 않는다. 그것은 이야기가 아니라 사건일 뿐이다. 이야기는 누군가에게 일어나는 일들이 그에게 어떤 영향을 주고 그를 어떤 모습으로 변화시켰는가를 말해주는 것이다. 즉, 사건 자체가 아니라 사건으로 인한 내외의 변화를 의미한다. 우리는 이야기를 통해 경험에 의미를 부여하고 자신의 삶에 통일된 관점을 구축하고 방향과 목적을 지니고 삶을 살아갈 수 있게 된다. 부디 당신의 이야기가 과거를 반복하지 않고, 상처가 시들고 삶이 피어나는 이야기로 거듭나기를 바란다.

삶의 새로운 이야기를 써 내려가자

핵심 감정이 마음의 중심을 차지하는 한 우리는 자신의 삶을 살아갈 수 없다. 핵심 감정을 방어하는 데 모든 에너지를 쏟아야 하기 때문이다. 그러나 감정적 차원에서 핵심 감정의 치유가 일어나게 되면 감정은 변형되고 에너지는 자유로워진다. 그 에너지는 새로운 삶을 살아가는 동력이 된다.

- 핵심 감정의 치유가 일어나면 전환 감정이 출현한다. 평온함, 안도감, 다행감, 감사, 자부심, 감동과 같은 새로운 전환 감정을 느낄 수 있다.
- 자신의 좋은 면과 안 좋은 면을 나란히 볼 수 있고 통합할 수 있다.
- 불쾌한 감정을 기꺼이 경험할 수 있는 감정수용 능력이 커진다.
- 감정은 더욱 분화되어 삶은 보다 풍요로워지고 관계는 친밀해진다. 자신만이 아니라 다른 사람의 마음을 헤아리고 공동체와 다음 세대의 삶에 관심을 보이게 된다.
- 자신의 본질과 깊이 연결될 수 있다. 자기 안의 가장 깊은 목소리를 듣고 자기다운 삶을 만들어간다.
- 자신의 삶의 이야기를 새롭게 쓰고자 한다. 즉, 삶을 새롭게 빚어내려고 한다. 이를 위해 기꺼이 홀로 있는 시간을 선택

한다. 자신과 대면하고 새로운 자기를 창조하기 위해 수련하는 시간을 보내게 된다.

에필로그

그림자가
빛으로 바뀌다

이 책을 쓰기 시작하고 나서 세 번째 가을을 맞이했다. 집 앞만 나서도 세상이 알록달록하다. 노란색, 주황색, 붉은색, 갈색, 오렌지색 등으로 치장한 단풍을 보며 걷노라면 내 마음도 한결 풍부해지고 따뜻해진다. 이 책을 읽은 당신의 감정 색깔은 어떻게 되었을까? 이제 마지막 인사를 할 시간이 되었다. 먼저 이 책을 놓지 않고 계속 읽은 당신에게 박수를 보낸다. 책을 읽은 게 별거냐고 생각할지 모르겠지만 자신의 상처와 대면한다는 것은 결코 쉬운 일이 아니다. 용기와 함께 자신에 대한 연민의 마음이 있어야 한다. 자신이 잘 살아가기를 바라는 마음이 있어야 가능한 일이다. 그렇게 본다면 고통 속의 숱한 밤들을 견디내고 여기까지 살아온 것만으로도 당신은 격려와 응원을 받을 충분한 자격이 있다.

인생의 어린 시절부터 감당할 수 없는 고통을 혼자 견뎌내야 하는 것은 너무 고달프고 가혹한 일이다. 아이가 할 수 있는 것은 입술을 깨물고 참아내는 수밖에 없다. 그 과정에서 강렬한 억압이 일어난다. 감정만이 아니라 위험하거나 열등하다고 느끼는 자신의 특성들이 억압당한다. 이렇게 자신의 어두운 특성이 억압되어 무의식에 자리 잡게 된 것을 분석 심리학자 칼 융은 '그림자 shadow'라고 했다. 그런데 그 그림자는 자신의 부정적 특성만 억압되어 만들어진 것이 아니다. 힘든 감정이 아니라 모든 감정이 억압되기 쉬운 것처럼 부정적 특성뿐 아니라 자신의 소질, 꿈, 잠재력 등 긍정적 특성 또한 함께 억압된다. 그림자 안에 빛이 감추어져 있는 것이다. 그림자를 창조성의 원천이라고 바라보는 이유가 여기에 있다. 이렇게 우리 무의식에 억압된 긍정적 자원을 '황금 그림자 Golden Shadow'라고 한다.

우리는 억압된 자신의 그림자를 잘 인식하기 어려운

것처럼 자신의 빛 또한 잘 보지 못한다. 그냥 상처를 감추고 방어하며 살아갈 뿐이다. 그러나 어두운 그림자가 드러날 때가 있다. 흔히 다른 사람을 통해 건드려진다. 예를 들어, 주위 사람들은 그렇게까지 느끼지 않는데 누군가 너무 이기적이라서 밉다고 해보자. 그렇다면 이는 자신의 그림자가 상대에게 투영되었기 때문일 수 있다. 이렇듯 내면의 그림자는 외부의 대상에게 투사되기 쉽다. 그렇다면 황금 그림자는 어떨까? 황금 그림자 또한 투사가 잘 일어난다. 우리는 자신이 되고 싶은 이상적 자기의 모습을 흔히 다른 사람을 통해 발견하게 된다. 그 사람을 좋아하고 흠모한다. 일종의 '긍정적 투사'가 일어나는 것이다. 그러나 우리는 그 사람을 통해 자신의 감추어진 빛을 발견하는 게 아니라 단지 동경, 추종, 흠모의 대상으로만 대한다. 사실 그 사람은 당신의 억압된 재능과 꿈을 발견하고 드러낼 수 있도록 돕는 중개자일지도 모르는데 말이다.

그렇기에 핵심 감정을 해소하는 것은 단지 고통에서 벗어나는 것을 넘어선다. 자신의 고유함과 가능성을 만나 새로운 삶을 창조하는 일이다. 그 창조의 원천이 바로 그림자이고 핵심 감정이다. 그러므로 우리는 자신의 그림자를 없애려고 할 게 아니라 그림자를 이해하고 화해하고 통합해야 한다. 부정적인 것이든, 긍정적인 것이든 다른 사람에게 투사한 것들을 우리 내면에서 찾게 되는 순간, 우리의 삶은 온전해진다. 시간이 지날수록 자신만의 고유한 빛과 색깔을 드러내게 된다. 그렇기에 핵심 감정의 치유 과정은 심리적 연금술이라고 말할 수 있다. 그림자가 빛으로 바뀌는 놀라운 변형이 펼쳐진다. 나는 그 아름다운 장면을 많이 목격할 수 있었다. 그리고 그 장면을 이 책에 담아보려고 애썼다. 삶의 고통이야말로 인간을 더 성숙하고 아름답게 만드는 심리적 연금술의 재료임을 보여준 그들 덕분에 이 책이 나올 수 있었다. 인간의 고통은 장애나 고립으로만 귀결되지 않고 새로운 삶과 깊은 인간적 연대로 승화될 수 있음을 삶으로 보여준 그들에게 깊은 감사를 드린다. 이 가을이 좋다.

감정을 마주하면 길이 보인다

초판 1쇄 발행 2025년 12월 12일
초판 2쇄 발행 2026년 1월 8일

지은이 문요한
펴낸이 정지은

펴낸곳 (주)서스테인
출판등록 2021년 11월 4일 제2021-000166호
전화 070-7510-8668
팩스 0504-402-8532
이메일 sustain@sustain.kr

ISBN 979-11-93388-26-6 03180

- 인쇄·제작 및 유통상의 파본 도서는 구입하신 서점에서 바꿔드립니다.
- 이 책의 전부 또는 일부 내용을 재사용하려면 반드시 사전에 저작권자와 ㈜서스테인의 동의를 받아야 합니다.